米国公立学校教員評価制度に関する研究
―― 教員評価制度の変遷と運用実態を中心に ――

藤 村 祐 子 著

風 間 書 房

目　　次

序章　研究の目的と方法……………………………………………………1
　　第1節　研究の目的と方法 ……………………………………………1
　　第2節　先行研究の検討 ………………………………………………5

第1章　教員評価制度の史的変遷 ………………………………………19
　　第1節　学校の近代化と教員査定 ……………………………………19
　　第2節　「効率化」の影響による「教授改善」と教員評定…………22
　　第3節　スーパーヴィジョンの性質変化 ……………………………32
　　第4節　スーパーヴィジョンと教員評価 ……………………………36
　　第5節　小括―教員評価制度の史的変遷― …………………………42

第2章　教員評価制度の基盤整備―連邦政府による教員政策―………49
　　第1節　インプット重視の平等保障策 ………………………………50
　　第2節　アウトカム重視の教育政策 …………………………………58
　　第3節　専門職団体による教員能力スタンダードと教員評価モデルの
　　　　　　作成………………………………………………………………68
　　第4節　小括―教員評価制度の基盤整備―（専門職スタンダードの整備と
　　　　　　専門職構想） ……………………………………………………75

第3章　教員評価制度の展開・発展―NCLB法以降―…………………81
　　第1節　NCLB法下での教員政策 ……………………………………81
　　第2節　教員評価報酬モデルの存在 …………………………………90
　　第3節　フロリダ州の取り組み―連邦政策導入の葛藤―……………96

第4節　ミネソタ州の取り組み―Quality Compensation for Teachers―……102
　第5節　小括―教員評価制度の展開・発展―……………………………113

第4章　教員評価制度の今日的様相
　　　　―オバマ政権下における教育政策の影響―…………………119
　第1節　教員評価制度をめぐる連邦政策の概要…………………………119
　第2節　多様な教員評価モデル……………………………………………128
　第3節　連邦教員政策に対する教員団体の対応…………………………138
　第4節　コロラド州デンバー学区による教員評価政策…………………150
　第5節　小括―教員評価制度の今日的様相―……………………………160

第5章　教員評価制度をめぐる司法判断―法的原理と運用実態―……165
　第1節　教員評価制度をめぐる判例の従来動向…………………………165
　第2節　教員評価指標の妥当性をめぐる訴訟……………………………175
　第3節　教員の身分保障制度の合憲性をめぐる訴訟……………………183
　第4節　教員評価結果の公表をめぐる訴訟………………………………198
　第5節　小括―教員評価制度の法的原理と運用実態―…………………207

第6章　ミネソタ州における教員評価制度の改革と運用実態………215
　第1節　新しい教員評価制度の導入背景…………………………………215
　第2節　新しい教員評価法案の審議過程と成立…………………………216
　第3節　新しい教員評価制度の概要………………………………………230
　第4節　ミネソタ州教員組合（Education Minnesota）と教員評価……240
　第5節　ミネアポリス学区の団体交渉……………………………………244
　第6節　セントポール学区の教員評価制度………………………………254
　第7節　ブルミントン学区の教員評価制度………………………………265
　第8節　小括―ミネソタ州における教員評価制度の改革と運用実態―……270

結章　米国公立学校教員評価制度の特質と課題、意義……………………277
　第1節　教員評価制度の展開 ………………………………………………277
　第2節　教員評価制度の特質と課題 ………………………………………279
　第3節　教員評価制度の改革意義 …………………………………………285

主要資料及び主要参考文献 ……………………………………………………289
あとがき…………………………………………………………………………301

序章　研究の目的と方法

第1節　研究の目的と方法

　教育において、教員の果たす役割は大きい。米国では、1980年代に『危機に立つ国家』によって教育改革の必要性が唱えられて以降、とりわけ教員政策に重点が置かれてきた。優秀な教員の確保と維持を目指し、教職の専門職化を図り多様な教員政策が重視されてきた。また近年は、教育成果に対するアカウンタビリティを組織単位としての学校に求める以上に、各教員の責任を明確化し、個々にアカウンタビリティを求める動きが広まりつつある。生徒の学力テストスコアの教員評価への活用は、その動きの一つであろう。
　教員の能力を測定する行為は、近年に始まったものではなく植民地時代から行われてきた。当時は、教員として適正かどうかその適切さを判断するための学校監督のツールとして実施されていたが、一定の能力基準が設定され、その基準を満たしているかの確認として実施され、測定を通して教員の質の均一化が図られた。また今日においても、教員評価制度が果たすアカウンタビリティのツールとしての役割に期待が高まっている。今日の教員には「社会的応答性」が求められていると指摘されるように、社会のニーズを把握した上で、教員が自身の教育成果を明確にし、社会に対し説明をする責任が求められている。一方で、アカウンタビリティとしての機能に加え、評価を通した教員の力量形成促進としての機能も期待されており、時代や社会のニーズに応じて教員評価制度に期待されるものに変化が見られる。学校教育の発展や社会的関心の高まりと共に、成果の保証として評価が求められる社会的背景を踏まえると、教員評価制度の変遷は、学校教育や教職に対して、社会

が何を求めているのかを把握し、教職や教員の特性を考察するには、恰好の分析素材である。

　米国では、教育に関する専権は、連邦政府ではなく州に存在すると解釈され、各州において独自に教育が実施されてきた。また、各州では、教育に関する権限の大部分が各学区に委譲されており、学区の裁量権は大きい。そのため教員評価についても各学区で多様に実施展開されてきた。しかし、20世紀後半になると、連邦政府と州政府の権限関係に変化が見られた。1960年代のジョンソン政権では、貧困や失業などの問題は、連邦政府主導での解決が試みられ、連邦補助事業が創設され、また、人種差別撤廃などの規制政策が作られ、州や地方政府の行政は、連邦政府の影響力を抜きにしては語れなくなった[1]。教育領域においても例外ではなく、1980年代以降連邦政府の干渉を受けながら、改革が進められてきた。米国の教員評価制度の特質や展開過程を明らかにするためには、連邦政策の分析や州の政策、学区の運用実態を、個々に分析するだけでなく、関連付けながら捉える必要がある。

　本研究では、米国公立学校の教員評価制度の史的変遷及び展開過程を整理検討した上で、同制度の今日的態様の分析を通して、米国公立学校教員評価制度の意義、特質及び課題を明らかにすることを目的とする。このような研究の目的と意図に接近するために、次のような具体的な課題を設定した。

　第一に、従来の教員評価制度の歴史を通観し、その制度的枠組みや特徴、内包される諸問題を整理する。特に、教員の評価がスーパーヴィジョン機能の一環として実施されて以降、教員の能力測定がいかなる理論に基づき実施されてきたのか、またどのようなアプローチが導入されて実施されてきたのかを明らかにする。

　第二に、教員評価の法制化には、連邦政府による教育政策への関与が影響を与えている。特に1980年代以降、連邦政府による教育政策への介入の動きは顕著である。そこで、各州の教員評価制度成立の動きに連邦政府がいかに関わってきたのか、その経緯を踏まえつつ、連邦による教員評価政策を分析

する。

　第三に、連邦政府が積極的に教員政策に関与する契機となった The No Child Left Behind Act of 2001（NCLB）法以降の教員評価制度に着目し、制度的特徴を分析する。NCLB 法以降、強力なイニシアティブのもと連邦教員政策が展開されている。また、第三者機関による教職の専門職性を踏まえた教員評価モデルの提唱も見られ、教員評価制度をめぐる様相が大きく変化した。そこで、連邦政府による教員評価政策が、全米や州の取り組みにどのような影響を与えたのか、展開過程を明らかにし、教員評価政策の特徴を析出する。

　第四に、オバマ政権以降、各州の教育政策に対する連邦の外圧的統制が強められている。特に、教員に学力成果に対するアカウンタビリティを求める政策が推進される中で、関連の連邦政策が各州や学区にどのような影響を与えたのか、具体的な展開過程と今日的態様を明らかにする。

　第五に、教員評価制度をめぐる訴訟事案の分析を通して、同制度の運用上いかなる問題が惹起しているのかを明らかにするとともに、それら問題に関する法的な原理を解明し、今日的な教員評価をめぐる関係当事者間の権限関係を整理する。

　第六に、教員評価制度改革の先進州であるミネソタ州を事例として取り上げ、その改革の実相を明らかにし、同州教員評価制度改革の特徴を分析する。さらに、新しい教員評価制度の運用実態を各学区の事例分析を通して明らかにし、ミネソタ州の教員評価制度の特徴を明らかにする。

　そして、これら米国教員評価制度に関する分析の結果を基に、米国における公立学校教員評価制度の意義、特質及び課題を踏まえた上で、日本の公立学校教員評価制度への示唆的知見を提示したい。

　上記の研究課題に接近するため、本研究では、教員評価制度に関連する各種資料及び文献、さらに現地で行ったインタビュー調査の結果等を分析素材とした。その詳細は、以下に示すとおりである。

先ず、教員評価に関する政策や制度的特徴を「静的な側面」から分析する際に、公的機関による一次資料として、連邦議会や関連機関が発行する報告書、連邦法規定、州法規定、委員会規則、州議会議事録、専門委員会参考資料、関連機関による報告書、全米教員団体である全米教育協会（National Education Association：NEA）とアメリカ教育連盟（American Federation of Teachers：AFT）による政策綱領、発行するニュース、各州や学区支部による政策綱領、団体交渉に関わる議事録、合意に関する覚書を用いた。

　さらに、教員評価制度を運用実態などの「動的な側面」から分析する際に、関連する判決事例、新聞記事、インタビュー調査結果、調査時に入手した資料（評価ハンドブック、評価ルーブリック、評価シート等）を用いた。なお、判決

表0-1　インタビュー調査の概要

ミネアポリス学区	
実施日時	2016年10月13日　12時〜14時
調査場所	ミネアポリス学区教育委員会オフィス
調査対象者	ミネアポリス学区教育委員会教員評価担当者
ブルミントン学区	
実施日時	2016年10月13日　9時〜11時
調査場所	ブルミントン学区教育委員会オフィス
調査対象者	ブルミントン学区 Q Comp 担当者
セントポール学区　Harding High School	
実施日時	2016年10月11日　13時から15時
調査場所	Harding High School 校長室
調査対象者	Harding High School 校長
セントポール学区　Murray Middle School	
実施場所	2016年10月13日　16時〜17時30分
調査場所	Murray Middle School 校長室
調査対象者	Murray Middle School 校長

事例は、判例データベース（Lexis Nexis）を用い、新聞記事は、Education Week、the Washington Post、さらに各州の発行する新聞を活用した。インタビュー調査の概要は表0-1の通りである。

第2節　先行研究の検討

(1)米国の教員評価制度の特徴

　米国の教員評価制度について、これまで明らかにされてきたことは、以下のような点である。
　1980年代の教育改革以降、教員の資質向上を目指して、メリット・ペイやマスター教員の導入、具体的教員評価プロセスの提示、評価手法としてのチェックリストやポートフォリオ、評価プロセスへの教員参加などの多様な教員政策が展開されてきた。榊ら研究グループ[2]は、教員評価をめぐる改革の特質を「教職の専門性」と「専門職性」に分けて説明している。前者では「教員評価がいかにして教員の知識、技術、技能を向上させ職能発達に資することができるか」が問題とされ、後者では「教員評価の諸過程への教員の参加、管理権の拡大」が重視される。1980年代以降、ピーターソンらを中心に、教員評価プロセスにおける教員参加を要求する見解が見られ、「専門職性の観点から教員評価を見直そうとする意図」が読み取れると指摘している。
　また下村[3]は、米国の教員給与制度との関わりから、勤務評定制度の成立と展開を明らかにしている。素人委員会が行っていた教員の勤務評定を教育委員会などの専門家が実施するようになり、その方法も主観や印象を中心とした評定から、生徒の成業率などの客観的測定が用いられるようになった。また、人事管理としての機能から勤務評定が重視され、評定結果を給与の規定要因として活用することが期待された。さらに、職階制などの職責に見合った報酬の提供など教員給与改革も進められた。これは、複雑化する教員の

職務内容を、専門職として教員の担当すべき業務と非専門職としての業務に分化し、職責に応じた報酬を提供しようという政策的意図のもと提唱された教職の分化である。職階制の提案の背景には、専門職にふさわしい職務に従事している者にそれに応じた給与を提供しようという考え方があることが指摘された。河原[4]は、「専門職としての教師論が実際に意味を持つのは、学校の再構造化と結びついたときである」とし、職階性の導入は、教師にスタッフの評価、カリキュラムなどの管理運営に関する意思決定権能を与え学校の再構造化を図るものであり、これまでの専門職化を一歩進めるものであると評価している。

一方、教員の教員評価プロセスへの参加の一つの形態として、同僚支援教員評価が実施されている。高橋[5]は、教員団体が、管理権の拡大を図るという点から専門職化を図るのではなく、教育行政の雇用主体としての権限を前提とし、教員資質向上施策として同僚教員評価のイニシアティブを図ろうとしている点に特徴があると指摘している。また、古賀[6]は、同僚教員評価は、組合の主導で運営されており、従来型の教員評価に比べて、教員団体の意向が強く反映されうるという。同僚教員評価は一般教員に管理的業務の一端を課すものであり、これまでの教員団体の活動姿勢を変えるものであると特徴づけている。

このように、教員評価に関する新しい評価手法や評価プロセス、給与制度を紹介すると共に、それらが教職の専門職化をめぐる動きと共に導入されてきたということが共通の見解として示されてきた。

米国においても、教員評価制度を対象とした多様な研究が発表されている。ダーリング・ハモンド[7]は、80年代以降展開された米国の教育改革の特徴として、「教員の専門職性と学校の再構造化」をあげ、「教育成果を直接的に測定する動き」につながる教育の科学性への注目を指摘している。また、教育改革の多くが、有能な教員を採用、教育、保有し、再構造化されたキャリアを通して教員らの知識や才能をよりよく活用することによって、教育の資質

改善を図ろうとするものであり、そのあらゆる場面で教員評価の活用が求められた。教員評価制度に、教職全体の質向上を企図した専門職化を促す役割が課された点を指摘している。

　連邦政策として、教員評価制度への注目を受け、ベールら[8]は、各州での教員評価制度の法的側面の整備状況を、規定内容の分析を通して明らかにしている。1980年代に連邦政策として教員評価制度改革が提案されて以降、州制定法において教員評価に関する事項を規定する州が急増したが、教員評価制度に期待される理念と州制定法による規定内容が必ずしも一致していないことが課題として指摘されている。また、デューク[9]は、各学区や州の教員評価政策の取り組みに焦点化し、そこから浮き彫りになる多様性や同質性を明らかにしている。教育改革はそれぞれの文脈（context）の中で進められるものであり、その実態は多様であることを前提としながらも、教員評価の目的について、1980年代以降、資質向上志向型からアカウンタビリティを基盤とする評価へとその重点が変化している点を指摘する。また、教員団体は、各教員の教育成果を追求する近年のアカウンタビリティの流れは、専門職性や専門性の促進という点で、それを後退させる恐れがあると批判する一方で、職能開発に焦点化した教員評価は教職の専門職性につながるものであり、形成的評価機能を重視した教員評価制度の重要性を認識している。

　ストロングら[10]は、学区での教員評価政策の実施状況について、政治的側面と教職の専門職性の関係性の観点から分析している。学区で教育政策が決定され実施される際には、教員や校長よりも学区当局による権限が強く、一方向的な政策プロセスの政治的特性が指摘されている。この実態を踏まえ、学校改善や専門職性の向上、アカウンタビリティなどの根本的な課題について有意義な改革を進めるためには、学校内外の利害関係者で交渉する必要があると主張している。行政当局と教員の力量関係は従来の一方向的な政策プロセスからより共同的で専門職的なものへと変化させ、意見や関心を交換できる関係を構築することが効果的な教員評価制度の実施につながると主張し、

教員評価制度改革が、教員や校長の主張よりも学区当局主導で進められてきたという実態を明らかにし、それを課題視している。

このように、1980年代以降、有能な教員へのニーズから、教員の質保証の手段として教員評価制度が注目され、改革が進められてきた。その中で、教員評価制度の教職の専門職化を促進させる役割に期待が集まる一方で、法整備や実施状況は州や学区で多様であること、政策意図と実施に相違があることなどが指摘されている。これらの知見を踏まえ、本研究では、教員評価制度の史的展開、具体的運用実態の分析を通して、米国教員評価制度展開の特質や課題を、総合的に分析することを意図している。

(2)教員評価制度に関わる多様な政策

これまで、教員評価制度に関する多様な政策が提案され、導入されてきた。ここでは、多様な政策と、それに対する研究知見を整理する。

①マスター教員とキャリア・ラダー

1980年代以降、教育改革に関する一連の報告書において教員給与の引き上げの必要性が提言されると、教員給与の引き上げと共に、効果的な教員評価制度へ向けた見直しが進められてきた。その具体的給与改善案の一つとして、「マスター教員」や「キャリア・ラダー」が提案された。マスター教員は、一般の教員が行わない機能を遂行する教員に、機能に応じた報酬を支払うものである。例えば、新任教員への助言や同僚教員の支援、カリキュラム開発などの追加の責務が構想される。またマスター教員の概念を学校の構造改革と関連付けた政策として、キャリア・ラダーが提唱された。キャリア・ラダーは、初任者教員、経験豊かな教員、マスター教員の三者を区別して職位を提供し、職階制を導入しようとするものである。マスター教員は優れた実践に基づいて選ばれ、キャリア・ラダーは、「教員を専門職に留めるためにすぐれた教員に報奨を与え、教員を奨励する最も一般的な方策」である[11]。

ダーリング・ハモンドは、このマスター教員について、その意義を認めている[12]。マスター教員は教員の追加の責務に対して給与の増額を支払うものであり、成果に応じた成果報酬とは性質が異なる。また、マスター教員は管理職ではなく、教員としての立場を保持できる。つまり、一般教員を管理する立場からではなく一般教員と同等の立場から助言を与えるマスター教員は、教員の評価プロセスにおいて重要な役割を果たす。このように、ダーリング・ハモンドは、教員評価への他の教員の関与は教員の専門性の発展に資する点で望ましいものであると、評価している。

　また佐久間は、キャリア・ラダーに対し初任者教員への指導助言やカリキュラム開発などの責務を任された教員は、この責務を担っていく過程で、個々の教員の専門性が向上し、教員全体の資質能力向上につながる可能性があるとその意義を評価している[13]。

　榊は、マスター教員の位置付けについて、教職の専門職性の観点から考えると、職階制に位置付けるのではなく任期のある校務分掌として位置付け、教員集団から選抜され、提供された助言の受け入れは各教員に任せるものであるべきだと、教員の自律性の保障に基づいた制度運用が必要であると主張している。また、給与の引き上げは特定の教員にではなく、教員全体の底上げに使うべきであると述べている[14]。

　一方、エーデルフェルトは、キャリア・ラダーについて、1970年代にカンサスシティ（Kansas City）やファウンテンバレー（Fountain Valley）で行われた実践のように成功事例もあるものの、キャリア・ラダーの考え方が包括的すぎて、全米に広がらなかったと、指摘している。キャリア・ラダーは、教員を単にランク付けするだけでなく、教員らをチームとして捉え、教員の能力に応じた役割を与え、その役割に応じて報酬を提供するものである。また、柔軟でモジュール化されたスケジュールやスペースの異なる活用が求められ、各教員の質向上だけでなく学校構造の改革につながるものであり、正しい理解が教員間に必要である。キャリア・ラダーの考え方自体は教員や学校改善

に有効なものであるが、学校や教員にすでに浸透している文化を変えるには時間がかかるにもかかわらず、十分なサポートが得られなかった点が大きな原因の一つであった。また、ティマーは、キャリア・ラダーの内包する問題点として、理論的根拠の弱さを指摘し、教員給与の増額と生徒の学力向上との間に信頼すべき相関性はなく、キャリア・ラダーが成功するためには、学校の改善につながることや教職の専門職性の発展に資することが大切である、と述べている。

　赤星は、キャリア・ラダーに対し、継続的な職能成長の必要性を認識する段階的な訓練を構築し、教師が演ずる多様な役割を教師自身が選択することを可能とする、教師教育改革にとって新しいアプローチを提供するものであると評価している。また、子どもの教育に対する真摯な努力、教師としての指導力、それに伴う教育成果、これらを評価してそれに応じた待遇を与えるキャリア、ラダーは合理的な制度であり、評価されることによって努力が報われ、教員の一層の励みになる刺激的な制度となると評価している。一方で、プログラムの基礎となる教員の客観的評価の提供が困難であることを課題として指摘する。テネシー州では、教員の評価方法の基準として、「授業及び教室の観察と調査」「諸評価の調査」「個人面談」「教師の職能開発のための活動調査」などをあげているが、正確な学力とその伸び、創造性や道徳性の形成に関しては測定が極めて困難であるなど、評価の妥当性や正当性に疑問を投げかけている。また、キャリア・ラダーの与える実際の効果が不透明であることなども問題点として指摘する。さらに、赤星は、テネシー州でのキャリア・ラダーの法制化をめぐる経緯を分析した上で、教員との十分な協議のもと成立されたものではなく、政府主導で性急に法制化されたものであった点を指摘し、キャリア・ラダーなどの教員の評価に関わるシステムの創設は、教師主導により展開するべきことを主張している。

②メリット・ペイ制

　メリット・ペイ制とは、「優れた仕事内容や仕事業績を重視し、それらを加味して報酬を決定する制度[15]」であり業績給とも呼ばれる。従来の教員評価制度は、評価結果の区別によって高い給与が支払われるわけではなく、評価結果にほとんど意味はなかった。ところが、メリット・ペイ制では、評価結果が給与の差別化につながるため、教員評価が重要な意味を持つようになる。メリット・ペイ制の考え方は、新しいものではない。フレデリック・テイラーによる科学的管理論やカバリー（Cubberley, E. P.）の影響を受け、教育に能率性の概念が取り入れられ、1930年代頃にメリット・ペイ制の導入が進んだ。様々な課題が指摘され、メリット・ペイ制は衰退したが『危機に立つ国家』発表をきっかけに、再び注目が集まった。

　メリット・ペイ制に対しては、肯定する派と否定する派に二分される。例えばリーバーマンは、メリット・ペイ制の導入で、教員が自分の知識や技術の向上に興味を抱くようになると考え、メリット・ペイ制を支持している[16]。また、ファンスワース（Farnsworth, B.）はこれまで指摘されてきたメリット・ペイ制の課題を踏まえた上で、成功するための要因を分析している[17]。教員間に競争を生み出すメリット・ペイ制は教員のメリット・ペイ制に対する否定的な感情を引き起こすことなどが指摘される一方で、他の研究において教員の給与の高さと生徒の学力に重大な相関性があることが証明された。ファンスワースは、一般にメリット・ペイ制は適切に運営されれば教授の効果をあげることができると主張し[18]、成功した事例として、ソルクレイト市グラナイト（Granite）学区を取り上げ、メリット・ペイ制を適切に運用するための七つのステップを示した。①優れた教育実践を測定する指標を開発すること、②評価手続きを創設すること、③教員へフィードバックを提供すること、④学校管理者へフィードバックを提供すること、⑤メリット・ペイプランを準備する（setting）こと、⑥職能成長を図るものであること（carrier development）、⑦評価を支援するソフトウェアを開発すること、であった。

グラナイト学区の実践を踏まえ、ファンスワースは以下のように主張している。①評価道具が正確で公正な場合、教員の能力レベルを測定することが可能であり、能力給が優秀な教員への報奨に正確かつ公平に運用される、②評価者として適切に訓練され注意深く監視される場合、同僚教員や校長は信頼のおける評価者になれる、③学歴や教育経験が教員の能力向上に寄与しない一方で、能力報酬は教員に能力向上のインセンティブを提供する、④教員の行動変容には大幅な経済的インセンティブが必要不可欠である。メリット・ペイ制は選択できるプログラムであるべきであり、またその額は十分なものであり、すべての教員に受給資格が与えられるべきである、⑤現職教員研修や職能開発活動は、教員評価によるデータに基づいて実施されるべきであり、特定のトレーニングに参加するためのインセンティブやボーナスは提供すべきではない。

このようにメリット・ペイ制に賛同する場合、優秀な教員は成果に応じた報酬を受けるに値するとの考えが前提にあり、報酬が教員の能力向上に対するインセンティブとなると考えられている。ただ、その際、公平で正確に能力を測定する教員評価ツールの構築が必要不可欠だと主張している。

一方、メリット・ペイ制に対する反対意見も根強い。ダーリング・ハモンドらは、教員へのメリット・ペイ制の提供に存在する2つの前提を否定している。報奨の差別化や処罰が各教員の指導力を向上させ、教職の専門職化に寄与すること、その際、教員の能力差を測定する公平で効果的な教員評価方法が存在するという前提である[19]。メリット・ペイ制は小グループにだけ与えられる賞与であるため、教職全体の専門職化にはつながらない。また、メリット・ペイ制は納税者である地域住民から教員の質保証という点で求められることが一般的であるが、教育領域にメリット・ペイ制を導入する場合、メリットのある教員とメリットのない教員が判別される。メリットのない教員が子どもの担当となる場合、保護者の教員に対する信頼度を下げる可能性もあるため、教職全体に対する信頼性の確保につながるとは言い難いと批判

している。

　また、バーバーらもメリット・ペイ制に対して批判的である[20]。大多数の教員の努力が認められない一方で、少数の者だけが利益を得るシステムは、教員間に破壊的な競争（destructive competition）を生み出すことが懸念される。メリット・ペイ制の前提とされる客観的な評価尺度に基づく正確な評価制度の実現は多大なコストと時間を要するものであり、実質実現困難であるとする。これらの課題を克服するためには、個人ではなく組織の成果に基づく報酬を提供し、教員が他の同僚教員と競うのではなく自身の目標と向き合うようにインセンティブを提供するなど丁寧にプログラムを設計する必要性を唱えている。また、各州や学区が、メリットに応じて報酬を割り当てる以外に、教員評価を人員削減のためのエビデンスとして活用する動きが見られることを示している。教員は教育実践に対するフィードバックを必要とし、教員評価に自身の能力向上につなげるための形成的機能を期待するのに対し、管理者は昇進や契約の保持、解雇を決定するための判断材料として、総括的機能を教員評価に求めなければならない。バーバーらは、教員評価の形成的機能と総括的機能を区別させるべきことを提案している。

　このように、メリット・ペイ制に関し賛否が分かれる中、カラム（Karam, I. A.）[21]は、勤務成績と関連づける給与プランの研究として、給与や昇格の基準とされる効果的な勤務評定制度の利用について実態調査を実施した。調査対象となった勤務評定制度を規定する224学区のうち、69学区が勤務成績に基づく給与表（merit rating salary）を実際に活用していた。評定結果は報奨あるいは処罰の形で給料に反映され、採用される勤務報酬プラン（merit pay plan）は特別最高給プラン、昇給促進プラン、ボーナスプラン、多様なトラック（multiple track）、定期的メリット評価方式（periodic merit evaluation）、優秀教員表彰年次制度、メリット教員のサマープロジェクトの七つのタイプに分類されることが示された。多くの学区はこれらの中から二つ以上のプランを組み合わせて実施し、69学区の中で、実際に何らかの形で勤務成

績に基づく給与を受け取った教員数は、全体の21パーセントであった。評定プランの多くは、教育長、校長、教員、教育委員会（school board）の代表者で構成される委員会で考案され、委員会メンバーの過半数は教員であった。また評定方法として、文書化された正式な評定尺度による、チェックリスト方式を採用する場合が多いが、評価方針や手続きについては文書化されているところはほとんどなかった。評定要素は、①人格の質（personal quality）、②教員の能力（ability）と効果性（effectiveness）、③生徒との関係性、④同僚教員との関係性、⑤コミュニティへの貢献、⑥職能成長、⑦学校の教育プログラムに対する貢献、の7要素に分類されたが生徒の到達度について触れていたのは一つだけであった。11学区（15%）では、主観的な"優秀教員"の定義以外、明確な評定基準を有していなかった。

　つまり、調査対象としたメリット・ペイ制に関する規定を有する学区の中で、30％程度の学区が実際に実施し、またそれらのメリット・ペイ制も標準化されていたわけではなく、その実態は多様であった。

③同僚教員評価

　ダーリング・ハモンドは、「伝統的教員評価は、管理的機能という側面では有効であるが、教員の能力向上という点からは有効でない」と批判し教職の専門職性を踏まえ、専門職としての評価が必要であると指摘する[22]。専門職の定義の中核に、その職に従事する者が実践力に関わるスタンダードを定義し実施しなければならないとの考え方が存在する。専門職の重要な性格は、一般化される知識の構築や実践に対する自律と自己統制である。同僚教員による評価（peer review）は、専門家である教員とクライアントである生徒との間の特別な関係を維持する際に重要なものである。専門家（教員）は、状況を判断しクライアント（生徒）にとって利益となる解決策を選び出す際に、専門的な知識を応用させることを期待される。専門家（教員）の責任は、上からの指示に従い、標準化された手続きに則ることではなく、クライアント

(生徒)の幸福(welfare)にとって最も貢献することを実施することである。

　ダーリング・ハモンドは、実践と実践者の管理と省察は、同僚教員によって実施されるべきであると主張する[23]。専門職者は、職務の本質が知識の習得と個別な状況での対応の双方を求めるものであるため、同僚による評価をスタンダードの開発や維持に重要なものと認識している。専門的判断の正確さを評価する能力を有する者は、評価者自身が特定の領域において高度に知的であり、また経験を有する実践者でなければならず、特定の専門職領域における優れた技能(the art)にも精通していなければならない。同僚でない者(資格を有していない者)による専門家の評価は、観察の正確性や妥当性を減少させ、実践者をスタンダード設定のプロセスから切り離す事によりスタンダードの開発を妨げるものであるという。

　つまり、同僚評価は、実践に対するスタンダードを継続的に開発向上させることを促すことになるため、生徒に対するまた教員自身に対する専門職の道義的責任の一部であると主張している。

　また古賀は、同僚教員評価を「教員の職務遂行能力を開発・支援したり、支援を受けた後も適切に業務遂行しない教員の職務を終了させたりするための、教員の職務遂行能力の改善に責任を有す教員やその組合によってなされる様々な手続き」と定義し、具体的に、初年度教員の契約更新に関わる決定、適切に業務を遂行していないテニュア教員の処遇に関する決定、教員の職務遂行能力の向上を目指した教員支援の3点を主眼とするものであることを示している。また、この同僚教員評価は、米国において教育改革が進む中で、「不適格な教員を過度に保護してきた」教員団体への批判が高まり、その対応策として「新組合主義」(New Unionism)が生み出され、同僚教員評価はこの脈絡に沿った具体的方途であると述べる[24]。

　一方、リーバーマンは、同僚教員評価が校長の有する権限を制限するものであると指摘する。同僚教員評価を先導する学区では、校長は初任者教員の授業実践の観察や評価は実施しない。校長は指導的リーダー(instructional leaders）であり、また学校を運営する大きな権限を有するべきであるとされ、教員評価はこの権限において重要な役割を果たすものであると考えられている。同僚教員評価は、初任者教員に対する校長による評価より指導教員（consulting teachers）による評価の方が有益であるとの前提に基づいているが、この前提は誇張であると指摘している[25]。同僚教員評価が誤りであるとは主張していないが、同僚教員評価の校長への影響については慎重に考査する必要がある。

このように、教員評価制度をめぐっては、これまで多様な政策が提案され、展開されてきた。またこれらの多様な取り組みの要素は、現在の教員評価制度の中にも取り入れられ、大きな影響を与えている。

1）小池治『アメリカの政策過程と政府間関係』第一法規, 1990年。
2）榊達雄他「アメリカ教職理論に関する一考察」『名古屋大學教育學部紀要教育学科』35, 1988年, 387-403頁, 榊達雄他「アメリカにおける教員能力試験・給与問題と教職の専門職性」『名古屋大學教育學部紀要教育学科』37, 1990年, 405-424頁, 榊達雄他「アメリカにおける教職の専門化・教職員の団体交渉等と教職の専門職性」『名古屋大學教育學部紀要教育学科』38, 1991年, 445-473頁, 榊達雄他「アメリカにおける教員評価・教員資質向上等と教職の専門職性」『名古屋大學教育學部紀要教育学科』39(2), 1993年, 171-197頁, 榊達雄他「アメリカにおける教員評価問題・教員資格付与等と教職の専門職性」『名古屋大學教育學部紀要教育学科』40(2), 1994年, 265-289頁, 榊達雄他「アメリカにおける教員資質向上・教員権限付与等と教職の専門職制」『名古屋大學教育學部紀要教育学科』41(2), 1995年, 347-360頁, 榊達雄他「教員評価・教員資格・SBM等と教職の専門職性：アメリカの場合を中心に」『名古屋大學教育學部紀要教育学科』42(2), 1996年, 301-335頁, 榊達雄他「アメリカにおける教員評価・SBMの事例等と教職の専門職性」『名古屋大學教育學部紀要教育学科』43(2), 1997年, 273-288頁, 榊達雄他「アメリカにおける教員評価・教員資質改善と教職の専門職制」『名古屋大學教育學部紀要教育学』44(2), 1998年, 143-160頁, 榊達雄他「アメリカにおける教員評価・SBM下の団体交渉と教職の専門性」『名古屋大學教育學部紀要教育学科』45(2), 1999年, 241-265頁。
3）下村哲夫『アメリカ合衆国における教員給与制度の研究』学陽書房, 1980年。

4）河原尚武「教育実践評価論の構想―アメリカにおける教育改革と教員評価研究の検討を通して―」『鹿児島大学教育学部研究紀要　教育科学編』第42巻，1990年，269-291頁。
5）高橋哲「第6章　教員団体の専門職団体化施策と労働法問題―NEA・AFTの同僚教員支援評価を中心に―」『現代米国の教員団体と教育労働法制改革―公立学校教員の労働基本権と専門職性をめぐる相克―』風間書房，2011年，193-220頁。
6）古賀一博「米国公立学校における同僚教員評価制度の意義と課題」『教育制度学研究』7，2000年，128-145頁，古賀一博「米国カリフォルニア州における同僚教員支援・評価システムの特質と意義：ポーウェイ統合学区の事例分析を通して」『上越教育大学研究紀要』23(2)，2004年，455-472頁。
7）Darling-Hammond, Linda Millman, Jason, Darling-Hammond, Linda, and et, *The New Handbook of Teacher Evaluation: Assessing Elementary and Secondary School Teachers*, Corwin Press, Inc., 1990.
8）Veir, Carole A. and Dagley, David L., Legal Issues in Teacher Evaluation Legislation: A Study of State Statutory Provisions, *B. Y. U. Education and Law Journal*, Vol. 2002, Issue 1, 2002, pp. 1-16.
9）Duke, Daniel L., and et, *Teacher Evaluation Policy: From Accountability to Professional Development*, State University of New York Press, 1995.
10）Stronge, James H., and Tucker, Pamela D. The Politics of Teacher Evaluation: A Case Study of New System Design and Implementation, *Journal of Personnel Evaluation in Education*, No. 13, Vol. 4, 1999, pp. 339-359.
11）榊達雄他「教員評価・教員資格・SBM等と教職の専門職性」『名古屋大学教育学部紀要教育学科』42(2)，1995年，310頁。
12）Darling-Hammond, Linda and Arthur E. Wise, Teaching Standards, or Standardized Teaching? *Educational Leadership*, Vol. 41, No. 2, 1983 Oct, pp. 66-69.
13）榊，前掲論文，1995，311頁。
14）榊達雄他「アメリカにおける教員能力試験・給与問題と教職の専門職性」『名古屋大学教育学部紀要教育学科』37，1990年，410頁。
15）赤星晋作『アメリカ教師教育の展開―教師のをめぐる諸改革―』東信堂，93頁。
16）榊達雄他「アメリカにおける教員評価・教員資質向上等と教職の専門職性」『名古屋大学教育学部紀要教育学科』39(2)，1992年，185頁。
17）榊達雄他「アメリカにおける教員評価問題・教員資格付与等と教職の専門職性」『名古屋大学教育学部紀要教育学科』40(2)，1993年，277-278頁。

18) Farnsworth, Briant, Designing and Implementing a Successful Merit Pay Program for Teachers, *Phi Delta Kappan*, Vol. 73, No. 4, 1991 Dec. pp. 320-325.
19) Darling-Hammond, Linda and Wise, Arthur E., Teacher Evaluation and Teacher Professionalism, *Educational Leadership*, Vol. 42, No. 4, 1984 Dec. pp. 28-33.
20) Barber, Larry W. and Karen Klein, Merit Pay and Teacher Evaluation, *Phi Delta Kappn*, 1983 Dec. p. 247.
21) Karam, Irvin Albert, Merit-Rating Salary Plans in Public School Systems of the United States, 1955-56, *the Journal of Educational Research*, vol.53. No. 4, 1959 Dec., pp. 144-148.
22) Darling-Hammond, Linda, A Proposal for Evaluation in the Teaching Profession, *the Elementary School Journal*, Vol. 86, No. 4, 1986 Mar., pp. 530-551.
23) Darling-Hammond, *ibid.* p. 538.
24) 古賀一博「米国公立学校における同僚教員評価制度の意義と課題」『教育制度学研究』7, 2000年, 129頁。
25) Lieberman, M., *Teachers Evaluating Teachers: Peer Review and the New Unionism*, Transaction Publishers, 1998, p. 32.

第1章　教員評価制度の史的変遷

　本章は、米国における教員評価制度がいかに展開されてきたのか、なかでもいかなる評価理論に基づき教員評価が実施されてきたのか、その変遷を明らかにする。教員評価の概念は、スーパーヴィジョン（supervision）機能の一つとして捉えられ発展してきた。そこで、地方教育行政機能の変容・再編に伴うスーパーヴィジョンの機能変化を明らかにし、そこから教員評価の史的変遷を分析することを目的とする。

第1節　学校の近代化と教員査定

　「教員の能力を測る」行為には、その目的に合わせ多様な役割が課されてきた。伊藤は、これを「教員査定」「教員評定」「教員評価」の三つの時代に分類する[1]。植民地時代から19世紀まで行われていたものを「教員査定」とし、19世紀末から1920年代にかけて行われていたものを「教員評定」と定義している。

　学校監督としてのスーパーヴィジョン[2]は、地方教育行政の主要な機能の一つであったが、そのなかで、不適格教員の排除のための行政監察的な概念として、教員の能力測定は人事管理の上で重要な役割を果たしてきた。19世紀末になると、指導上の助言援助としての側面が重要視され、スーパーヴィジョンの目的の変換が図られ、能力測定の在り方にも変化が見られた。スーパーヴィジョンの中心的職務を果たすスーパーヴァイザー（supervisor）の主体も目的変化に合わせ、時代によって異なっていた。

　植民地時代、学校維持の責任を負う地方の行政単位はタウン（town）と呼ばれ、学校はすべてタウン・スクールであった[3]。米国における初期のタウ

ンは地方行政（local government）や聖職者などによって管理運営され、教員の採用や能力の測定は、スーパーヴァイザーとして、タウンの行政委員（selectman）や聖職者らが関与していた。行政委員は直接に学校を訪問し、教室に入って授業を視察し、授業の進捗度を確かめていた[4]。当時のスーパーヴァイザーや監査委員会（supervisory committees）は指導の質を監視する責任を有しており、指導の効果の基準を設定し、教員を雇用解雇する権力を与えられていた[5]。

19世紀にはいると、タウンの各地区に常設の学区学校（district school）が開設され、その居住地区の境界を明確にした学区と呼ばれる学校設置単位が出現する。各学区は法的に組織化され、学区理事（district trustees）として選ばれた通常3名のコミュニティの委員が、年次の学区総会（school-district meetings）に従いながら、学区理事らが考える最善の方法で学校を管理していた。近代学校システムが成立するまで、コースオブスタディ（the course of study）や指導助言者（supervisory officers）は存在しておらず、また学校法の成文化や教育学知識もほとんど広がっていなかったため、これらの代表者が、専門的知識よりも住民のニーズを満たす方法で学校を運営していた。マクネイル（McNeil, J. D.）によると、当時実施されていたスーパーヴィジョンは、一般市民や聖職者で構成される素人委員会（committee of laymen）によって実施されており、教員の能力測定も、彼らによって、能力の低い教員を成長させるよりもそれらの教員を解雇することを目的に人事管理政策として実施されていた[6]。この体制は19世紀半ば以降公教育制度が発達するまで続いた。教員の能力測定は、社会が教員に期待している役割や成果を達成しているかどうか住民に対する「証明手段」として教員を査定するものであり、「社会に対する教員の責任を明らかにする」役割が課されていたと指摘されている[7]。

このような学区制度がニューイングランド地方を中心に全米に広がるにつれ、州全体の学校教育の普及改善という点から、州教育行政組織の確立を求

める声があがってきた。1812年にニューヨーク州での学校組織に関する法の成立を皮切りに、貧困層の子どもを含む全ての子どもへの教育を保障する学校システムに関する法整備が、北部を中心に各州で展開された。また1837年にマサチューセッツ州において州教育委員会が設置され、州による学校教育の監視と管理体制が整備された。この動きは他州にも波及し、1900年までに34州が州教育委員会を設け、それに合わせ州教育長職（chief state school officer）の設置も広がった。学校制度の発達は教育行政組織の整備を求め、校長、教育長、他の教育行政専門スタッフなど多様な職が確立された[8]。校長職には、専門的知識を有する教員や多様になる学校業務の管理や教育プログラムの調整を行う管理者としての責務が課せられた。この時代になると、コミュニティの規模が拡大し教育内容や方法の発展もあり、スーパーヴァイザーの権限や職責は広がり素人委員では対処できなくなった。そこで、教育内容の専門的な知識と指導スキルを有する教育長（superintendent of schools）、学校訪問官（acting visitor）や学校事務官（school clerk）などの教育専門家にスーパーヴィジョンの権限が委譲された。教員評定の業務についても教育委員会の専門家が担当した[9]。また、教育は複合的なフィードバックなどの不断の努力を要するものとの認識が広がり、スーパーヴィジョンの機能として教授活動の改善が重要視されるようになった[10]。こうした変化は、スーパーヴィジョン主体の「素人（layman）」から「専門家（professional personnel）」への専門化と捉えることができる[11]。

　教員の能力測定は、タウン単位で学校管理ツールとして、不適格さの判断を目的とする素人による教員査定として実施され、学校制度の発展と州教育行政の整備と共に、教授活動の改善も意図した専門家による専門的知識に基づく能力評定へと変化した。

第2節 「効率化」の影響による「教授改善」と教員評定

(1)効率志向の教育行政学の成立

　米国において教育行政学が成立した19世紀後半から20世紀初期は、「効率志向の時代（Period of Efficiency Orientation）」として特徴づけられる。スーパーヴィジョン機能にも変化が見られ、それまで学校に対する査察行政の目的は「不適格条件」の排除であったが、教授活動の改善が意図されるようになった。この時代、米国教育行政学の成立に伴い、教育問題の研究に対し統計的手続きの適用を進めるなど学校行政内容の専門化が図られた。いわゆる教育における「科学運動」である[12]。これら学校教育行政の専門化が推進された背景には、産業の発達に伴った大企業の出現と政治の腐敗と行政の非能率、急速な工業化・大都市化と移民の急増に対する普遍化された「国民教育」への要請などの、米国社会を取り巻く状況が関係していた[13]。さらに、1870年以降公立学校が驚異的な成長を遂げたことにより、学校管理者は多様な問題に直面し、急激に増加した教職員の管理問題もその一つであった。このような教育をめぐる状況下において、教育の科学化の諸方法は学校行政における管理道具としてその活用が注目された。

　20世紀初頭、テイラー（Taylor, Frederick W.）によって労働の生産性を上げるための「科学的管理法」が提唱されると、同管理法は教育界においても広まり、教育の「効率化」が進められた。テイラーは、科学的管理の視点を取り入れ、工場労働者の明確な作業行動の測定が生産性の向上において最も効果的な手段であると考えていた。この科学的管理の原理が教育領域にも適用され、教育目的の明確化が図られた。またスーパーヴァイザーには教育の「法則」を発見し、それを教師の職務活動に応用することが要求され、教員は徹底的に効率的でなければならず、上司（superior）が示す生徒の学力目標

をどの程度満たしたかによって評価された[14]。

　ソーンダイクを筆頭に教育学者たちは学校への科学的アプローチの究極の手法として、測定（measurement）を重要視し始めた。中でも、教育行政官であったカバリー（Cubberley, Ellwood P.）は、ソーンダイク理論に基づいて学校行政への統計的技法の適用を試みた人物であり、学校能率性を測定するためのテストと評定尺度の開発を提案した。カバリーは、彼の著書『公立学校行政（Public School Administration）[15]』の中で、科学的管理法を学校管理に活用すべきであると述べ、教育の効果を測定する際のスタンダードと学校制度や個々の学校、教員、生徒の達成度を測るための単位（units）の作成を求めた[16]。

　カバリーの提案した科学的管理法の影響によるスタンダードの導入は、教育における大きな変化の一つであった。達成度や成果を測定する際のスタンダードの作成は、スーパーヴァイザーや教員に指導の際の具体的なねらいを提供することを可能とした。また、スタンダードは生徒を正確に測定し分類することを可能にし、各教員は自身や各生徒に求められていることを認識しタスクが達成されたかどうか常に確認することができる。生徒の成果を試験によって測定することで、校長やスーパーヴァイザーは、生徒やクラスが適切な成果を上げているか、教員の支援が必要な点はどこか一目で分かる。ウェッツェル（Wetzel, William A.）は、カバリー理論に基づいて、学校や教員の能率性を決定する際の生徒の学力測定の活用を提案した[17]。従来のスーパーヴィジョンの不十分さを指摘し、教員や学校は何をすべきかを考えるだけでなく、何をしているかということを把握する必要性を訴え、それを可能とする科学的な組織と構造的なスーパーヴィジョンを提案した。具体的に、生徒の有する能力レベルを把握したうえで、明確で適正な目標を立て、異なる学力層に対し教育がどのように有効であるかを評定する仕組みを提案した。つまり、科学的管理法を基礎とする学校管理理論におけるスーパーヴィジョンは、科学的手法に基づいた客観的な教育効果の追求と、標準化された期待値

への順守を徹底させることであったと特徴づけられる。また、これを裏付けるように、当時の資料では、教育の効率性（Teaching Effeciency）という言葉が散見され、教育の効率性に関する研究が盛んに実施されていた[18]。

　一連の教育科学運動の高揚は、教育的関心が学校装置（school machinery）や教育カリキュラムから、教育対象である子どもへと変遷したことの表れであると指摘される。教育における科学運動の影響を受け、1900年当時、「効率性」の観点から、学校における教育効果の測定が注目され、子どもの成長度（achievement）を測る試みが提案されていた点は注目される[19]。

(2)教員査定から教員評定へ

　教育測定運動は教員の能力測定にも影響を与えた。19世紀末になると、測定の客観性の確保を求めて、教員の能力測定の問題が活発に議論された。伊藤は、19世紀末から20世紀にかけて、これまでの極めて主観的で不確かな印象による教員査定から、客観的資料に基づく教員評定へ大きな転換が図られたことを指摘している[20]。また、教育の効率性の測定に関わる研究が、当時の研究者らによって実施されている。

　一般的に活用されていた教員評定の手法は、「印象法（general impression method）」と呼ばれるものであり、大多数の学校システムで実施されていた[21]。評定は、校長や教育長のどちらかあるいは双方によって実施されていたが、その評定手法は明確ではなく判断要素や定義、法則などの枠組みは示されていない。教員評定は、構造化された合理的で管理的な手法ではなく、評定者の印象によって実施されるものである。教員は「良い」「悪い」「変わらない」の3段階で測定され、昇進や雇用の決定の際は「値する」「値しない」の2段階で評定される。これらの判断は評定者の主観に基づくものであり、印象や言い表せない何かによる評定は、教員の力量改善に役立つものではないと、批判する声もあった[22]。

　モンローら（Monroe, W. S）は、1910年代ごろから、これまでの印象法を

中心とする教育効果の測定に対し、手続きの見直しが試みられてきたことを示し、新しくスコアカード、人物比較法、標準化テストの3種類の測定方法が提案されてきたことを明らかにしている[23]。ボイス (Boyce, C.) は、印象法に対して、これらを「分析法 (analytical method)」と名付け、教育の効率性の分析を試み、秩序だった方法で教員を判断するための測定スキームによって複雑さの全ての段階の分析を試みる手法であると、分析法の特徴を説明している[24]。

①多様なスコアカードの開発

　教育の効率性を分析し、優秀な (succeful) 教員の資質 (essential traits) や特徴 (characteristics) を解明する試みが様々な研究者らによって進められた。その代表的な研究のひとつが、エリオット (Elliott, E. C.) によるものである[25]。エリオットは、それまでの先行研究の知見をふまえて、42項目によるスコアカードを作成した。教員らは、42項目について審査され、数値化された。他のスコアカードも、細かいところで違いが見られるものの、多くの共通性を有していた。

　スコアカードには、教育長によって教員の再雇用や昇進、昇給などを決定する際の基礎資料など管理を目的に利用されることと、教員の資質向上の手段として用いられることの二つの機能が期待された。管理目的として実施される場合、評定者は教育長、校長、スーパーヴァイザーであるのに対し、教員の資質能力向上を目的とする場合は、各教員の自己分析として利用され、測定よりもプロセスに注目された。

　エリオットのスコアカードには、「個人の効率性」と「指導的 (directed) 有効性」の2領域があり、「個人の効率性」は、身体性、道徳性と素質、管理性、活動力、成長性、社会性の6項目、「指導的有効性」は、スーパーヴィジョンに対する有効性の1項目であった。

　ニューヨーク市政調査会 (New York Bureau of Municipal Research) が作成

したスコアカードは、エリオットのものと異なり、数値化よりも教員の質的描写の形式をとっていた。例えば、教員の全体的な印象について、二つの対峙する記述用語を示しておき、評定者は適する方にマークをつける。他の項目については、四つのスケール（全く当てはまらない、少し当てはまる、中程度当てはまる、顕著に当てはまる）を設定し、その根拠を記述する。

一方、ラグ（Rugg）のスコアカードは、教員が自己分析し評価することを意図して作成された。「指導のスキル」「クラスマネジメント」「チームワーク」「成長と最新知識の獲得」「人格特性と社会性」の5領域に関する50以上の項目で構成される。それぞれの項目に対し、三つのスケール（低い、平均的、高い）で自己分析する。

これらの種々のスコアカードに対し、ケント（Kent）やコナー（Connor）は、生徒の成長に対する項目への重み付けが軽い点を批判し、それらを最も重要な領域として捉えた評定スキームを新たに提案した。

複雑な教員の質を捉えようとする時、設定される評定指標がその複雑さをカバーできているかどうかには疑問が残る。伊藤も、評定指標に利用される用語が必ずしも共通理解を得られるものではないことを指摘し、客観性を目指して開発された評定尺度が、主観的性格を内包していることを問題視している。また、スコアカードを用いた評定が行われる場合、欠陥の程度について具体的な指示が示されることがなく、その程度は評定者によって多様である。教員の効果性を測定することは個々のプロセスが必要であり、そのプロセスは単に機械的な方法で実施することはできないと、スコアカードの持つ問題が指摘されている。

このような批判を踏まえ、モンローらは、教員の自己改善のツールとしてスコアカードを活用することを提案した。

② **人物比較法による測定**

教員の有効性測定のひとつである、スコット（Scott, Walter Dill）が提案し

た人物比較法は、教員の中から標準的（標準評価となる）人物を選出し、その人物を基準として、他の教員を相対的に評価する方法のことをいう。最も優秀な教員、平均より優秀な教員、平均的な教員、平均より乏しい教員、最も乏しい教員の5人の標準となる教員を選び、これらの標準教員を指標として、教員が評定される。人物比較法では、標準教員を適切に選ぶことが最も重要となる。人物比較法の評定基準は、基準を決める人物の極めて個人的な指標で設定される。

　教員評定に対する人物比較法の作成に関与したラグは、スコアカードにて示した「指導のスキル」「クラスマネジメント」「チームワーク」「成長と最新知識の獲得」「人格特性と社会性」の5領域を設定し、それぞれの領域ごとに5人の標準教員を選び、領域ごとに評定を決定することを提案している[26]。人物比較法でも、数値化が採用され、標準教員に対してレベルごとに、38、30、22、14、6ポイントが割り振られている。例えば、「指導のスキル」について、最も優秀な教員と同等だと判断されると、38ポイントが加算される。教員の総合評定は、各領域のポイントを全て足したものである。

　人物比較法での教員評定の信頼度について、十分な研究成果は示されていないが、評定者によって生じる評定のブレについては懸念されている。しかし、モンローらは、スコアカードと比較して、人物比較法による測定の方が正確であると主張している[27]。

③生徒の学力成長を利用した測定

　1920年代以降、スコアカードや人物比較法などの客観的指標を用いた勤務評定から、「教員の実績は、教員が生じさせる生徒の変化と比例する」という考えに基づいて、生徒の学力成長を用いた測定方法の開発が進められた[28]。代表的なものに、標準化テストを用いた教員の効率性の測定があげられる[29]。上述したスコアカードや人物比較法による教員測定は、教員の活動に焦点が当てられているのに対し、標準化テストによる測定は、その対象が生徒の活

動や達成度に移っている。

　生徒の学力成長をさらに正確に測定するため、1925年には、クラブス (Crabbs, L. M.) によって生徒の成業率による評定方法が提案された[30]。「成業率とは、生徒の精神年齢に対比して、その生徒が実際にどの程度の成績をあげたかを示す指標」である。クラブスは、当初、クラス単位での測定に注目し、年度終わりにクラスの生徒が達成基準 (norm) を満たしたかどうかを測定し、それを教員の評定として利用した。しかし、この測定方法では、担当する生徒の学年 (年齢) が考慮されず、高学年担当教員ほど有利となる。また、年度初めには学力測定が行われないため、当該年度の教員の貢献と当該年度以前の教員の貢献を区別する手立てが取られていなかった[31]。そこで、生徒の学力成長に対する教員の貢献度の正確な測定方法として、生徒の成業率による測定が開発された。テストによって示される絶対的達成度の要素から、生徒の精神年齢に基づき算定される達成可能性に対する相対的達成度の要素へ、測定の焦点が移された。これにより、生徒の学年間によって生じる有意差の解消がはかられた。また、生徒は特定の期間の始めと終わりに測定され、その成長が教員の教育成果であるとみなされた。

　このように、従来のスコアカードや人物比較法などの客観的指標に基づく評定方法に続いて、教授能率の測定こそが教員の勤務成績の最も正確な評定方法であると考えられた[32]。当然ながら、これらの生徒の学力成長を利用した測定は、課題も指摘される。標準化テストは、教員が生み出す教育成果全てを測定できるものではない。読解や算数などのツール科目 (tool subjects) におけるスキルだけでなく、生徒は、理想や志向、興味や視点を形成するための習慣や知識を身につけることが期待されているが、これらの目に見えにくい成果 (less tangible outcomes) は、標準化テストでは測定できない。また、生徒の成業率による評定方法についても、測定の正確性に課題が残ることが指摘された。教育の持つ多義性などの特色を考えると、教科の成業率で測定されるものは限られていること、教科の成業率に与える影響は担任教員以外

にも考えられることなどが批判の理由として挙げられていた[33]。グラス(Glass, G.)も、「標準化テストは、ある一定期間に身につけた知識という点での生徒の成長度に対する教員の効果を、正確に測定するものではない」と指摘した[34]。

これらの指摘を受け、生徒の学力成長による測定を、単一の評定指標として扱うのではなく、ひとつの指標として総合的な評定方法が提案された[35]。具体的に個々の教員について、準備教育の段階から、採用時点での諸調査、学級担任・教科担任等の教育活動の実態、研修、自己評定などのあらゆる資料を包括的に活用し、総合的に評価することが示されている[36]。また、ゲージ(Gage, N. L.)は、従前の教員評定における能力研究の問題の一つは、効果性に関する単一基準に注視している点にあるとし、教員の能力を正確に測定するためには、まず教員に求められる能力を定義する必要があると訴えた[37]。

④教員評定の目的

教員評定の目的は、各利害関係者によって多様である。例えば、教育委員会にとって、教員評定は効果的に予算を使用するための資料として活用され、教育の効率性のために使用された。また、保護者にとっては、アカウンタビリティとして、教員の質と仕事の質を知るために求められた。行政官は、教員が何を成し遂げいかなる程度の能力を有しているか確認する管理目的として教員評定が必要であった。さらに、教員自身にとっては、資質向上の資料として教員評定の必要性が認識されていた[38]。

ボイスは、教員評定が「教育長の機密な情報(private information)として」「給与調整の根拠を与えるものとして」「昇進を決定する際に教員経験年数や試験、特別な仕事などの他の要素と関連付けて利用するものとして」「教員の質を向上させるものとして」の主に四つの目的に利用されていたことを指摘している[39]。中でも、人事に関わる資料として使われることが多く、教員

評定は、指導助言機能や向上助長機能よりも管理機能として活用されていた[40]。管理機能として活用される場合、評定結果の妥当性は強く問われることになるが、特にそれらが給与に関連付けられるところもあり、嫉妬や恨みといったトラブルがつきものであった。ボルトンは、このような認識があるにも関わらず、評定によって決定される教員の効率性を、給与と関連づけようと試みる自治体が少なくなかったことを明らかにしている。また伊藤も、教員評定の利用について、はじめは解雇や雇用更新拒否の判断材料として使用されることが多かったが、1910年末から1920年代にかけて教員給与の昇給額を決定する際に活用されていたことを明らかにしている[41]。実際、1922-1923年に教員給与に関する隔年調査を実施し教員評定制度の実施状況を報告するNEA調査部によると、勤務成績を直接に給料に反映させるいわゆる能力報酬を採用する都市は、教員の勤務評定を実施している都市の63％であり、半数以上が給与に関連付けていることが明らかとなった[42]。

　能力報酬の導入が進んだ背景には、科学的管理法による「効率性」の導入が影響している。教員の能力報酬を推奨した人物のひとりであるカバリーは、教員の成長と効率性を促す上で、最も重要なプランとして、教員の能力報酬を提案している[43]。同時に、評定の妥当性の保証が重要であり、最も困難なプランであることを想定した上で、教育の効率性や経済的効果を考えると、能力報酬は"理論的には正しいプラン（plan right in principle）"であり、能力報酬には、優秀な若手教員が離職するのを防ぎ、全ての教員に継続的な改善を刺激するという二つの目的があることを示している。エンジニアや弁護士などの他の専門職を例示し、専門職知識の不足するものは重要なケースを任されないため、いい仕事をして見合った報酬を得るために専門的知識を身につける。これらの専門職では、競争的原理が作用し、専門性の向上が担保されている。対して、教職は、同程度の給与をもらい、同じレートで昇給し、キャリアの早い段階で最高額に到達してしまう。専門職活動に対する継続的な刺激のもとで、多くの人は力を出すことができる。成果や成長に対する追

加報酬は、職能成長を促進するための適切な刺激を提供するベストな方法である。カバリーは、専門職として適切な報酬を提供する必要性を感じ、力量形成の観点から能力報酬の導入を提案した。

伊藤は、この時期の評定について、①すべての教員を同一内容の基準で測ること、②同一教員を誰が評定しても同一の結果が得られること、③判定は客観的証拠に基づくこと、④教員たちの能力を定量化することによって優劣が簡単に識別できるようにすること、を理念として開発されたものであると述べている[44]。

このように、教員の能力測定は、スーパーヴァイザーの印象に基づき教員の適格性を判断する教員査定から、共通の評定指標で客観的証拠に基づき科学的に教員の能力を測定する教員評定の方向へと移り変わっていった。

1930年代および1940年代以降の教員評定は、学習者の行動変化に基づく教員の教育成果の客観的な測定へとその焦点が移行された。科学的管理法の影響により、教育領域における「成果」への意識が高まり、各教員がどれほどの成果を上げているか把握するための教員の能力測定が求められ、また教員の成果を定期的に測定するための勤務評定の重要性が認識されるようになった[45]。評定者の主観的な判断による評定に対する批判を踏まえ、1920年代にすでに客観的な尺度に基づく評定方法として生徒の成業率が注目され、教員の効果性の測定に活用されていた点は注目される。また、成業率を正確に測定するために腐心している点や、単一の評定要素の限界性を踏まえ複数な評定要素を用いた多角的な評定の重要性が指摘されている点は、今日の教員の効果性測定をめぐる動きと重なる部分が多い。またボルトンは、プロセスの有無に関わらず、教員は継続的に評定される必要があることを主張しており、すでに教員評定をめぐる議論は、教員を測定すべきかどうかではなく、最も効果的な評定システムの模索が始まったことを指摘している[46]。

第3節　スーパーヴィジョンの性質変化

(1)スーパーヴィジョンの性質変化

　1930年代および1940年代において、学校への科学的アプローチからの脱却を図り、新しい理念を内包した教育行政思想に基づくスーパーヴィジョンが求められ、その責務の変化が叫ばれた。科学的管理論の下では、優れた教育には「法則」があり、その法則を教員に応用させることがスーパーヴィジョンの役割と捉えられ、スーパーヴァイザーの役割はその法則を発見し、法則に基づき教員を評価することであると考えられていた。このような教員を「非人間」として捉えてきた科学的管理論に対し、教員を個々の存在として捉え、教員の感情的側面を重視する人間関係論アプローチに基づく新しい教育行政の見方が注目された[47]。

　一方で、労働者の高い士気が直接的に生産性につながるわけではなく、体系的なアプローチの重要性も指摘されている。科学的管理論の考え方が否定されたわけではなく、人間関係論の双方の利点を考慮した新しいアプローチが求められた。具体的に、人間関係論は、主に学校におけるスーパーヴィジョンの実践的側面に適用され、教員の指導力改善におけるアプローチとして、平等で個別的なアプローチが用いられた。その際、具体的なメソッドとして用いられたのは、授業観察であった[48]。このように、人間関係論アプローチに基づく新しい教育行政思想の導入によって、スーパーヴィジョンの在り方にも変容が見られた。コールマン（Coleman, E.）は、教員を理解するための第一の基本は、教員が一人の人間であり、他の全ての人物と同一ではなく、影響を与えられ、また影響を与える環境の中にいることを認識することであると述べ、機械ではなく人間的側面を重要視することを提唱している[49]。スーパーヴィジョンは「管理統制」的役割から「助言援助」的役割へと、公教

育制度の発展と共に期待される機能が変化し、その変化とともに、教授改善に十分な役割を果たすスーパーヴィジョンの在り方が模索された。

コーガン（Cogan, M.）が提案した臨床的スーパーヴィジョン（clinical supervision）はその一つであり、教員の教授活動の改善を図ることを主眼とするものであった[50]。スーパーヴィジョンの有する多様な機能が「管理統制」的側面と「助言援助」的側面に二分されることに注目し、「管理統制」的側面を持つ一般的スーパーヴィジョン（general supervision）と「助言援助」的側面を持つ臨床的スーパーヴィジョンに分けられることを主張した。一般的スーパーヴィジョンは主に教室の外で実施される指導監督的な働きを含むものであり、カリキュラムの作成や修正、教育プログラム全体の評価などを対象とする。対して、臨床的スーパーヴィジョンは教員の教授活動の改善を対象とし、教授活動が行われる教室で教員とスーパーヴァイザーの共同関係の中で行われる授業観察と協議に基づいて行われる点に特徴がある。スーパーヴァイザーの役割は望ましい学習を妨げる臨床的な事案を探すことであり、その際には、教育における継続的な改善のプロセスを重要視するべきであると主張している[51]。

このように、「管理統制」的機能と「助言援助」的機能の双方を有していたスーパーヴィジョンは、「管理統制」的機能を一般的スーパーヴィジョンに、そして「助言援助」的機能を臨床的スーパーヴィジョンに分化し、スーパーヴィジョンの役割機能の分離が進められた。

(2) スーパーヴィジョンの主体

教員を個人として尊重する重要性を認識しながらも、スーパーヴァイザーの役割は学校システムの拡大により広範囲に亘っていたため、その責務の分散が図られた。スーパーヴィジョンの職務は、学校外部からその必要性が叫ばれ誕生した。植民地時代では、聖職者が、宗教上の目的が果たされているか確認するために学校を監督（supervise）し、素人のスーパーヴァイザーが

教員の勤勉さ（diligence）と生徒の成長（progress）を観察するために学校を査察した。学校システムが発展しスーパーヴィジョンに期待される機能が複雑化し多岐にわたり、素人にとって複雑なものとなると、市の学校行政において初めて、専門家としての教育長（city superintendent）が誕生し、教育長が教育課程の作成と教員によるその実施状況の確認などスーパーヴィジョンの任務を担うこととなった。さらに学校システムが拡大すると、大規模学区の教育長が全学校や全教員の管理など増幅する責務を果たすことは不可能となり、校長に教員に対するスーパーヴィジョンなどの責務が移譲された。

そもそもスーパーヴィジョンの機能は、教育課程の運営・実施における改善の領域と教員の勤務条件や勤務評定の問題を含めての教員の職能成長を促す機能の二つの領域に大別される。教員の職能成長に対するスーパーヴィジョンの責務は、校長、スペシャルスーパーヴァイザー、教育長補佐、カリキュラムコーディネーター、コンサルタントなどを中心に共有されていた。浜田が「教員との対等な関係における「助言援助」機能へとスーパーヴィジョンの性格の変化」[52]を指摘しているように、スーパーヴィジョンの有する従来の管理統制機能に助言援助機能が加えられ、スーパーヴィジョンの多機能化が進んだと考えられる。それを可能にするために、スーパーヴィジョンの主体も教育長から校長へと広がっていった。1930年代以降、スーパーヴィジョンの機能分化とともに、教員評定の役割の一つとして、教員の職能成長促進の側面が求められるようになったことは注目される。

(3) 形成的評価

スクリブンは、教育上のツールとして用いられる評価概念について整理を行った。スクリブンによると、一般的水準では、評価の目的（goals）が議論され、教育的状況においては、評価の役割（roles）が議論されるという。一般的水準では、評価はある事象に関する問いへの解の試みである。例えば、その手段がどれほど効果的なのか、他の手段よりも有効なのか、費用対効果

はどうなのか、などの問いに対するものである。また、その評価活動は、目的達成度に対するパフォーマンス・データを集め、集計するというものであり、相対的評価や数的評価が活用されることが多い。

　一方、教育的状況において活用される評価の役割はきわめて多様である。教員の教育活動、カリキュラム改善のプロセス、学習理論の改善につながるフィールド調査、教育資源（materials）を導入するか否かを決定する際の予備的調査など、多様な場面で評価活動が取り入れられている。しかし、教育的状況において活用される評価は、その目的と役割の差異が意識されておらず、評価の目的にたどり着くまでの評価プロセスが軽視されがちである。スクリブンはその差異に注目し、総括的評価が固定化されたプロセスを通してメリットと価値についての結論を決定するのに対し、形成的評価は構造的で継続的なプロセスにおいて、継続的に改善のための正確な情報を集めフィードバックすることで構成されることを指摘した。

　従来の教員の能力測定は「総括的評価」であり、このような測定は、総括として最後に実施され、教員の効果性とシステムの価値に対する判断を下すために用いられる。ボルトン（Bolton, D. L.）[53]は、教員の能力測定にも、教員の教授活動の種類と方向性をモニタリングする形成的評価が必要であると、主張した。形成的評価は、教員に専門職としての成長と能力改善の機会を提供するのに有効な手段であり、その際、校長から教員へのフィードバックなどの継続的な情報交換に基づく臨床的スーパーヴィジョンが鍵となる。形成的評価アプローチは、教員に、教育の効果に対する測定や学校、学区、環境との関連性についての評価に目を向けさせ、どれだけ変化、あるいは成長したかを示すことができる点にもその利点がある。また、教員が評価プロセスに関わり、評価者による判定を共有することができるなら、評価機能に対する教員の認識も好意的なものに変わり、評価実施に対する抵抗も減るであろうと考えられた。

第4節 スーパーヴィジョンと教員評価

(1)勤務評定から勤務評価へ

①イーストモンドによる能力報酬の提案

　1940年代に入り、教員の単一給料表に対する批判が高まり、勤務成績評価の見直しが求められた[54]。リーダー（Reeder, W. G.）とリッチー（Richey, R. W.）は、学歴と教職経験に対してのみ支払われる単一給料表では、特にすぐれた勤務に対して報酬が支払われることがなく、有能な教員たちが不満を募らせると批判している。また、イーストモンド（Eastmond, J. N.）[55]は、教員に能力に対応した給与を提供するべきであるとの要求が住民（layman）からあがり、その要求が州立法府（state legislative body）や教員の専門職団体に広がり、単一給与表の抱える課題解決に向かう動きにつながったと説明している[56]。彼は、学歴と教職経験を規定要因とする単一給与表を批判し、勤務成績も教員給与の規定要因の一つに加えるべきことを提唱した。ただ、イーストモンドが能力報酬の導入を主張する背景には、教員の専門的能力の向上が前提とされている。彼は教員の専門的能力はより適切に認識されるべきであると考え、能力を測定することは専門職としての課題であり、それらは専門職者の手で解決されなければならないと述べている。教職を専門職として確立するために、教育者らに残された選択は主導権を自ら握り、能力評価をめぐる課題解決に取り組むべきである[57]。

　イーストモンドは能力報酬を導入する目的として、①学校における指導力向上プログラムの効果を高めること、②教員らは継続的に効果的な評価を受け能力向上を図っていること、それゆえに、教育投資に対する最大の利益を受け取っていることの確証を住民に対して提供すること、③コミュニティの向上に対する教育職員の貢献の質的向上の効果を高めること、④教職の専門

職性の確立を図ること、⑤各教員の専門的力量向上を促進させること、の5点を挙げている。イーストモンドが提唱する能力報酬は、単一給与表の形式をベースに勤務成績に基づく追加報酬を構想したものである。教員の専門的能力は各地域の状況に合わせて慎重に定義されなければならないとし、踏まえるべき評定要素として①学級活動（classroom activities）、②専門職的活動（professional activities）、③コミュニティに関わる活動（community related activities）の三つを提案している[58]。下村は、勤務評定の評定要素に、学級活動以外に専門的活動やコミュニティに関わる活動が加えられていることに注目している。教員の勤務成績の範囲を学級活動に限定するのではなく、同僚との共同作業や地域社会への貢献などを含め、「広い視野から総合的」なものとして捉える視点を有していたことを指摘している[59]。

このように、イーストモンドは、従来の勤務評定の考え方を改め、多様な側面から総合的に勤務成績を捉え、すべての教員に報奨や処罰を提供するのではなく、すぐれた勤務に対して報奨を提供する構想を有していた。教員評定の問題が、教員の単一給料表に対する批判の文脈で取り上げられ、また、教員の専門的力量向上の促進要素として能力報酬が提案され、専門職の観点から積極的に教員評定の改革を進めることが提案されたことは、教員評価概念の誕生を考える上で注目される。このイーストモンドの考え方が、後の教員評定制度をめぐる議論の展開に大きな影響を果たした。

②**教員評価概念の確立**

1950年代以降、総合的な視野に立って教員の勤務成績を捉えようとする考え方が広がり、勤務評定（merit rating）から評価（evaluation）という用語が使われるようになった[60]。NEAは、1950年に教員評価委員会（the commission on teacher evaluation）より「勤務評定より優れたもの（better than rating）[61]」という報告書を提出し、勤務評定と評価についてその定義を以下のように整理している[62]。

勤務評定（Merit Rating）：給与や昇進、報奨の決定を目的として、評定される人物の参加なしに、また知識の有無にかかわらず、評定者によって下される主観的で質的な判断。これらの用語は、上位下位の関係において他人によって教員に提供されるものを意味している。
　　評価：評価は評定を含む全ての種類の判断を内包する広義の用語である。"評価"という用語は、具体的に関係するすべての人物の積極的で相互的な参加を通して、個人や組織が成長のための計画において選択し決定を下すことを可能とするプロセスを意味するものとして用いられる。

　例えば、教員は自身の効果性について評価することを学び、共同して実践力の向上を導くことができる。このタイプの評価では、協議が中心に設定され、その目的は職能成長を計画することである。この意味での評価は、共通に認識する目的達成のためのねらいに対する互いの見直しである。つまり、従来の勤務評定が教育委員会の担当者と校長によって一方的に行われてきたように、勤務評定が評定者からの一方的な評価であるのに対し、教員評価は被評価者である教員も評価に参加し、自身の職能成長活動の一部として実施されるものであると定義している。

　また、共同的な評価の特質として、以下の5点を示している。①評価は継続的なプロセスであり教授－学習関係の統合である、②評価はプロセスに関わる関係者全てに対して共同的な責任がある、③評価は行動の変容を促すプロセスの一部である、④行動の変容は自発的なグループによって決定された目標に方向づけられるべきである、⑤共同的な評価は、知的な選抜や技術の利用を行動変容の確証をえることに関わらせるものである[63]。

　NEAの提唱する評価機能は教員の学級や学校、地域社会での活動の改善を求めるものであり、従来の勤務評定と教員評価の相違を明確にし、より総合的で広い概念から評価を捉えようとしている。NEAによる勤務評定と教員評価の定義の整理もまた、勤務評定制度改革において大きな影響を与えた[64]。

③ボルトンによる教員評価構想

　単一給与表への批判や、NEAによる教員評価概念の整理が提案され、新しい教員評価改革への機運が高まる中、1973年に連邦教育局によって、教員の選考と評価に関するプロジェクトが実施された[65]。そこで、評価が包括的で構造的な手続きによって提供されれば、子どもの学習環境の改善や人事管理決定の促進をサポートすることになるとし、包括的で構造的な教員評価プログラムが提案された。評価は、その手続きが専門家やコンサルタント、保護者や生徒からの支援を受け教員や管理職によって共同的に計画される際に、もっとも有効に機能し、評価に関わる全ての関係者は、評価の目的や手続き、それぞれの役割を理解するべきであることが示された[66]。

　教員評価の目的は、指導力の改善や優れた能力への報酬、業務の改善のための情報提供、各教員や学校システムの双方の保持、選抜プロセスの検証、教員のキャリアプランニングの基礎情報の提供、自己評価の促進などの教員の力量形成を促すものであることを主張し、教員評価が教員への支援より欠陥の把握（fault-findings）を強調したものである場合、様々な課題に直面するとし、評価プランが教員のモラルの向上に貢献し、子どもの学習を向上させるものであるべきだと述べている。また、評価者について、目標設定の際の協議、観察と情報収集、事後協議と意見交換、決定、評価プロセスの評価の５段階のプロセスに関わるために、十分に訓練されなければならないと、評価者訓練の重要性を指摘している。さらに、教員評価には考慮しなければならない問題点が存在することも指摘している。たとえば、①評価者によって不十分な評価を受けた際の当事者間の緊張、②評価の後の創造性の減退[67]、③スーパーヴァイザーや校長からの支援の減少、④選抜プロセスの妥当性、などを教員評価の抱える課題としてあげている。教員評価プログラムを実施する際には、評価に関わる人物がこれらのことについて理解していることを重要視している。

　次に、教員評価の具体的手法として、その評価指標や方法に関して、以下

のように論じている。まず、教員を評価する際の評価指標について、①生徒や被評価者である教員、同僚教員、管理職やスーパーヴァイザーや助手によって認識される教員の教室内での行動、②生徒や被評価者である教員、同僚教員、管理職、スーパーヴァイザーや助手によって認識される教員の教室外での行動、③教員が作成するテストや標準化テスト（到達度や態度、スキル）、生徒による自己レポート、生徒の行動観察、生徒の作品やプロジェクトによって測られる生徒の達成度（student accomplishment）の三つの領域を示している。また、教室内での行動を評価する際の主要な評価手法として実施される授業観察について、教員が自身の教授行動の開発や管理するのをサポートし、教室内での一連の出来事を説明するために、授業内でのやりとり分析（classroom interaction analysis procedure）が主に実施されてきた。評価指標（rating scales）やチェックリストは、構造的な観察手順というよりも、教室内の行動を測定する際に共通して利用されるものであり、観察者が判断を決定する際に、多様な情報から考察するための手がかりを与えるものである。しかし、評価者が授業観察を適切に実施するために必要なスキルを身につける機会はほとんどなかった。これら教員評価の手法は、中間層の差別化を図るよりも、満たしているかいないかの明確な判断への利用に適している。評価指標やチェックリストを利用する際には、評価の焦点を明確にし、具体的でかつ推測の低い項目を作成し、共通の記録様式を活用し、観察者に適切なトレーニングを提供することによって、その正確さの向上を図るべきである。

　また、ボルトンは、評価指標の三つ目である生徒の達成度について、以下のように述べている[68]。生徒の達成度の測定は、生徒がどのように考え、どのように感じ、どのように実施するのかという測定を含むものである。従来の生徒の測定は①知識と能力（何を知っているか）②実践力（何をすることができるか）③態度（信じていることや望んでいること）④関心の測定であった。しかし、学校は生徒の学習を促すために存在しているため、教員の成功の究極の規準は、生徒の習得した学習の量である。生徒の成長度測定によって、望

まれる能力がどの程度習得されているか直接測定することができる。しかし、生徒の成果測定には難点もある。例えば、生徒の成長は即時のものでありまた長期的なものでもあるという特徴を有する。一方、教員の行動は生徒の即時の学習効果にはそれほど貢献しないが、生徒の態度や行動に長期にわたる影響を与えるものである。成長度とは各教員の行動に起因するものを意味しており、学習に影響するコントロールできない多様な状況についてではない。評価者は、教員個々の成果として得られる生徒の成長度を分析することの代わりにではなく、それに加えて、成長度に対する教員間のつながりの影響を考慮すべきである。従来、教員の評価手段として生徒の達成度を考慮することは、その難しさや抱える課題により避けられてきた。しかし今日、教員の生産性に対するアカウンタビリティの強調にともなって、具体的な生徒の達成度を設定しその達成を試みることへの関心が高まってきた。この傾向が続けば、生徒の成果測定への注目は、教員をどのように評価するか教員の評価方法に重要な影響を与えることになると予測している。

　このように、ボルトンは、評価は評価する側とされる側との協力関係で行われるものであるから、事前にどういう行動を評価の対象にするかについて相互に了解しておく必要があることや、観察を終えたのちの話し合いは、教員にとっても校長にとっても意見交換の場になるはずであり、また観察にあたっては、授業観察を繰り返したほうが有効であるとして、共同的で民主的な評価の在り方を提案した。さらに、授業観察の目的は、教員の行動を正確に記述することであり、評価の究極の目的は、教員と校長、校長と教育行政職員との間に信頼関係をつくり教育活動をより効果的に促進させることであると述べており、評定によって優劣を明らかにするという人事管理面の必要性よりも、教育活動の向上を促す教育政策面の重要性において評価の必要性を認識し、職能成長を意識した教員評価の在り方を提案した。

第5節　小括－教員評価制度の史的変遷－

　以上、概観してきたように、教員の能力を測定する行為は、社会が教員に期待している役割や成果を達成しているかどうか住民に対する「証明手段」として、「社会に対する教員の責任を明らかにする」役割が課された教員査定として始まった。住民に対する説明責任の必要性から、管理道具として素人による不適格さの判断を主目的とする教員査定は、学校システムの拡大や教育行政の発展、社会的情勢の変化とともに、専門家の手による専門的知見からの能力評定へと変化をとげた。19世紀末、測定の客観性の確保を求めて、教員の能力測定の問題が活発に議論され、これまでの素人による極めて主観的で不確かな印象による教員査定から客観的資料に基づく教員評定へ大きな転換が図られた。この教員査定から教員評定への変化は、教員の能力を共通の指標で、正確に測定しようとする動きの始まりであり、正確な測定手段を求める姿勢が19世紀末からすでにみられた点は注目される。一方で、教員の能力測定に関しては、今日においても多様な議論が続いており、いかにそれが解決できない問題であるか物語っていると言えよう。

　例えば、19世紀末から20世紀初頭にかけて実施された教員評定では、印象法と分析法の二つの評定手法が用いられていた。評定者の印象に基づいて評定される印象法を用いる自治体が多かったが、教員の能力を正確に把握するため、分析法を用いるところも存在した。伊藤は、この時期の評定について、①すべての教員を同一内容の基準で測ること、②同一教員を誰が評定しても同一の結果が得られること、③判定は客観的証拠に基づくこと、④教員たちの能力を定量化することによって優劣が簡単に識別できるようにすること、を理念として開発されたものであると述べている。このように、教員の能力測定は、共通の評定指標を利用し客観的証拠に基づき科学的に教員の能力を測定する教員評定へと移り変わっていった。

さらに、1930年代以降、科学的管理法の影響により、教育領域における「成果」への意識が高まり、各教員がどれほどの成果を上げているか把握するための能力測定が求められ、学習者の行動変化に基づく教育成果の客観的な測定へと焦点が移された。教員評定において、科学的管理法への注目とともに、教育成果の証明という点でのアカウンタビリティが教員に求められた点は教員査定との大きな違いである。また、客観的な尺度に基づく評定方法として生徒の成業率としての成果が注目され、教員の効果性の測定に活用されていた点や成業率を正確に測定するために腐心している点、単一の評定要素の限界性を踏まえ複数の評定要素を用いた多角的な評定の重要性が指摘されている点は、今日の教員の効果性測定をめぐる動きと重なる部分が多い。

1950年代に実施されていた教員評定では、チェックリスト方式が広く採用され、評定指標の共通化が図られている。加えて、評定項目も教員と生徒や同僚との関係性などが加えられ、教員の能力が静的な視点から動的で多面的なものとして捉えられている様子が窺える。

一方で、1930年代以降、スーパーヴィジョンの機能分化とともに、アカウンタビリティとしての役割に加え、教員評定の役割の一つとして、教員の職能成長促進の側面が求められるようになったことは注目される。例えば、イーストモンドが、多様な側面から総合的に勤務成績を捉え、すべての教員に報奨や処罰を提供するのではなく、すぐれた勤務に対して報奨を提供する構想を提言しているように、教員の専門的力量向上の促進要素として能力報酬が提案されたことは、教員評価概念の誕生を考える上で重要である。また、ボルトンは、能力測定は測定する側とされる側との協力関係で行われるものであると捉え、事前にどういう行動を測定の対象にするか互いの了解が必要であることや、観察を終えたのちの話し合いは、教員にとっても校長にとっても意見交換の場であり、共同的で民主的な測定の在り方を提案した。また、授業観察の目的は、教員の行動を正確に記述することであり、測定の真の目的は、教員と校長、校長と教育行政職員との間に信頼関係をつくり教育活動

をより効果的に促進させることであると述べており、評定によって優劣を明らかにするという人事管理面の必要性よりも、教育活動の向上を促す教育政策面における重要性において評価の必要性を認識していた。ボルトンによって、能力測定の持つ、教員の力量形成を促進する機能が注目され言及された点は、新しい教員評価概念を創出させるものとして注目される。

---

1) 伊藤敏雄「20世紀初頭における米国の「教員評定」」木村力雄編『日米教育指導職の比較史的研究』（文部省科学研究費補助金研究成果報告書）1987年，53頁。
2) 浜田博文「アメリカ教育行政における"スーパーヴィジョン"機能の再編志向」『教育行政学研究』19号，1993年，236頁。
3) 河野和清『現代アメリカ教育行政学の研究』多賀出版，1995年，18頁。
4) 下村哲夫『アメリカ合衆国における教員給与制度の研究』学陽書房，1980年，199頁。
5) William H. Lucio and John D. McNeil, *Supervision: Perspectives and Propositions*, McGraw-Hill Book Company, 1962, p. 4.
6) *Ibid.*, pp. 3-5.
7) 伊藤，前掲論文，55頁。
8) Burrup, P. E. *The Teacher and the Public School System*, Harper & Brothers, 1960. p. 55.
9) 下村，前掲書，199頁。
10) Robert J. Marzano, *Effective Supervision: Supporting the art and science of teaching*, ASCD, 2011, p. 13.
11) 浜田，前掲論文，238頁。
12) この運動の起源は，1880年代にまで遡ることができるが，運動の推進を図ったのは心理学者であるエドワード・ソーンダイクであった。彼は，人間の行動は客観的に研究されうるものであり，また教育の研究は哲学的方法ではなく，科学的方法でもって行われるべきであると主張した。ソーンダイクは，1904年，『精神的社会的測定理論への入門』を出版し，教育研究における心理学的・統計学的手法の適用を図った。これを端緒に，学校行政へ統計的技法の適用が具体的に試みられていった。
13) 浜田，前掲論文，238頁。
14) その際の評価基準には指導技術、性格、態度、協力、規律の維持などがあげられ

ていた。
15) Cubberley, Ellwood P., *Public School Administration*, 1916.
16) *Ibid*. pp. 323-345.
17) Wetzel, William A., Scientific Supervision and Curriculum-Building, *The School Review*, Vol. 37, No. 2 (1929 Feb.), pp. 117-123.
18) Monroe, Walter S. & Clark, John A. Measuring Teaching Effeiciency, *University of Illinois Bulletin*, Vol. XXI, January 28, 1924, p. 3.
19) 河野，前掲書，34頁。
20) 伊藤，前掲論文，54頁。
21) Boyce, C. *The Fourteenth Yearbook of the National Society for the Study of Education, Part II Methods for Measuring Teachers' Efficiency*, The University of Chicago Press, 1915, p. 9.
22) *Ibid*., p. 17.
23) Monroe, *op. cit*., pp. 3-26.
24) *Ibid*., p. 14.
25) Elliott, E. C. (1915). How Shall the Merit of Teachers be Tested and Recorded? Educational Administration and Supervision, 1915, 1, pp. 291-305.
26) Monroe, *op. cit*., pp. 8-9.
27) Monroe, *op. cit*., pp. 11.
28) 下村，前掲書，199頁。
29) Monroe, *op. cit*., pp. 11.
30) Crabbs, Lelah M., *Measuring Efficiency in Supervision and Teaching*, Teachers College, Columbia University, 1925, pp. 30-31.
31) *Ibid*., p. 30.
32) *Ibid*., p. 31.
33) 下村，前掲書，227頁。
34) Glass, G. V. Teacher Effectiveness, *Evaluating Educational Performance*, Bercley: McCutchen, 1974.
35) Rosenshine, B. & Furst, N. Research on teacher performance criteria, *Research in teacher education: A symposium*. Englewood Cliffs, NJ: Printice-Hall, 1971.
36) Albert J. Huggett & T. M. Stinnett, *Professional Problems of Teachers*, New York: Macmillan, 1956.
37) Gage, N. L. *Mandated Evaluation of Educators: A Conference on California's*

Stull Act. Washington, DC: Educational Resources Division Capital Publications, Inc, 1973.
38) 伊藤,前掲論文,55頁。
39) Boyce, *op. cit.*, pp. 23-24.
40) 伊藤,前掲論文,56頁。
41) 伊藤,前掲論文,56頁。
42) 下村,前掲書,201頁。
43) Cubberley, *op. cit.*, pp. 263-268.
44) 伊藤,前掲論文,54頁。
45) Stemnockの調査によると、調査対象者の90％の教員が、専門性のアカウンタビリティのための定期的な査定の必要性は認めていることが明らかにされた。
46) Bolton, *Selection and Evaluation of Teachers*, McCutchan Publishing Corporation, 1972.
47) Lucio, William H. *Supervision: Perspectives and propositions*, Washington: Association for Supervision and Curriculum Development, 1967, p. 8-9.
48) Lucio, *Ibid.* pp. 10-12.
49) Elsie Coleman, Supervisory Visit, *Educational Leadership*, 1946 Jan.
50) Morris L. Cogan, *Clinical Supervision*, Houghton Mifflin Company, 1973, p. 4.
51) *Ibid.*, p. 172.
52) 浜田,前掲論文,240頁。
53) Bolton, *op. cit.*
54) 下村,前掲書,492頁。
55) Eastmond, Jefferson N. *The Teacher and School Administration*, Houghton Mifflin Company, 1959.
56) *Ibid.* p. 391.
57) *Ibid.* pp. 390-391.
58) *Ibid.* pp. 398-399.
59) 下村,前掲書,495-496頁。
60) 下村,前掲書,497頁。
61) The Commission on Teacher Evaluation of the Association for Supervision and Curriculum Development, NEA, *better than rating: New Approaches to Appraisal of Teaching Services*, 1950.
62) NEA, *op. cit.*, pp. 8-9.

63) NEA, *op. cit.*, pp. 28-33.
64) 下村，前掲書，498頁。
65) このプロジェクトは、ボルトン（Bolton, Dale L.）によって報告書としてまとめられた（Bolton, *op. cit.*）。
66) Bolton, *op. cit.*, p. 98.
67) ②に関して、創造的な教員は多様な状況で機能する。教員の創造性は利用される評価の形式によって影響を受ける。評価基準が手続きや評価材料の厳密な遵守を要求する場合、このような制限が創造性に対するモチベーションを下げる傾向にある。
68) Bolton, *op. cit.*, pp. 118-119.

第2章　教員評価制度の基盤整備
――連邦政府による教員政策――

　米国は連邦制国家であり、合衆国憲法修正第10条に基づき、教育に関する権限は各州や学区に所在するものと解釈されてきたが、連邦政府が教育に関わりを持たなかったことを意味するのではなく、連邦政府は多様な形態で関与してきた[1]。本章では、教育政策の中でも特に教員政策の特徴を分析し、連邦政府が教員評価制度にどのような影響を与えたのかを明らかにする。

　連邦政府による教員政策は、歴史上、各時代の「社会環境」「政治環境」「経済環境」によって方向付けられてきた[2]。連邦政府による教育政策への関与は、米国における公民権運動が影響している。1954年、連邦最高裁はブラウンⅠ判決[3]において、「われわれは公教育の領域において『分離すれども平等』の法理は存立の余地がない」と結論づけられ、「分離された教育施設は本質的に不平等である」ことが示された。本判決を受け、平等の実現に向けた「公民権運動（civil rights movement）」が米国全土に広がり、教育においては人種間の共学の実行が求められ、この実現を図るべき連邦政府による教育への援助が始まった。

　公民権運動を発端とする連邦による教育政策への関与は、三つの時代区分に分けてその特徴を表すことができる[4]。1950年代から1980年代半ばまでのインプット重視の平等保障策、1980年代終わりから第1期ブッシュ政権までのアウトカム重視への政策転換、第2期ブッシュ政権と民主党オバマ政権のもとでの頂点への競争の展開の三つの時代である。本研究では、この三つの時代区分を参照しながら、特に教員政策に焦点を当てその特徴を明らかにしたうえで、各時代区分での教員政策の展開過程を整理する。

第1節　インプット重視の平等保障策

(1)1950年代における教育政策

　米国の教育には全ての子どもへの公正な教育と指導力の質の改善へのサポートが必要であるとの認識のもと、アイゼンハワー大統領は、連邦政府による積極的な教育政策を展開した[5]。例えば、大統領は、十分な資源を有していない州に学校の建築をサポートするための財源を議会に要求し、教員間の差異を埋めるための解決策を見つけるため、州や国の教育協議会の開催を提案した。また、1954年には、連邦による支援を提供することを目的に、保健教育福祉省 (the Department of Health, Education and Welfare) が創設された。さらに、ホワイトハウスでの教育協議会設置を規定したPublic Law No. 83-530や教育に関する国家諮問委員会 (national advisory committee on education) を創設することを示したPublic Law No. 83-532などが議会によって制定された。これらの法制化により、実質的に、連邦政府による州教育機関への支援が可能となった。また、1959年に制定された図書館サービス法 (the Library Service Act) は、地方において、図書館を設置するための財源を州へ提供することを規定したものである。このように、アイゼンハワー政権下では、学校建築の充実や教員育成のための教育に対する資金援助政策が実施された。その後、スプートニック・ショックを受け、連邦による教育政策の関心は教員の質へと移行していった。

　教員政策領域への連邦政府による本格的な関与は、1958年に連邦法として制定された「国防教育法 (National Defense Education Act of 1958)」を端緒とする。スプートニック・ショックを受け、「教育の非常事態」に対する国家的危機意識のもと成立した国防教育法では、国際競争と国防を重要な課題とし、マンパワーの需要に応じた教育改革が要求された。国防教育法は、タイ

トルⅠからⅩで構成される多様な特定目的化プログラムを有する多面的な法であった（表2-1）。その目的は、州や学区当局に対し、科学や数学、現代外国語などの教育を強化するための支援を提供することであり、この政策目的を達成するための方策として、これらの教科を担う現職教員の指導力の改善が挙げられた。教員政策に関わるプログラムは、タイトルⅡ、Ⅲ、Ⅳに規定された。タイトルⅡ「高等教育機関の学生に対する貸付金」では、①学力面で優秀であり初等または中等学校の教員を志望する学生、および②その成績によって、理科、数学、工学（engineering）または現代外国語の能力や素養が十分あると認められる学生に対し、特別に配慮して、貸付金が払われることが示された。また、これらの貸付金は州の公立初等学校または中等学校のフルタイムの教員として勤務した場合、返済の一部が免除になることが示され、優秀な教員を教職に勧誘するためのインセンティブの提供が規定された。タイトルⅢ「理科、数学および現代外国語教育の促進のための財政援助」では、「公立の初等・中等学校の理科、数学および外国語の分野の教育指導（監督）行政の拡大や改善」のために利用される基金が創設された[6]。さらに、タイトルⅣ「語学力発達（Language Development）」では、「初等・中等学校の教員やその監督・訓練に従事する（もしくはその準備をしている）ものが、語学教育に関わる新しい教育方法や教材の訓練のための高等教育機関において行われる講習に出席するための援助」が提供されることが規定された。つまり、タイトルⅢ、Ⅳでは、理科、数学、語学力発達を促進するために、関連する教科の指導法に関する研究や、教員への研修プログラムなどの資質能力向上政策を積極的に進めるための特定の取り組みに対し、財政的支援を提供することが企図された。ここで想定される教員の資質能力向上を目指した研修は、一般的に、夏の研修機関を通して提供される短期プログラムのようなものであった。

　このように国防教育法は、国の安全保障の核となるスキル構築への支援を主目的とし、それに対する連邦政府によるサポートの必要性を認識したうえ

表 2-1 国防教育法の概要（一部抜粋）

タイトル I：一般的事項 Sec. 101 現在の喫緊の要望は、さらなる適切な教育機会の保障である。国防は複雑な科学から発展した現在の技術の習得に依存する。同様に、新しい学問（discipline）や技術、知識の発見や発達に依存する。 　我々は、国家の頭脳（talent）を認識し育てることに尽力しなければならない。そのために以下のプログラムが要求される。財政的困難を理由として高等教育の機会が奪われる優秀な学生をなくす保障を提供するプログラム、科学や数学、現代外国語の教育を受け、テクノロジーを習得する生徒の不十分な比率を牽引している教育プログラムの不均衡をできる限り早急に是正するプログラム。
タイトル II：高等教育機関の学生に対する貸付金
タイトル III：理科、数学および現代外国語教育の促進のための財政援助 Sec. 303：State Plan 財政支援を受ける州は、州の教育機関を通して、教育長官（the Commissioner）に以下の要件を満たす州プランを提出しなければならない。 ①財政支援プログラムは、以下の州の教育機関が承認したプロジェクトにのみ活用を広げることができる。公立の初等中等学校での科学や数学、現代外国語教育を行う際に利用される研究施設の整備や AV 機器や印刷機材などの他の備品の購入。 ⑤公立初等中等学校での科学、数学、現代外国語教育に関連する教育サービスや指導助言（supervisory）の拡大や改善と州プラン実施に対する財政支援プログラムを設置すること。
タイトル IV：国防フェローシップ
タイトル V：優秀な学生の識別と奨励
タイトル VI：言語力発達（Language Development） Sec. 601 連邦政府やビジネス界、産業界、あるいは教育は、現代外国語のトレーニングを受けた個人を必要としている。このような外国語の適切な指導は米国では提供されていない。 Sec. 611 教育長官は、高等教育機関との契約を通して、新しい教育方法や指導教材の使い方を習得するための高度な訓練の実施を、初等中等教育の現代外国語担当教員の養成、指導に携わる人物に、短期プログラムあるいはレギュラーセッションの形式で、手配することができる。
タイトル VII：テレビとラジオ、動画の教育目的としてのより効果的な活用における研究と実験
タイトル VIII：特定領域の職業教育プログラム（Area Vocational Education Program）
タイトル X：雑則

で、理科や数学などの理系科目と外国語の指導の強化が図られた。その具体的方策として、これらの科目を担う教員の育成が注目され、理数系科目や外国語指導を担当する教員候補者の高等教育機関への奨学や斡旋を主軸とする教員政策が採用された。また理数系科目の教員研修プログラムの構築やプログラム参加のための資金を提供する形式で、教員の職能開発活動の支援が提供された。このように、教員個々の教科を教えるスキルを向上させるための研修プログラムへの財政支援という形態で、連邦政府による教育への関与が進められた。

(2) 1960年代における教育政策

①ジョンソン政権における教育政策

ジョンソン大統領は、「偉大な社会(Great Society)」をモットーに、教育に関する研究やトレーニングのための資源、恵まれない子どもたちのための資源を提供するための多くの教育法を成立させた。移住・難民援助法(The Migration and Refugee Assistance Act of 1962)や保健専門家教育援助法(the Health Professions Education Assistance Act of 1963)、職業教育法(the Vocational Education Act of 1963)、高等教育施設法(the 1963 Higher Education Facilities Act)などがその例である。

また1954年、連邦最高裁によるブラウンⅠ判決を踏まえ公民権法(the Civil Rights Act of 1964)が成立すると、人種差別によって引き起こされる課題に効果的に対応するための教員へのトレーニングを提供するための財源が確保された。さらに、経済機会法(the Economic Opportunity Act of 1964)や初等中等教育法(the Elementary and Secondary Education Act of 1965)の成立により、低所得家庭への資源の配分が規定された。加えて、保健専門家教育援助法と高等教育法、全米人文科学基金(the National Foundation on the Arts and the Humanities Act)は、国家利益につながる特定の領域における高等教育機関での教育を求める学生に対し奨学金や補助金の提供を認めるものであ

る。ジョンソン政権が一連の教育政策を実施するためにつぎ込んだ財源は、370億ドルにものぼる。

②高等教育法（PL89-328）

1965年にジョンソン政権のもと成立した「高等教育法（Higher Education Act of 1965）」は、貧困層の子どもに対する中等後期教育を受けるための連邦政府による奨学金プログラムの創設が内容の中心であった。しかし同時に、K-12教育段階の教員の質と量の改善も課題とされ、教員プログラム（タイトルⅤ）が提供された。タイトルⅤは、一般的事項、国家教員部隊（National Teacher Corps）、教員のフェローシップで構成されている（表2-2）。国家教員部隊は、雇用政策の改善を主要目的としたプログラムであった。当時の米国は、深刻な教員不足問題を抱えており、同時に、ケネディ政権下の頃から平和部隊志願者の帰還後の職業保障が課題としてあげられていた。そこで、

表2-2　高等教育法の概要（一部抜粋）

タイトルⅠ：コミュニティサービスと継続教育プログラム（Community Service and Continuing Education Programs）
タイトルⅡ：大学図書館支援と図書館教育と研究（College Library Assistance and Library Training and Research）
タイトルⅢ：機関創設の強化（Strengthening Developing Institutions）
タイトルⅣ：学生支援（Student Assistance）
タイトルⅤ：教員プログラム（Teacher Programs） 　　Part A　一般事項（General Provisions） 　　Part B　国家教員部隊（National Teacher Corps） 　　Part C　教員のフェローシップ（Fellowships for Teachers）
タイトルⅥ：学部教育の改善のための財政支援（finacial Assistance for the Improvement of Undergraduate Instruction）
タイトルⅦ：高等教育機関法の改訂（Amendments to Higher Edcation Facilities Act of 1963）
タイトルⅧ：一般事項（General Provisions）

平和部隊志願者に対し、低所得家庭の集中する地域の子どものために教職につくためのインセンティブを提供するプログラムが作られた。教員不足の深刻な貧困学区を対象に教員の確保を目指し創設されたプログラムは、教師教育の改革を企図したものではなく、教員数の確保に関わる雇用政策の一環として提供されたものであったが、教員数の確保のために連邦補助金を支出する筋道が整えられたという点では、画期的なプログラムであった[7]。

　高等教育法（1965）タイトルⅤは、教育職能開発法（Educational Professions Development Act of 1967：EPDA）として、1967年に改訂された。EPDAは、教員の資質能力向上と適切なトレーニングを受けた教員の確保を企図して制定されたものであり、本法が制定されたことは教員政策に対する連邦政府の積極的な関与の姿勢を示す象徴と捉えられている。EPDAは、教職を魅力的な職業にすることで優秀な人材を教職に取り込むための方策、教員養成機関や高等教育機関の職員への研修機会の提供などを含む複合的なプログラムであった。当時、教員の力量形成や労働環境の改善を企図して提案されたメリット・ペイやキャリア・ラダーの実施のための財源として、EPDAの財源が活用されていた。

　1960年代にジョンソン政権が実施した教員政策では、雇用政策の一環として教員数確保のための財政的援助が提供され、各州や学区で注目されていたメリット・ペイやキャリア・ラダーの創設の支援政策として活用された。また、60年代になって初めて、教員の職能開発を直接明示した政策の推進が連邦政府によって言及された。また、同時期、連邦政府は生徒の学習における教育実践効果の測定に注目していた。1964年、全米教育進捗度評価（National Assessment of Educational Progress：NAEP）プロジェクトがカーネギー財団の援助を受けスタートし、教育の進捗度評価に関わる検討委員会が立ち上げられた。NAEPは、議会が定めたプロジェクトであり、連邦教育省の教育科学機関（Institute of Education Sciences）内に設置される全米教育統計センター（National Center for Education Statistics）によって実施され、多様な科目

の中で生徒が身につけるべき知識や行動が明示された上で、それに対する達成度の測定が行われた。

1960年代に積極的に進められた連邦教員政策は、「教職を魅力的な職業にし、優秀な教員を確保する」政策であった。

(3)1970年代における教育政策

1965年、ジョンソン政権下において、初等中等教育への大規模な連邦援助について定めた「初等中等教育法(Elementary and Secondary Education Act of 1965：ESEA)」が制定された。ESEAは、不利な状況にある子どもたちの教育環境を改善し教育の機会均等を保障することがねらいとされ、資源を十分に有していない学区に対する資金援助を行うことが規定された。教員政策に関しては、学区に十分な資金が提供されれば、自ずと教育者も十分な教育が提供できると考えられていたため、教員の資質能力向上を企図した積極的な教員政策は規定されなかった。教員の職能開発に関わる規定が見られるようになったのは、ニクソン政権下の1972年改定時に追加されたRight to Read Actの中であった。ニクソン大統領は、連邦政府が教育プログラムへの財源を増加させたとしても、教育システムの改善には効果的でないと考え、生徒の学習効果をあげるための研究と最善の実践を進めるための全米教育機関 (National Institute of Education) 創設の重要性を訴えた。中でも、全米教育機関が焦点化した四つのテーマの一つが読む権利 (Right to Read) であり、Right to Read Actは、読解 (reading) 教育を重要視し、学校での読解指導に関わるトレーニングを教員に提供するための資金援助等を保障するものであった。また、教員は生徒の学習に対する責任を有していると考え、学区教育委員会に対し、生徒の学習理解を測るための信頼できる測定の実施が求められた[8]。

次政権のフォード大統領は、教員が米国の学校教育の改善において鍵となる要素であることは主張していたが、具体的な教員政策は実施していない。

次のカーター大統領は、教育における連邦政府の役割の重要性を認識し、内閣レベルでの教育省（cabinet level Department of Education）の設置を承認する法案を提案した。また、米国の公教育システムの効果性の改善を促進するために、連邦政府の役割は研究推進のための資金財源を確保することであると主張していた。

　これらニクソン政権、フォード政権、カーター政権の3政権は、質の高い教育の発展における教員の果たす役割の重要性を認識していた点で共通している。1970年代に展開された連邦による教育政策は、いずれにおいても、米国の子ども達に質の高い教育を提供するために、教員の指導力を向上させるための資源提供をテーマとして掲げていた[9]。これらの全ての政策は、キャリア発達、ドラッグ予防、職業教育、ハンディキャップを持つ子どもの教育などの特定の領域における教員の指導力の効果をあげるために、教員の職能開発に関わる資源を提供することを示すものであった。また、1970年代の連邦政策には、カリキュラム設計や最善の指導実践の実施、情報や資料の普及、評価プログラムや多様性に関する研修、教育テクノロジーの利用に関する職能開発を提供するための資源が含まれていた。

　連邦政府による財源を受け取った州や学区は、生徒に新しい知識を与えることができたか、各プログラムの効果を測定するための評価を実施した。連邦政府による一連の教育政策はそれに対する効果測定の要求を生み出し、教育効果に対する測定基準の創設が進められていった。つまり、結果的に、連邦政府による政策が、各州の教員の教育効果の適切な測定の創設に向け、その基盤を整える役割を果たしていたと言える。

第2節　アウトカム重視の教育政策

(1)第三者機関による教員政策の先導

　連邦政府による教育援助の拡大は、共和党ロナルド・レーガン大統領の就任により、一旦収束する。1980年に出された共和党綱領には「連邦政府による公教育の規制緩和を支持し、連邦教育省の廃止を奨励する」と記されており[10]、教育に関する権限は州に属するとの考え方に基づき、連邦援助の削減および規制の緩和が図られた。しかし、国家レベルでの教育政策への要望がなかったわけではない。1980年代、連邦政府に代わり教育専門家集団や教育利益団体、ビジネス組織、財団などの第三者機関が教育改革に関する報告書を出版する動きが目立った。その代表的なものが、『危機に立つ国家 (Nation at the Risk)』である。

　当時教育長官であったベルは、1981年8月に長官の諮問機関である「教育の卓越性に関する全米審議会 (National Commission on Excellence in Education)」を設置し、米国の教育の現状を示した報告書を作成するよう求めた。同審議会から提出されたのが、1983年4月に提出された報告書『危機に立つ国家』であった。本報告書は具体的な指標を用いて米国教育の危機的状況を説明したうえで、①教育内容、②学力水準および学力に対する期待度、③学習時間、④教員問題、⑤リーダーシップと財政に関する教育改革に向けた五つの勧告を提示した。ここで教員政策に注目すると、学術的に優秀な学生が十分に教職に関心を抱いていないことや教員養成プログラムに対する本質的な改善が要求されていること、教職の専門職性が十分に受け入れられていないこと、主要教科において深刻な教員不足が存在していることなどの課題が掲げられ、教員給与や現職教育、教員の職能成長に関わる以下の七つの提言が示された。

①教員養成プログラム修了生は高度な教育スタンダードを満たしていること、教員としての適性を示すこと、学術的能力を有していることを要求されるべきである。教員養成プログラムを提供する高等教育機関は修了生がこれらの基準をどの程度満たしているかによって評価されるべきである。
②教育専門家としての給与は引き上げられるべきであり、また競争的で市場主義的でなおかつ能力に基づくべきことが要求される。給与、昇進、テニュア、雇用継続決定は、同僚教員評価を含む効果的な評価システムと連結させるべきであり、その結果、優秀な教員は見返りを受けることができ、平均的な教員は動機付けられ、不十分な教員は改善されるか雇用を終了される。
③学区は教員の11か月契約を採用すべきである。これは、カリキュラム開発や職能開発のための時間や特別な支援を必要とする生徒のプログラム、教員報酬の適切なレベルを保障する。
④学区教育委員会や学校管理者、教員は、初任者教員（beginning instructor）や中堅教員（experienced teacher）、マスター教員を区別する教員のキャリア・ラダーを構築するために協力すべきである。
⑤数学や科学教員不足の問題の早急な解決に寄与するために、学校外の人材（nonschool personnel resources）を十分に活用すべきこと、数学や科学の学士を取得した修了生、産業労働者や科学者を含む優秀な人物が、適正な養成と共に各領域で早急に教職を開始することを可能とすること、先導的な科学センター（science centers）は早速に教員を教育し、再教育する機能を有するべきこと、英語などの重要な他の教科の教員不足もまた解決されるべきである。
⑥助成金（grants）や奨学金（loans）などのインセンティブは、このような教員不足領域で、優秀な学生を教職に取り込むために活用されるべきである。
⑦マスター教員は教員養成プログラムの設計と試用期間教員の指導に携わるべきである。

　これらの提言は、教員養成機関へのアカウンタビリティの要求や教員養成のオールタナティブルートの創設、評価制度に基づく適切な報酬の提供、マスター教員やキャリア・ラダーなどの職階制の導入を進めるものであり、発表直後から大きな反響を呼び、これをきっかけに教員問題が「政治的争点化」されていった[11]。ここで示された提言内容の多くがその後の教員政策で導入されており、『危機に立つ国家』が教員評価制度改革に及ぼした影響の

大きさがわかる。

また『危機に立つ国家』報告書の発表以後、第三者機関による教師教育に関する提言が次々と発表された。その代表的なものに、1986年に教育と経済に関するカーネギー・フォーラム（the Carnegie Forum on Education and Association）が提出した『備えある国家―21世紀の教師―（A Nation Prepared: Teachers for the 21st century）』、またホームズグループ（Holms Group）による『明日の教師』があげられる。

『備えある国家』は1986年に、カーネギー財団[12]によって、公立初等・中等学校教員の教育改革について述べた報告書であり、同報告書の中で、教職の抜本的な構造改革の必要性から以下に示す8項目の勧告が提言されている[13]。本報告書は、経済発展をその目的に掲げながら、教職の専門職化と自律性の強化を改革のねらいとした点に特徴がある。タスク・フォースが提示した内容は、先導教員（Lead Teachers）といった新たな教員ポストの設置による教員組織の再構造化や生徒の成果と関連づけた教員報酬の提供、教員給与の引き上げにより「教職の専門職性」を確立するための諸方策を提案するものであった。その専門職の資格として、免許（license）と資格証明（certificate）が区別され、教職に就くための最低基準を満たした者に免許が授与されるのに対し、高度な専門的基準をクリアした教員に対し、優秀教員としての資格の提供が企図された[14]。

・教員として知っておくべきことやできることに関する高度なスタンダードを作成し、これらのスタンダードを満たした教員の証明を行うために、学区や州のメンバーで組織される「全米教職専門基準委員会（National Board for Professional Teaching Standards：NBPTS）」を創設する。
・教員に専門的環境を提供しうる学校を再構成する。生徒の成長に対する責任を持たせ、州や学区の教育目標を達成する最良の方法を教員が自由に決定することができるようにする。
・教員組織を再組織化し、「先導教員」の新しいカテゴリーを導入する。「先導教員」は同僚教員が高度なスタンダードを満たせるようにサポートするリーダー

シップ能力を保障された教員である。
・教職の専門職化の要件として、文系理系領域の学士号を要求する。
・教育系大学院において、教職修士号を提供する専門的カリキュラムを創設する。専門的カリキュラムには、体系的な教育学知識に基づき、学校でのインターンシップと初任者プログラムを含むものとする。
・マイノリティの青年を教職に就かせるための国家資源の充実を図る。
・学校の全生徒の成果（performance）を教員の報酬へ関連付け、教員の生産性の向上に寄与するためのテクノロジーとサービス、スタッフを学校に提供する。
・他の専門職と競合できる程度の教員給与とキャリアアップの機会を提供する。

『備えある国家』は、教育と経済との結びつきを強く意識し、教育とその遂行の鍵を担う「専門職としての教員」の重要性から教育改革の必要性を主張している点に特徴がある[15]。また、同報告書の中で描かれる教職理論について、教員不足の解消のため教職の基準を引き下げて人材を確保するのではなく、教職基準の引き上げの必要性が唱えられ、その具体的提案として専門職団体としての「全米教職専門基準委員会」の創設が示されている。これは、教員の資質能力向上だけでなく教職の専門職性を高めることにもつながる。また、専門職の自律性について、専門職組織は監督者の権限に基づくのではなく、専門職者間の同僚関係に基づくべきであると考えられ、教員に対する自由裁量の増大が提起されている[16]。

具体的に、専門職としての教職の位置づけから、二つの改革の方向性が示されている[17]。一つが学校目標の決定への参加や、生徒の到達水準に関する責任を課すことなど、教師が学校運営に関与することを通じて官僚的な規制を弱めていくものであり、二つが、教員の専門的知識の定着を、専門家グループが評価することによって自分たちで質保証していくというものである。報告書で提唱されている改革の基本理念は、専門職として教員のコアとなる専門的知識の究明は重要であり、ひいては教員の地位の改善に貢献することにも通じ、また、評価・認定も、専門家グループによって自発的に行われるというものである。とくに、学校現場での管理・運営に教員が積極的に関与

することが、専門的な自律性を確保し、共同性を生み出すことが指摘されている。さらに、専門的自律性を保証することは、教職の魅力を拡大させることにつながるという理念のもと、学校組織の再構造化の指摘が、本報告書の最も核となる部分である。

ホームズグループ[18]は、教師教育の改革構想として『明日の教師』を発表した。本報告書は先に述べた『備えある国家』同様、その目的を教師教育の改革と教職の専門職化においていた点に特徴がある。『備えある国家』との違いは、前者が経済発展を主要目的とし、その手段として教職の専門職化を目指そうとしたのに対し、本報告書は教師教育の改善を踏まえた教職の専門職化を提唱した点にある[19]。本報告書は、以下に示す5項目を基本原理として掲げた。

・教師教育を知的に中身のあるものにすること
・教員の養成や資格付与、また入職後などのキャリア段階に応じた知識やスキル、義務の違いを明確にすること
・専門的な関連性を持ち知的に擁護できる基準として、教職の入職時のスタンダードを創設すること
・研究機関と学校の連携をはかること
・学校を教員が働き成長する上で良好な場所にすること

本報告書の特徴は「教職を単なる職業（occupation）から真の専門職（profession）」にするための諸政策を、教員の資質能力向上政策とともに論じている点にある[20]。教師教育の改革と教育専門職の改革を同時に行う必要性が提起されている。先にあげた五つの目標は、優秀な人材を確保するためには教職を魅力ある専門職として確立し、学校を専門職としてふさわしい場所にすることが求められるという認識に基づいている。また、同報告書の中では、「資格ある教師（competent teacher）」モデルが教職観として描かれている[21]。「教育すべき知識、技能、および教授学習過程についての専門的な関与の仕方を習得している教師」を意味し、このような専門的知識を習得するために

は、教育の内容と方法、教室における社会的関係などに関する「アカデミックな学習と臨床的な学習」が必要であり、従来の教師教育プログラムの改革が提言された。さらに、教育専門職の中にヒエラルキー構造が提起され、教育における責任と役割に区別をつけ、それに応じた報酬が提供されるようにキャリアを段階づけることが企図されている。

　1980年代は、レーガン政権の教育政策への消極的な関与に代わり、第三者組織による教育政策の推進が図られた。1980年代の教師教育改革をめぐる動きは、『危機に立つ国家』を発端とする「第一の改革の波」と『備えある国家』と『明日の教師』の二つの報告書による「第二の改革の波」がある。「第一の改革の波」が政治的経済的な要請を改革のモチーフとし、州行政の統制により学校の履修基準を強化して、教員に対する能力評価テストと能力給制度を導入してきたのに対し、「第二の改革の波」は、学校と大学の自律性と相互の協同を基礎に教職の専門性を高めることにより、専門職にふさわしい資格制度と待遇の改善を行政諸機関に要求する運動として展開されている[22]。つまり、これらの教師教育改革において、「技術者としての教師」(teachers as technician) から「専門家としての教師」(teachers as professional) へと教師像の転換が図られた[23]。これに対し、河原は、教員への管理機能に関わる権限の委譲などの教職の専門職化を進める動きと合わせて、学校組織の再構造化が提言されたと指摘している。また、教育財政学者であるオッデン (Odden, A.) は、連邦政策で示された教職の専門職化について、専門職にふさわしい優れた教員に適切な報酬を提供することで、教員集団に競争的インセンティブを導入し、全体の質向上を図る戦略であったと指摘している[24]。

　1980年代の政策は、連邦政府主体ではなく、第三者団体が中心となって、専門性の向上を主題に、資格制度の整備や給与の改善という側面から専門職の確立が図られた点に特徴がある。

(2) 1989年教育サミットから「2000年の目標」制定まで

　1990年代の教育改革の特徴は、連邦政府が教育に対するナショナルスタンダードの作成に着手したことである。レーガン政権後、第41代大統領に就任したジョージH. W. ブッシュは、1989年9月末に全米州知事を集め教育サミットを開催した。ブッシュ大統領のねらいは、教育に対して連邦ではなく国家の目標を作成することであり、連邦政府が教育に対し直接のイニシアティブを発揮するわけではなく、各州のリーダーによる教育サミットを通して教育の質保障を担保させるという連邦政府による新しいアプローチが示された。教育サミットの最大の成果は、スタンダードとテストに基づくアカウンタビリティ制度の構築に対する州知事の合意を取り付けたことであった。これを機に、インプット重視から結果重視の教育政策へと教育システム全体の改革が進められた。ブッシュ大統領は、教育サミットでの合意に基づき、全米州知事協会が策定した六つの目標[25]をもとに、1991年に「2000年のアメリカ：教育戦略（America 2000：An Education Strategy）」を提示した。「2000年のアメリカ」が連邦教育法として制定されることはなかったが、その政策方針はクリントン政権によって引き継がれ、1994年3月に「2000年の目標：Educate America Act」として制定された。スタンダードやナショナルカリキュラム創設は、教員が何を教えるべきか、生徒が何を習得すべきかを明確にすることを促進するものであり、その重要性が認識されスタンダードに基づく改革（standard based reform）が進められた。

　ブッシュ政権による教育政策方針を引き継いだクリントン大統領は、全米州知事協会が提唱した『成果の時』の作成に積極的に取り組んだ人物の一人である[26]。クリントン大統領は同報告書で示された国家の六つの教育目標を採用し批准するよう積極的に働きかけた。その際、右腕となって教育政策を進めた人物が、スタンフォード大学の教育学部長を務めたスミス（Smith, M.）[27]である。スミスは、K-12教育には（連邦のではなく）共通のカリキュラ

ムが必要であり、またEDPAで採用されるような連邦政府による使途明確化の補助金による援助ではなく一般財源化による補助金を提供し、その使途については各州に委譲するべきだとの理念を持っていた。この理念に基づき、連邦補助金を教育改革のために直接に学校現場（school sites）に提供できるよう一般財源化し、また、共通のスタンダードとアセスメントを創設することによって教育の質保証を行う、教育政策の体系的アプローチが提唱された。つまり連邦政府のイニシアティブにより義務付けられた中央集権の教育システムではなく、国レベルで合意を受けたカリキュラムとアセスメントの導入を図るボランタリーな教育システムが構想された。また、スミスは、学校改革にとって必要なものは教員の職能開発であり、高等教育とK-12教育は教員養成と職能開発の首尾一貫したシステムを構築する責任を有していると考えており、高等教育機関とK-12教育の連携の重要性を唱えた。このような教育改革アプローチが反映された「2000年の目標：Educate America Act」は、1994年3月31日に法制化され、報告書で提案された六つの目標に、「教育に対する保護者の参加への支援」と「教員に対する質の高い職能開発の機会の保証」の二つの新しい目標を加えたものが採用された[28]。

「2000年の目標」では、タイトルⅠに掲げられた八つの目標のうち④教師教育と職能開発（Teacher Education and Professional Development）において、全ての教員の職能向上が掲げられ、教員は2000年までに、専門的スキルの継続的な改善の機会と必要な知識やスキルを身につける機会へのアクセスを保障されるべきであることが示された。目標達成のための具体的項目として、全教員が、増加する教育的、社会的、身体的多様性を有する様々な生徒への教育に必要な知識やスキルを提供する教員準備教育と継続的な職能開発活動への機会にアクセスできるようにすること、全ての教員が難易度の高い教科内容を教える際や新しい教育メソッドや評価、テクノロジーを使う際に必要な知識やスキルを身につけるための継続的な研修の機会を有すること、州や学区は教員や管理職、他の教育者の継続的な職能開発を準備しサポートする

ための統合的な戦略を創設すること、学区教育機関、高等教育機関、保護者、労働者やビジネス団体、職能団体が教育者の職能開発のためのプログラムを可能な限り提供し、サポートするためにパートナーシップを構築することが示された。

このように、1989年教育サミット以降進められた教員政策は、1980年代初頭に第三者団体によって示された教員政策の方針を引き継ぎ、教育全体の質保証とそれを支える教員の職能開発が重視され、教員の能力向上を図る機会を保証するなど、特に教職の専門性の向上に資する政策が、連邦政策として具体化された点に特徴を捉えることができる。

(3) アメリカ学校改善法（Improving America's Schools Act of 1994）制定とその後の展開

ESEAの再改定である「アメリカ学校改善法（Improving America's Schools Act of 1994：IASA）」は、州の任意参加であった「2000年の目標」プログラムのさらなる推進を目指し制定されたものである。IASAは、従来の不利な状況にある生徒へのインプット重視から、全ての生徒の学力向上を目指すアウトカム重視へと連邦政策の転換を図った重要な連邦教育法であり、州レベルのスタンダードとテストに基づくアカウンタビリティ制度の確立を連邦資金獲得の条件とする新しい連邦教育政策の形態を提示した点にその重要性がある[29]。IASAの中核は、全ての生徒が質の良い教育にアクセスする機会を保障することにあり、各州に読解と算数・数学に関するスタンダードの設定を促し、学区と学校のための到達目標である「適性年次進捗度（adequate yearly progress：AYP）[30]」の設置が義務づけられた。さらに、評価のための試験の実施と、AYPを満たせなかった場合の改善への支援を州に要求した。また本法では、教育者の職能開発を学校改革における中心と見なし、その内容は教科内容だけでなく指導法などの教育学知識の双方を含むものと定義づけた。

IASA法において教員政策は、タイトルIIのアイゼンハワー職能開発プログラム（Eisenhower Professional Development Program）として規定され、教員や管理職、他の教育者の職能開発をプログラムの目的とし、具体的項目として以下の3点が示された。①教員や他の教育者は継続的に州の教育スタンダードに応じた質の高い職能開発にアクセスできる、②職能開発は教育や学習に関する最新の研究知見を反映したものである、③職能開発は日常の学校業務の一部であり学校における継続的な改善に向けた方向性を鮮明にする、の3点である。同プログラムは、州の教育スタンダードと関連する持続的で集中的な質の高い職能開発をサポートすることを企図したプログラムであり、その財源のほとんどは、学区や学校が策定し実施する職能開発プランに基づく教員の資質能力向上への取り組みに使用されることが予定された。また、同プログラムで企図された職能開発プログラムは、従来の単発なワークショップによる情報提供ではなく、日常の学校生活における継続的な取り組みを促すものであり、必要なトレーニングを決定する際に、教員や校長が重要な役割を果たすことが保証されている。

アイゼンハワープログラムには、1995年連邦教育予算案の6％が充てられ、①州や学区、高等教育機関に質の高い職能開発プログラムを実施するための資金を提供すること、②主要教科における情報センター（clearinghouse）を設置すること、③職能開発機関を創設すること、④テクノロジーを効果的に活用できるよう教員を養成すること、⑤最大10の全米教育研修機関を利用でき、それぞれ主要教科の一つに焦点を当てたものであること、⑥学区や教員組織、高等教育機関（IHEs）などの学校改善のためのパートナーシップをサポートすること、が目指された。

このように、IASAによる教員政策は、単発のインサービスワークショップではなく学校での教育実践に根付いた継続的な職能開発活動の重要性が認識され、その促進が図られたこと、また養成段階から現職段階における継続的な職能開発が求められた点に特徴がある。

1980年代終わりから第1期ブッシュ政権までの連邦教育政策において、教育スタンダードの作成や教育評価の整備が進められ、教育の内容や成果が明確化されアウトカム重視の政策が展開された。その中で、教員政策においては、第三者団体を主体に専門職論に依拠しながら教員の専門性の定着と向上が図られ、専門職としての教職を想定した政策が進められたといえる。

第3節　専門職団体による教員能力スタンダードと教員評価モデルの作成

クリントン政権下において教育ナショナルスタンダードの設置が進められたが、教員能力スタンダードの整備が進められたのは、1980年代半ばである。スタンダード作成の波は、標準化テストで生徒の能力測定のための教育スタンダードから、生徒の能力に影響を与えるプログラム評価のためのスタンダードへ、そして教育の主要なアクターを評価するための教員能力スタンダードへと、焦点が変化していった。

(1)合同委員会による教員能力スタンダードの策定

教育に対するアカウンタビリティが求められる中で、1970年代後半から1980年代初期にかけて、各州で、標準化された教員評価制度に関する法整備が進められた。しかし、全米教育測定協議会[31] (the National Council on Measurement in Education) やランド研究所[32] (Rand Corporation) がそれぞれ報告書の中で指摘しているように、教員の能力スタンダードに基づいていない教員評価制度が乱立している状況にあり、教員評価をめぐる課題解決は全米での共通のテーマであった。教員評価の改革をめぐり、学区教育委員会、教員団体、教育研究者らのこう着状態が見られる中で、州の政策決定者らは、解決には何か直接的な介入が必要であると感じていた[33]。

教育評価スタンダード合同委員会 (the Joint Committee on Standards for Educational Evaluation) は、教員能力スタンダードの作成に着手し、1988年に人物評価スタンダード (the Personnel Evaluation Standards: How to Access Systems for Evaluating Educators) を発表した[34]。

　合同委員会によるスタンダードの策定は、教員評価制度の改善だけでなく、生徒のニーズや能力、カリキュラムや成果の統合を図ることを可能にし、教員の専門職性を高める重要な役割を果たすものである。教員能力スタンダードは、専門職として資格を付与する際や養成機関の役割を決定する際、志願者を選抜する際、能力を判断しフィードバックを提供する際、職能開発を促す際、報酬を決定する際、テニュアや昇進や解雇などの人事雇用の決定の際など、あらゆる評価プロセスの段階で活用されることが企図された。

　ところで、教育評価スタンダード合同委員会は教育プログラム評価のためのスタンダードの策定を目的に、1975年に公共の慈善団体として設置された米国とカナダの合同の専門職団体である。同委員会は、教育プログラムのためのスタンダード (Standards for Evaluations of Educational Programs, Projects, and Materials) の作成をミッションとし、教員団体や管理職団体、教育委員団体、テストの専門家などの多様なメンバーで構成された。当初、教育プログラムやプロジェクトの成果を測定するためのスタンダードの策定のみを予定し、人物評価に関わる能力スタンダードについては、論争的なテーマであるため策定が避けられていた。ところが、1984年にこれまでの方針を変更し、人物評価スタンダード策定を行うことが決定された。この決定の背景には、三つの理由があった。一つに、合同委員会がプログラム評価スタンダードの策定を通し、各メンバーの合意を図るプロセスがすでに構築されたためであった。プログラム評価スタンダードの策定をめぐり、合同委員会内では多くの対立や激しい議論もあったが、民主的合意に基づく決定がなされた。また合同委員会は、プログラム評価スタンダードの策定を踏まえ、スタンダードの活用や定期的な評価改善、必要に応じた他の教育評価のスタンダードの策定を求められた。そのような中、合同委員会は、人物評価のスタンダードに

ついて、共同的にさらに効果的に協議することが可能なほど組織として成熟したと判断された。二つに、合同委員会は現行の教員評価制度の問題が教員能力スタンダードの不在にあると認識するに至ったためである。上述したように1970年代に入り、教員志願者、教員、他の教育職評価の実践の散々たる状態が報告書で明らかにされており、教員評価改善の必要性が認識されていた。三つに、合同委員会は、教員評価改革の提案を評価する際にもまた、根拠として教員能力スタンダードが必要とされると考えたためである。1980年代に、メリット・ペイや業績報酬（payments by results）、キャリア・ラダー、マスター教員プラン、同僚評価（peer review）や臨床的観察、客観的テストなどの多様なアプローチの活用をねらいとする数多くの教員評価プログラムが導入されたが、多くのプログラムが十分に検討されたものではなく、脆弱なものであった。それらの効果性を評価するためには、教員能力スタンダードが必要であると考えられた。

　これらの理由により、合同委員会は1984年に人物評価スタンダードプロジェクトに取り組むことを決定した。1985年に、Lilly Endowment[35]からの最初の資金援助を受け、合同委員会のメンバーはスタンダードを作成するための骨組みとプランに合意し初めのドラフトが提出された。その後、修正や改定を経て1987年に人物評価スタンダードが創設された。合同委員会は、人物評価スタンダードの幅広い活用を望んでおり、準備段階（prepare）や入職段階（engage）、成長段階（develop）の各段階の社会的、制度的取り組みの統合を企図したスタンダードが作成された。

(2)教育アカウンタビリティ・教員評価研究センターによる教員評価プログラム

　1990年に、連邦教育省によって資金援助を受け、教育研究改善室[36]（Office of Educational Research and Improvement：OERI）を通して、ウェスタンミシガン大学の評価センター内に教育アカウンタビリティ・教員評価研究センタ

ー (the Center for Research on Educational Accountability and Teacher Evaluation：CREATE) が創設された。同評価センターは上述の教育評価スタンダード合同委員会が設置されているセンターでもある。CREATE は、学校だけでなく教員に関わる評価に関する課題を解決することを委任されており、CREATE が手がける五つのプログラムの中の一つが、教員評価の改善に焦点を当てたもの (Improvement of Teacher Performance Evaluation) であった[37]。教員能力評価改善プログラムは五つのプロジェクトで構成されている。一つが教員評価モデルプロジェクト (Teacher Evaluation Models Project：TEMP) であり、現行の教員評価モデルの強みと弱みを調査し教員の任務 (teaching duties) に関する広範なリストを作成した。二つに、改良された教員評価モデル構築プロジェクト (Improved Teacher Evaluation Models Development Project) であり、教員の任務に基づいた教員評価モデルを作成し、そのパイロットプログラムがダラス統一学区 (the Dallas Independent School District) で試行された。三つに、評価理論構築プロジェクト (the Evaluation Theory Development Project) は、学校を基礎とする教員評価制度の調査を通して、現行の教員評価プログラムを診断するための理論的枠組みと実践者へのガイドを作成した。四つに、教員の自己評価プロジェクト (Teacher Self-Assessment Project) は、教員が自身の教育実践や指導環境を評価し改善する際に利用できる評価手法 (evaluation strategy) を収集し、統合し、調査することを主眼としたプロジェクトである。五つに、専門的科学教員評価モデル (Expert Science Teacher Evaluation Model) は、優れた科学教員とは何か、それをどのように判断し、評価するのかといった問いに答えるために創設された評価モデルである。

　このように、連邦政府による財政支援を受け、国家レベルで研究開発が進められた教員評価プロジェクトは、現行の教員評価プログラムの実態を調査し、そこから、教員に求められる任務を整理した上で、効果的な教員評価プログラムの構築を図るものであった。さらに、教員の資質能力向上を求め、

省察するための自己評価プロジェクトを進めている点から、教員の職能開発を積極的に促進し、その専門性の向上に資するための意欲的な取り組みであったと言える。

(3)全米教職専門基準委員会の創設

全米教職専門基準委員会（National Board for Professional Teaching Standards：NBPTS）の発想は、AFT代表のアルバート・シャンカーのスピーチで初めて出されたものであるが、1987年にカーネギータスクフォースの提言に準拠してNBPTSは設置された。カーネギータスクフォースは、1986年に『備えある国家』において、教員スタンダードの改善が学校教育の成果の向上において重要な要素であること、優れた教員を取り込み確保するために教職の地位は十分に高められるべきであると結論付けていた。また、先に見たように、『備えある国家』ではさらに、学校組織だけでなく各教員が教育成果に対するアカウンタビリティを果たすことで学校の再構造化が求められた。これらの要望を満たすために、NBPTSは1987年に、専門家チームによって優秀な教員に全米レベルの資格を提供するためのシステムの創設に着手した。具体的に、教員は何を知っておくべきか、何ができるかなど求められる任務を明確にするために高度で正確な教員能力スタンダードを設定し、優秀な教員を認定するための専門家集団で構成される"評価研究所"としてのネットワークの設立を行った。NBPTSには、連邦政府より年間2500万ドルの財政支援が提供された。

NBPTSの創設メンバーは63人で構成され、教員や政府職員（government officials）、教員団体の代表や、ビジネス界や他の民間団体からなる多様な人材で構成されている。また、NBPTSは独立した非営利で政治的偏向のない非政府組織と定義づけられ、そのミッションは教員と教育の質を向上することとされた。NBPTSの課題の一つに財源の確保があったが、NBPTSのメンバーの特性を生かし、強いリーダーシップや政治的知識、熟練したロビー

活動、さらには主要な利害関係者で構成される組織を通して、財団や政府主導者（government leaders）から多大なサポートを得ることができた。NBPTSの63人のメンバーのうち3分の2のポストを教員で構成することで、NBPTSは教育者からも一定の評価を受けた。また、NEAとAFTの二大教員団体の代表者もNBPTSの立ち上げの参加に声をかけられた[38]。

　強力なリーダーシップでNBPTSを軌道にのせたのは、ノースカロライナ州知事のハント（Hunt, J.）とフォード基金の教育社会政策部門で働いていたケリー（Kelly, J.）であった。初めの6年間に、ケリーとハントをはじめ財団のメンバーらは、多くの州に対しこれらの試みに参加し、資格プロセスを通過した教員にインセンティブを提供するよう説得した。彼らの熱意や積極性に加え資格を受けた教員自身の証言が、学区や行政当局のリーダーらのNBPTSへの支援を後押しした。

　NBPTS創設メンバーの最大の貢献は、利用される教員能力スタンダードを資格証明プロセスの基準として認識させたことである。効果的な教員能力スタンダードとその測定方法に対する合意は、アメリカの教育にとって画期的なことであった。教員の能力改善と教員トレーニングに、これらのスタンダードを活用することは生徒の学力向上につながる。これらのスタンダードは専門職としてのスキルや実践が存在するという自信を教員に持たせ、そのスキルや実践をどのように活用するか思案することが生徒の教育的成功につながる。NBPTSで利用される教員能力スタンダードは25領域で構成され、全てのスタンダードは以下に示すNBPTSのコアとなる五つの要素（propositions）に基づいている。①教員は生徒と生徒の学習に熱心に取り組む、②教員は教える教科に関する知識とそれらを教える方法を知っている、③教員は生徒の学習を管理し確認する責任を有する、④教員は教育実践について構造的に考え経験から学習する、⑤教員がラーニング・コミュニティのメンバーである。

　NBPTSの創設には、リーバーマン（Lieberman, M.）による教職の専門職

論が影響を与えている。リーバーマンは、教員の最高給（income ceilings）は医師や弁護士、エンジニアなど他の専門職と比較すると低いため、有能な人材の確保という点で競合できないと主張し[39]、勤務評定を給与へ反映させる方策としてメリット・ステータスを提案した[40]。医師会などの他の専門職団体に相当する全米レベルでの専門委員会（national specialty boards）の設置を構想し、例えば、全米数学教師委員会（the National Council of Teachers of Mathematics）などの特定の領域の全米組織が、当該領域のディプロマの審査手続きを規定し、専門職委員会による優秀教員に対するディプロマの発行を提案している。また、具体的な審査手続きの詳細について以下のように示している[41]。専門職委員会は、申請者（applicant）の教科に関する知識やさまざまな教育課題に対応する能力を審査し、その審査手続きは包括的で厳密なものでなければならない。その際、委員会は申請者の実際の教育実践の観察と申請者によって提出されるあらゆる教育資料を評価しなければならない。一連の審査手続きを経て、優秀な教員のみが委員会認定（board certified）の教員資格を授与され、メリット・ステータスが与えられる。これは、教員が自身の学校内の人物から評定される際に内在するえこひいき（favoritism）や巧みな駆け引き（horse-trading）などの全ての弊害を取り除くことを可能にする。委員会による資格認定の構造は、給与を目的とした教員の勤務評定を実施する学校管理職と教員の間に内在する感情的な不和を回避する可能性をもつものである。また、委員会の資格認定の水準は教員の給与格差の根拠として十分高度なものであり、資格認定者には専門職として見合った給与が与えられる。資格認定は州の認証枠組み（certification structure）の中には組み込まず、法の枠を超えたプロセスとすることで、専門職委員会は立法経路を経ずに必要な変更を加えることが可能となる。また、専門職委員会が全米の教員に対する単一のスタンダードを忠実に遵守することは、重要なことであり、委員会認定教員を雇用するいかなる学校システムも、高度な資格を有する専門職員を保有していることが保証される。NBPTSは、リーバーマンが

提唱したメリット・ステータスの構想を参考に創設されたものと推測される。

クリントン政権下において、全米レベルでの教員能力スタンダードの設置が提案され、具体的なスタンダードの作成は専門職団体によって着手された。13の専門職団体による支援を受けて設置された教育評価スタンダード合同委員会は、教員の養成段階、入職段階、成長段階の各ステージにおいて適用される能力スタンダードを開発した。また、ウェスタンミシガン大学の研究センターの一つとして設置されたCREATEは、連邦政府から財政支援を受けて運営され、教員評価モデルの開発を目的に調査・研究を実施している。さらにNBPTSは、優秀な教員への資格提供を目的とする組織であり、スタンダードに基づく優秀教員の認証を行う。1990年代以降、連邦政府の支援のもと、第三者組織を中心に、確固たるスタンダードに依拠した一貫性のある教員評価制度改革が進められ、教育を担う主要なアクターである教員の専門性の向上が図られた。同時に、専門職としての能力スタンダードを作成し、専門家集団の手によって優秀な教員の資格認定システムを構築することで、教職の専門職化を進める政策も展開されていた。

第4節　小括－教員評価制度の基盤整備－
　　　　（専門職スタンダードの整備と専門職構想）

国防教育法を発端に、連邦政府は教員の採用や養成、職能開発に一定の資源を投じてきたが、連邦政府による政策は、教員評価制度の基盤整備を進めるものであった。

国防教育法は、教員政策に言及した初めての連邦教育法であった。同法は、国の安全保障の核となるスキル構築への支援を主目的とし、理科や数学などの理数系科目と外国語の指導の強化を図るものであった。その具体的方策として、これらの科目を担う教員の育成が注目され、特定科目の教員候補者への財政支援やこれらの科目の教育スキルを向上させるための財政支援の提供

を行った。これらの政策は、特定科目の教員養成に焦点をあてた「外形的・補助的」な政策であったが、教員の指導力向上を重要な事項だと認識し、そのための財政的サポートが行われたことは、連邦政府による教員政策の推進という点で注目される。

具体的に教員評価に関わる政策が連邦政府によって明示されたのは、1980年代になってからである。1980年代では、連邦政府主体ではなく、第三者組織が中心となって、専門職としての教職の確立が提案され、連邦政策としてそれらの実現が図られた。教育スタンダードの作成や教育評価の整備が進められ、教育の内容や成果が明確化され、アウトカム重視の政策が展開される中で、教員政策においては、専門職論に依拠しながら、教員の専門性の定着と向上を図ることに主眼が置かれた。連邦政策において「専門職としての教職」概念に言及されるようになった点で、大きな変化であった。クリントン政権以降、これらの専門職構想に基づく教員政策が進められ、専門職団体を中心とする教員の専門職基準の作成やそれに基づく教員評価モデルの開発が行われた。また、優秀な教員の資格認定システムも開発され、専門職構想実現の一環として、教員評価制度改革が言及された。全米基準の設定とそれに合わせた評価制度の整備が、連邦政府の支援のもと、全米レベルで提案されており、教員評価に関わる連邦政策が初めて提案されたといえる。

1）大桃敏行・吉良直・北野秋男編著『アメリカ教育改革の最前線』学術出版会，2012年，7頁。
2）Mathesz, Janie M. *An Historical Perspective to Examine How Federal Policy Influenced the Definition and Evaluation of Teacher Effectiveness Since 1950*, Dissertation Committee, 2014, p. 3.
3）ブラウン対トピカ教育委員会事件判決（Brown v. Board of Education of Topeka）
4）大桃敏行・吉良直・北野秋男，前掲書，19頁。
5）Mathesz, *op. cit.*, p. 54.

6）松浦良充「アメリカ合衆国国家防衛教育法（1958年）の教育史的意義」『国際基督教大学学報 01 A』30，1988年，25-47頁。
7）Earley, P., Schneider, E. *Federal Policy and Teacher Education*, p. 309, in J. Sikula, T. J. Buttery, & E. Guyton（Eds.）, *Hand book of research on teacher education*（2nded., pp. 306-322）New York, NY: Macmilan.
8）Mathesz, *op. cit.*, p. 87.
9）Mathesz, *op. cit.*, p. 93.
10）Cross, Christoper T., *Political Education, Teachers College Press*, 2004, p. 75.
11）今村令子『教育は「国家」を救えるか』東信堂，1987年，30頁。
12）カーネギー財団は、米国の非営利公益事業団体の一つであり、新事業計画の一つとして、教育政策の開発を援助することを目的とする「専門的職業としての教職に関する作業部会（Task Force on Teaching as a Profession）」を立ち上げ、「教育と経済に関するカーネギー・フォーラム」を設置した。「フォーラム」は、専門的職業としての教職の調査・研究を実施し、その結果に基づく勧告を報告することをタスクとし、それを受け持つ機関として「タスク・フォース」が設置された。タスク・フォースは14名のメンバーで構成され、IBM副社長兼主幹研究員を主査に、NEAとAFTのリーダーに加え、地方政治家、研究・行政・言論面での教育界のリーダーなどが含まれていた。
13）今村，前掲書，136-137頁。
14）佐藤学『教師というアポリア』世織書房，1997年，246-247頁。
15）榊達雄他「アメリカ教職理論に関する一考察」『名古屋大学教育学部紀要教育学科』35，1988年，387-403頁。
16）榊，前掲論文，390頁。
17）河原尚武「教育実践評価論の構想―アメリカにおける教育改革と教員評価研究の検討を通して―」『鹿児島大学教育学部研究紀要 教育科学編』42，1990年，269-291頁。
18）ラニア（Judith E. Lanier）ミシガン大学教育学部長を代表とし、主要な研究大学の学部長ら9名で構成される専門家集団である。
19）佐藤，前掲書，243頁。
20）榊，前掲論文，392-397頁。
21）榊，前掲論文，392-397頁。
22）佐藤，前掲書，244頁。
23）佐藤，前掲書，263頁。

24) Allan R. Odden, Rethinking School Finance - *an agenda for the*1990, San Francisco: Jossey-Bass, pp. 41-96.
25) 目標1：準備（Readiness）　2：学校修了（School Completion）　3：到達度とシティズンシップ（Achievement and Citizenship）　4：数学とサイエンス（Mathematics and Science）　5：リテラシーと生涯学習（Literacy and Lifelong Learning）　6：学校の安全性、規律、ドラッグ禁止（Safe, Disciplined, and Drug-Free Schools）
26) 当時アーカンソー州知事であったビルクリントンは、テネシー州知事のアレクサンダー（Lamar Alexander）とともに、「成果の時」の出版に尽力した。
27) スミスはカーター政権の際も連邦教育局（the Office of Education）での勤務経験を有していたが、クリントン政権では、教育省次官（undersecretary）として任命され教育省の中で3番目のポストとなる重要な役割を担っていた。
28) Earley, *op. cit.*, pp. 313-315.
29) 大桃敏行・吉良直・北野秋男，前掲書，39頁。
30) AYPは、2014年度までにすべての児童・生徒が州の学力テストで習熟（proficient）水準に達するように、州が設定する年間向上目標（Adequate Yearly Progress）である。
31) 評定や評価、テスト、他の教育測定に携わる人物で構成される専門職組織であり、標準化テストの作成や実施に関わる。メンバーは大学教員やテスト開発者、州や連邦のテスト研究主任（director）、評価専門家など多様な専門職者で構成されている。
32) カリフォルニア州サンタモニカに本部を持つ非営利団体である。「アメリカ合衆国の公益と安全のために、科学、教育、慈善の促進」を目的として設立された。
33) Madaus, G. F. *Teacher evaluation: Guide to Effective Practice*, Kluwer Academic Publishers, 1995 p. 45.
34) Earley, *op. cit.*, p. 313.
35) Lilly Foundation（The Eli Lilly and Company Foundation）は1968年に設立された非課税の私的財団であり、コミュニティの構築、教育、地域創生の領域に貢献することを目的としている。
36) Madaus, G. *Teacher Evaluation: Guide to Effective Practice*, Kluwer, 1995, p. 34.
37) Madaus, *op. cit.*, p. 34.
38) Reese, J. The National Board for Professional Teaching Standards: An Invest-

ment for the Future? p. 285, in M. M. Kennedy (Ed.), *Teacher assessment and the quest for teacher quality: A handbook* (pp. 283-296). San Francisco, CA: Jossey-Bass, 2010.
39) Lieberman, M. A Foundation Approach to Merit Pay, *The Phi Delta Kappan*, vol. 41, no. 3, 1959 Dec. pp. 118-122.
40) Lieberman, M. *The Future of Public Education*, Phenix Books, 1960, pp. 259-260.
41) Lieberman, *op. cit.*, 1959, p. 120.

第3章　教員評価制度の展開・発展
―― NCLB 法以降 ――

　教員政策に対する連邦の本格的な関与は、1958年「国防教育法」を発端とするが、教師教育の促進・向上のための連邦補助金支出を中心とする「外形的・補助的」な関与であった。また、1980年代以降、専門職基準の整備と専門職団体の設置など、全米レベルの政策が提案されたが、いずれも各州に導入を強制するものではなかった。ところが、No Child Left Behind Act of 2001 (NCLB) 法の制定以降による教員政策への連邦関与は、全州に対し影響力を持つ積極的な「連邦の教員政策」[1]へとその様相が変化している。そこで本章では、NCLB 法に基づく連邦による教員政策の下、各州において、教員評価がどのように制度整備されていったのか、その展開・発展過程を明らかにする。

第1節　NCLB 法下での教員政策

(1) NCLB 法における教員政策の概要

　2001年1月にジョージ W. ブッシュは大統領に就任するとすぐに、最も重要な国内政策として、初等中等教育法 (Elementary and Secondary Education Act: ESEA) の再改定を掲げた。アカウンタビリティ政策を強化するための年次テストの導入やバウチャー制度の導入が含まれる再改定の法案は、「どの子も置き去りにしない法 (No Child Left Behind Act of 2001: NCLB)」として、2002年1月8日に立法化された。NCLB 法は、「どの子も置き去りにされないようにアカウンタビリティ、柔軟性、選択により学力格差を縮めるこ

と」を目的とし、タイトルⅠからタイトルⅩで構成される連邦教育法である。中でも、タイトルⅠ「不利な状況にある子どもの学力発達を促進させること」は、全ての子どもが公平で平等な質の高い教育を受ける機会を与えられ、州の示す学力到達基準や学力評価において習熟 (proficiency) レベルに到達することを保証することを目的とする最も重要な項目であり、この目的を達成するため、低所得層の子どもの学力を改善するための学区や学校によるプログラムを支援することが示されている。

NCLB 法は、①州や学区、学校のアカウンタビリティの強化、②不利な状況にある保護者や生徒に対する選択権の拡大、③地方教育当局に対する柔軟性の拡大、④読解力の強化の四つの基本理念に基づいて規定されている。中でもアカウンタビリティ・システムの構築は、タイトルⅠとして掲げられているように最も重要な項目とされ、各州に対し、第3から8学年の生徒の読解力と数学領域の教育スタンダードと到達点 (proficiency) レベルの設定、また到達点を達成するための「適正年次進捗状況 (adequate yearly progress：AYP)」の策定と年次学力テストの実施に基づくシステムの構築を求めた。さらに、AYPを達成できなかった学区や学校に対し、改善 (improvement) や是正措置 (corrective action)、再編 (restructuring) の措置を課すことで、州の教育スタンダード達成を促すことが企図されている。また、こうしたNCLB法に基づくアカウンタビリティ・システムは、生徒の学力テストの結果を教員の雇用や処遇に反映される仕組みを整え、教員に対しそのアカウンタビリティを果たすことを要求した。

さらに、NCLB法では、子どもの学力格差の是正には質の高い教員の確保が鍵になると考えられ、「高い資質を有すると認定された教員 (HQTs)」条項が設けられた。連邦補助金を受ける学区に対し、タイトルⅠ基金のもと採用された教員が2002年度の始まりまでにそれぞれ主要科目のHQTs基準を満たしていることを要求した。以下に示すのは、そのHQTsの最低基準である。高度な質を有すると認定されるために、教員は学士号を有すると共

に正規免許状を取得していること、初等教育教員は数学と読解の知識を証明すること、中等教育教員は担当教科の専攻を修了していることあるいは当該教科の能力を証明することが示された。つまり、連邦教育省は、「質の高い」教員の資質として、教員の担当教科に関する十分な知識を保証することを示した。

　NCLB 法のアカウンタビリティ条項や「高い資質を有すると認定された教員（highly qualified teachers：HQTs）」条項は、「従来のテニュア法や労働法に基づく教員人事上のルールを改変し、教員の労働条件、身分保障に甚大な影響を与える可能性をもつ[2]」ものであったが、目標を達成できない場合の厳しいペナルティは示されておらず、これらに強制力はなかった。

(2) NCLB 法における二つの教員政策プログラム

　NCLB 法では、教員政策に関わる以下の五つのプログラムが提示されている。教員の質改善のための州補助金（Improving Teacher Quality State Grants）プログラム、教員の質強化補助金（Teacher Quality Enhancement Grants）プログラム、障害を有する子どもを担当する教員とサービス提供者の質向上（Teacher Quality and Quality of Other Service Providers for Students with Disabilities）プログラム、教職課程への移行（Transition to Teaching Program）プログラム、教員インセンティブ基金（Teacher Incentive Fund：TIF）プログラムである。中でも、教員の質改善のための州補助金プログラムと教員インセンティブプログラムは、教員の職能開発に関わる教員プログラムであった。

① 教員の質改善のための州補助金プログラム

　教員の質改善のための州補助金プログラムは、教員と校長の質を改善することで子どもの学習改善を図ることを目標とするプログラムである。教室の中の高い資格を有する教員と学校管理者の数を増やすことと、生徒の学習改

善に対するアカウンタビリティを学校や学区が果たすことによって教員と学校管理者の効果性を高めることがねらいとされた。補助金を受け取る州は、受給要件として、以下の三つの要素を含むシステムを創設することが示された。①HQTsを採用し保有する、②教室におけるHQTsの数を増やす、③教員と学校管理者の資格プログラムを改革する。その際プログラムは、ニーズに基づいていること、州の教育スタンダード（state academic content standards）と生徒の到達スタンダード（student academic achievement standards）、州のアセスメントに準拠していること。同プログラムは、アイゼンハワー職能開発プログラム[3]とクラス規模削減（Class Size Reduction）プログラム[4]の二つのプログラムの再改定として策定されたものであり、2013年、2014年にそれぞれ23億ドル以上の歳出予算が計上された[5]。

②教員インセンティブ基金（TIF）プログラム

　NCLB法下における教員政策プログラムの中でも、TIFプログラムは、従来の教員報酬制度改革を促す政策であった。2002年に連邦教育省が発表した報告書によると、低学力校（school serving academically disadvantaged students）において教員の離職率が高いことや、特定の学校における教員不足の解決には給与問題に着手する必要があることが示された。TIFプログラムは、このような現状を受け、2005年に、ニーズの高い学校で教員と校長の能力に基づく報酬（performance based compensation）システムを創設し実施する取り組みを援助することを目的として、プライス（Price, T.）[6]下院議員によって提案された。プログラムのねらいは、①教員と校長の効果性を高めることで生徒の学力向上を図る、②生徒の学力向上度によって報酬が与えられるように教員・校長の報酬システムを改革する、③貧困家庭やマイノリティの生徒、また不利な状況にある生徒を教える有能な教員の数を増やす、④持続可能な能力に基づく報酬システムを創設することであった。実際、第109議会上院の保健・教育・労働・年金委員会（Committee on Health, Education,

Labor, and Pensions)のヒアリングにおいて、当時の教育長官であったスペリングス（Spellings, M.）は、TIF の概要について優秀教員をニーズの高い学校に送るためのインセンティブを提供し、また子どもの学力格差の是正に寄与した学校や教員に報酬を提供するための追加財源を州に提供するプログラムであることを説明している[7]。また、スプリングスは、労働・保健社会福祉・教育省庁2006年関連歳出予算（Department of Labor, Health and Human Services, Education, and Related Agencies Appropriations for Fiscal Year 2006）に関する第109議会連邦上院歳出予算小委員会（subcommittee of the Committee on Appropriations United States Senate）のヒアリングにおいて、これまで多様な教員政策プログラムが実施されてきた中で、なぜ新たに TIF が必要なのかプログラムの必然性を問う質問に対し、以下のように説明している[8]。

> 教育省は、タイトル II の教員の質改善のための州補助金（Improving Teacher Quality State Grants）を、ニーズの高い学校への教員の採用や教員給与システムの改革に利用することを州や学区に認めているが、それらの目的に活用されていないことが調査により明らかになっている[9]。しかし、これらの教員の職能開発を企図した従前のプログラムの継続も重要であり、効果的な教員への報酬やニーズの高い学校に勤務する HQTs へのインセンティブの提供や能力報酬システム（performance-based compensation systems）の創設と実施に活用できる追加資金として TIF を提唱している。

TIF は、子どもの学力格差の是正を目指して、優秀教員をニーズの高い学校へ採用すること、またそのために優秀教員にインセンティブを提供することを可能とする報酬システムの改革に主眼をおいたプログラムとして設置された。実施された2006年には9,900万ドルが計上され、2009年に2億ドル、2014年に2.9億ドルと歳出予算が拡大されている。

NCLB 法における教員政策は、核となる要素として教員の質保証が重要視され、州や学区、学校に対してアカウンタビリティを果たすことを強く求め、具体的に、スタンダードとアセスメントを基礎とする教員プログラムの

創設を要求した。このような連邦による教員政策は「専門職にふさわしい優れた教員に適切な報酬を提供することで教員集団に競争的インセンティブを導入し、全体の質向上を図る戦略」であった。また、連邦教育省は「質の高い教員」の要件として、担当する教科の知識を十分に有していることを示し、質の高い教員を確保するためのツールとして、アカウンタビリティ・システムの構築と成果に則した報酬制度の改革を要求した。TIFでは、生徒の学力向上に対する貢献度を考慮することなど一定の基準は示されたものの、教員の効果性をどのように捉え何を評価するのか、また、それらを報酬とどのように関連付けるかについては、各機関にその裁量が委任された。

(3) 教員インセンティブ基金 (Teacher Incentive Fund) プログラムの実施状況

TIFの実施状況に対して、スタンフォード国際研究所 (SRI international) は、2006年、2007年にTIFを付与された州や学区、非営利組織などの機関を対象とした実施報告書を提出した[10]。実施報告書は、2006年、2007年にTIFを受け取った34機関を対象に、教員インセンティブプログラムの実施状況やプログラムに対する教員の反応について、文献調査やインタビュー調査、実地調査を通して明らかにしたものである。同報告書では、プログラムの具体的な実施状況が明らかにされている[11]。

TIFの目的は成果に基づく報酬システムの創設であるが、成果をどのように測定し報酬を提供するかは、各機関によって多様であった。生徒の学力向上度の測定方法に関し、到達度測定、成長度測定、付加価値評価 (Value Added Model：VAM) 測定の3種類に基づいて分析した結果、図3-1のような結果になった。VAM測定のみを活用する機関が12機関、成長度測定を活用する機関は7機関、到達度測定のみを活用する機関はなかった。一方で、11機関は3種類の測定方法のうち、2種類以上を組み合わせて用いている。全体的に見ると、VAM測定のみを用いる機関が最も多いことがわかる。

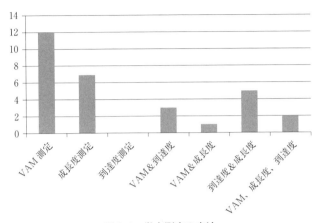

図 3-1 学力測定の方法
出典：SRI international 報告書の結果より筆者作成

　また、生徒の学力向上に対する教員の成果報酬を導入する形態も機関によって異なる。成果報酬を実施する30機関[12]の中で、6機関は学校やグループを対象とする組織報酬のみを提供し、3機関は各教員の成果に対する個人報酬のみを提供している。一方で、21機関は個人報酬と組織報酬の双方を組み合わせており、各個人の成果のみでなく、学校やグループ単位での成果に対する報酬も提供している場合が多い。

　さらに、テスト科目以外を教える教員に対する成果報酬の提供について、10機関ではテスト科目教員よりも報酬額を引き下げることで公平性を確保しようとしており、また4機関で、全科目全学年を対象としたテストを開発し学力測定を実施している。中でも最も主流な方法は、組織報酬として、テスト科目以外を教える教員に成果報酬を提供することである。

　一方、インセンティブの種類について、学力向上度に対する成果報酬に加えて、ほとんどの機関が授業観察による能力報酬も合わせて提供している。16機関が、授業観察を通した評価結果を提供する報酬に直接反映させている。また、低学力校に勤務する教員に対し5機関が追加報酬を提供し、8機関が

教員不足科目を担当する教員に提供している。さらに、教員へのインセンティブを決定する主要な要素として、生徒の学力向上に対する成果をあげている機関が15存在する一方、他の16機関は役職や責任、指導困難校や教員不足教科、能力評価などの他の項目を主要な要素として掲げており、TIFを実施する機関が全て、生徒の学力向上に対する成果を主要素とした教員報酬改革を行っているわけではない。さらに注目されるのが、多くの機関が、教員に自身の実践力を省察するための職能開発の機会を提供することの重要性を認識している点である。例えば、10機関は職能開発プログラムへの参加に対する追加報酬を教員に提供しており、13機関はコーチやメンター教員、マスター教員を通した各学校での職能開発の機会を提供している。また、16機関は、形成的評価を能力報酬の計算式に組み込み職能開発のツールとして能力報酬を活用している。

　教員報酬制度改革の目的は、教育成果の向上に寄与する教員の資質能力の向上であり、また、教員報酬制度の最大の課題は、公平性の担保である。このような課題に応えるため、TIFプログラムを実施する組織の多くは、ネガティブな感情を引き起こす競争的要素を軽減し、各教員の個々の成果のみでなく、学校や同学年などの組織単位での成果を踏まえた報酬など協働性を促すプログラムを創設している。また、成果報酬だけでなく、教員の職能開発活動を促進させるインセンティブとしての報酬も提供している。TIFプログラムの運用実態からは、インセンティブを多様に活用し、教員個人の成果に見合った報酬の提供ではなく、職能開発や職責など多様に活用する実態が垣間みられた。

　表3-1は、TIF基金を取得した学区組織の一覧である。TIFでは、学区や非営利組織に対して財政支援が提供されており、政策としての影響力は限定的であることが予想される。また、教員評価制度の運用は、基本的に学区裁量であるため、財政支援を受けながらもそれぞれの文脈に応じた教員評価制度改革が多様に展開されていたと言える。

表 3-1 TIF 基金取得機関の一覧

アーカンソー州：Chugach 学区、Local Education Authority（以下 LEA）
アリゾナ州：Amphitheater 統一学区、LEA
カリフォルニア州：Lynwood 統一学区、LEA
　　　　　　　：Mare Island Technology Academy、チャータースクール
コロラド州：Eagle County Schools、LEA
　　　　　　Harrison 学区 2、LEA
　　　　　　Denver 学区、LEA
　　　　　　Weld County Schools、LEA
フロリダ州：Hillsborough County Schools、LEA
　　　　　　School Board of Miami-Dade County
　　　　　　School Board of Orange County
イリノイ州：Chicago Public Schools
ロサンゼルス：National Institute for Excellence in Teaching、非営利組織
マサチューセッツ州：Edward Brooke Charter School、非営利組織
メリーランド州：Prince George's County School
Multi：New Leaders, Inc. 非営利組織
ノースカロライナ州：Charlotte-Mecklenburg Schools、非営利組織
　　　　　　　　　　Cumberland County Schools
　　　　　　　　　　Gulford County Schools
ニューメキシコ州：Northern New Mexico Network、LEA
ニューヨーク州：Center for Educational Change Public Education Association、非営
　　　　　　　　利組織
オハイオ州：Ohio Department of Education、State Educational Agencies（以下 SEA）
オクラホマ州：Beggs School District
ペンシルベニア州：School District of Philadelphia
サウスカロライナ州：Florence County School District Three
　　　　　　　　　　South Carolina Department of Education、SEA
サウスダコタ州：South Dakota Department of Education、SEA
テネシー州：New Leaders Inc.（Memphis City School）、非営利組織
テキサス州：Dallas Independent School District（ISD）
　　　　　　Houston ISD
　　　　　　School of Excellence in Education、チャータースクール
　　　　　　University of Texas System、非営利組織
DC：New Leaders, Inc.（D.C. Public Schools）、非営利組織

第2節　教員評価報酬モデルの存在

NCLB法において、各州にアカウンタビリティ・システムの整備が要求され、教育スタンダードに準拠した教育成果の測定と、それに基づく教員の教育効果を測定し報酬を提供するためのシステムづくりが展開された。その際に、各機関が参照する教員評価・報酬モデルがいくつか存在する。ここでは、教員報酬制度のモデルとして参照されることが多い教員向上プログラム（Teacher Advancement Program：TAP）、コロラド州デンバー学区の ProComp を取り上げ、その特徴を整理する。

(1)教員報酬制度モデル

①教員向上プログラム（Teacher Advancement Program）

教員評価報酬モデルとして開発された Teacher Advancement Program（TAP）は端的に表すと、教員の質保証と職能開発の双方を同時目的とする教員評価・報酬システムである。TIF に採択された組織の多くは、TAP モデルを参照している[13]。

TAP は、ミリケン（Milken, L.）が会長を務めるミリケンファミリー財団[14]（Milken Family Foundation：MFF）によって「新しい教員評価報酬モデル」として開発・提案された教員評価報酬のモデルプログラムである。MFF では1987年より、優秀教員への表彰プログラムとして毎年、ミリケン全米優秀教員表彰（Milken National Educator Awards）プログラムを実施し、表彰された教員に対して25,000ドルの報酬を提供していた。しかし教員不足や指導力不足教員など教員をめぐる問題が深刻化し、教員の資質向上や優秀教員の確保が要求されると、ミリケン表彰プログラムを拡大した新たな取り組みの実施が決定された。1999年、ミリケンは「生徒の学力向上に寄与する学校における最も重要なファクターは、教員の資質能力である」として、2,300万ドル

かけて、教員の資質能力向上のためのプログラムとして「TAP」の開発をすすめた。さらに、ブロード財団[15] (The Broad Foundation) の協力のもと530万ドルの資金を得て、「妥当性の高いスタンダードに基づく教員評価を実施し、優秀な教員に見合った地位・報酬を提供し、評価に基づく職能開発を提供するプログラム」として TAP を完成させた。TAP は、その導入を各教育行政機関に委任するモデルプログラムとして開発され、現在、非営利団体である National Institute for Excellence in Teaching (NIET) が管理、運営を行っている[16]。

　NIET は、ミリケンを中心に創設された全米規模でかつ公共性の高い慈善組織である。他業種と競合的な報酬を維持しつつ有能でかつ意欲のある教員を確保することをミッションとしており、教育分野、ビジネス分野からの多様な人材で構成されている。会長はミリケンであり、社長兼 CEO をつとめるスターク (Stark, Gary) は、教員、副校長、校長経験を有し、教育行政学で学位を取得した教育専門家である。学校サービス部門 (school service) 担当の上級副社長であるグティエレス (Guitterrez, K.) は、ルイジアナ州リカバリー学区の副教育長をつとめていた。また、ルイジアナ州教育委員会の優秀教員プログラムでの勤務経験や、セントチャールズパリッシュ学区 (St. Charles Parish Schools) で教員と管理職の経験を有する教育者であり教育行政官である。政策研究部門担当の上級副社長であるフック (Hook, K. V.) は、米国下院エネルギー及び商業対策委員会の小委員会 (the House Energy and Commerce Committee's Subcommittee on Telecommunications and Finance) の議長を務めた。また、米国商務省の電子通信情報局 (the National Telecommunications and Information Administration within the U. S. Department of Commerce) の議会業務主任 (director) としての勤務経験もあり、これらの役職を通じ教育テクノロジー領域の管理統制のイニシアティブを発揮していた。研究・評価部門担当の上級副社長であるバーネット (Barnett, J.) は、アリゾナ州立大学の教育政策評価を担当する准教授であり、連邦教育省の teacher quality partnershipとTIFプログラムの共同調査官の一人であった。このように、NIETは教育領域やビジネス領域からの多様な専門家で構成されている。

先に述べたように、2006年、連邦政府は9,900万ドルの財源とともにTIFプログラムを創設したが、「授業観察や生徒の学力向上度の測定といった多面的な教員能力評価による能力報酬や、付加的な責任・役職による教員報酬を提供するための教育補助金プログラム」を目的とする同プログラムの実施・展開に、TAPはそのモデルプログラムとして重要な役割を果たした。

②教員向上プログラム（Teacher Advancement Program）の基本構造

TAPは教員評価と職能開発、教員報酬を柱とする体系的なシステムである。

1）教員評価

TAPは、教員の能力を決定する総括的評価と教員の職能開発を促進させる形成的評価の双方を組み合わせた評価制度として導入されている[17]。TAPでは、教員の経験年数やテニュア取得に関わらず、全教員を対象に教員評価が実施され、評価の際に活用されるスタンダードは客観性の高い研究成果に基づいたものである。また評価者は校長だけでなく、能力や経験年数に基づいて選抜されるミドルリーダー[18]を含めた複数のメンバーで構成されるところは特徴的である。

形成的評価は、ダニエルソン[19]やダーリング・ハモンド（Darling-Hammond, L.)[20]らによって、その職能開発における重要性が指摘されている。職能開発という視点から考えると、教員が継続的に評価され、評価結果に合わせて、フィードバックや指導、助言を受けることは重要なプロセスである。具体的に、教員は評価者とともに目標を設定し、目標達成のためのプランを作成し、実践する。評価者は授業観察を通して評価し教員にそれをフィードバックし、教員と共に次のプランを作成する。このサイクルの繰り返しが、教員の職能開発の促進において重要であるという。

2）職能開発

　TAPでは学習共同体をキーワードとする学校現場に即した職能開発をすすめている。この職能開発モデルは以下のような研究成果に基づいて構想されたものである。

　エルモアら（Elmore, R. & Burney, D.）[21]は、理論値の授業実践への適用やグループでのサポート、コラボレーションの場の提供を職能開発における重要素の一つとして指摘する。さらにフラン（Fullan, M.）は、教員が支援的なコミュニティを形成し、新しい価値観や信念を抱き、自分自身を変えていくために定期的に教員同士が連携できる学校が、教員や生徒を変えることができるとする[22]。

　これらの理論に基づき創設されたTAPの職能開発は、単に教員文化の中にグループを構築し、情報共有の場を設置するだけでなく、グループの一員であるという意識を意図的に与えることで孤独感を感じている教員の意識を変え、真の「共同体」を構築することが期待されている。

3）教員報酬

　TAPの報酬システムは、能力に基づいて提供される能力報酬とマスター教員・メンター教員といった新しい職位に対し提供される追加報酬の2種類で構成されている。

　能力報酬を決定する際の教員の能力は、評価結果、教員の担当する生徒の学力到達度、学校全体の学力到達度などの多様な側面から測定される。またTAPでは、マスター教員・メンター教員という多様なキャリアパスが用意されており、これらの教員はミドルリーダーとしての役割を担う。各教員への具体的な指導助言の提供や評価の実施、学校目標決定への参加など一定程度の権限と責任が付与されており、これらの職務に見合った追加報酬が提供される。

　このようなTAPの教員報酬は、1980年代より奨励給を導入する民間セク

ターの動きと教員の資質や能力に関する研究成果に影響を受けている。オッデンら[23]は、学校の強力な指導力、職能開発、生徒の能力に関する信頼性の高い分析、的確なフィードバックが統合されたとき、能力報酬プログラムは成果をあげると主張している。さらにオッデンらによると、学校全体の生徒の能力評価を行えば、教員間同士の連携が深まり、生徒の学力向上に教員が一丸となって取り組むことを促進できると、組織報酬のもつ効果を指摘している。

TAPは、教員報酬制度の改革の流れを受け、教職の専門職化に寄与する教員評価・報酬モデルとして、教員評価、能力開発、教員報酬のこれら三つの要素が相互に作用し合う体系的・総合的なシステムとして提案された。

(2) 専門職としての報酬システム
(the Professional Compensation System for Teachers)

コロラド州デンバー学区では、1999年より、デンバー学区教育委員会と教員組合が共同で、生徒の学力向上を目的とする教員報酬プログラムとしてthe Professional Compensation System for Teachers (ProComp) が開発され、2004年に2500万ドルの追加財源と共にその導入が決定された。デンバー学区によるProCompの実施が、米国全体の能力報酬に基づく報酬システム改革の推進力の一つとして認識され、成功例として注目されている[24]。デンバー学区は教員団体からの政治的反対を乗り越え、教員らに受け入れられ、住民に支援される新しい専門職としての報酬システム (Professional Compensation) を創設することができたと評されている。

デンバー学区に生徒のテストスコアと教員給与を関連付ける案が提案されたのは、1990年初めのことであった。デンバー学区の教員団体であるNEA支部のthe Denver Classroom Teachers Association (DCTA) は、当初反対の意を示したが、その重要性を認識し、最終的には同意した。その背景には、ProComp創設当初、学区がDCTAを全面的な協力者として指名した点が関

係している。

　ProCompへの参加は、当初は教員の任意であったが、2006年6月以降に採用された教員には義務づけられた。ProCompでは、①教員の能力や職能開発に関する報酬、②教員評価に基づく能力報酬、③成果報酬、④市場奨励策[25]の4種類の報酬が提供されている。①では、NBPTS資格、修士号や学士号を取得する教員に対して、追加報酬が提供される。さらにProCompでは、特定の領域における専門的知識や能力習得のため、大学での単位取得やワークショップへの参加を要求するProfessional Development Units（PDU）が提供されており、PDUを修了した場合に報酬が提供される。つまり教員は、学費を払わずに大学院レベルの知識を習得することができ、さらに報酬も受け取ることができる。②では、スタンダードに基づく教員評価において、優秀なレベルだと判断された場合、報酬が提供される。③では、3種類の成果報酬が提供される。個々の教員が担当する生徒の到達目標が達成された場合や学区の到達目標を超えた場合に提供される個人報酬、学校の到達目標が達成された場合に提供される組織報酬、そして、優秀な学校に提供される組織報酬である。また④では、指導困難校に勤務する教員や教員不足領域の教員に対し、ボーナスが提供される。ProCompは専門職として見合った報酬を提供するための報酬モデルを提示している。

　連邦政府による教員報酬政策を受け、改革モデルとして注目された二つの教員報酬モデルは、いずれも報酬制度をベースに教員評価と職能開発を組み込んだ職能開発型の総合的な教員評価報酬モデルとして、その特徴を捉えることができる。

　TAPでは「共同体」構築型モデルが、ProCompでは個人の資質能力改善型モデルが、それぞれ提案された。

第3節　フロリダ州の取り組み―連邦政策導入の葛藤―

　連邦政府主導による教員政策が進められる中、各州レベルで、教員報酬制度改革が実施されている。ここでは、教員報酬制度の失敗例として取り上げられることの多いフロリダ州の事例に着目し、何が問題とされ、どのような制度設計を有していたのか、またそれらの課題を同州はどう克服したのか明らかにする[26]。フロリダ州では2006年から短期間に、Florida Effectiveness Compensation (E-Comp) と Florida Special Teachers Are Rewarded (STAR) の二つのプログラムが提案されすぐに廃止された。そして、これらの二つのプログラムの失敗を踏まえ、Florida Merit Award Program (MAP) が創設され、実施された。

(1)教員報酬制度の発端

　フロリダ州の教員報酬制度の発端は、1997年にまで遡る。同州では、1997年に教員評価制度に関する事項[27]が、さらに翌年の1998年、教員報酬制度に関する事項[28]が、州法の中で制定された。教員評価制度に関する項目では、学区に対し、学級経営、教科知識、指導能力、生徒評価能力、保護者との対応能力、専門的能力（professional competency）に基づく教員の能力評価の実施を要求するものであった。さらに1998年には、教員の能力評価項目として、生徒の学力向上度（student learning gains）を加える事項が加筆された。一方、教員報酬制度に関する規定では、教員給与の一部は、上述の能力評価に基づくものであることが要求された。そして学区に対し、能力評価制度によって"優秀"な教員や指導者を識別し、優秀とみなされた教員に報酬を提供するプランを、2002年までに作成することを要求した。その際、具体的なプラン内容の決定に関しては、学区に一任されており、十分な裁量権が提供されていた。報酬額に関しては、個人の給与の5%と規定されていたが、同プラン

実施に際し追加財源は学区に提供されておらず、学区は既存の財源の中から、資金を確保することが要求された[29]。

(2)Florida Effectiveness Compensation

　上述のように、各学区は教員報酬プランの作成と実施を要求されたにも関わらず、財源獲得の難しさや教員団体からの反対を理由にその多くは同規定に従わなかった。このような状況を受け、2002年10月24日に実施されたフロリダ州教育委員会会議の中で、教育長官であるホーン（Horn, J.）が教員報酬制度改革の必要性を提唱した。その際、TAPを事例にあげ、教員のキャリアパスの創設とそれに応じた報酬の提供など、具体的な改革案を提唱した[30]。さらに2005年5月17日の州教育委員会会議では、教育委員（commissioner）であるウィン（Winn, J.）は、各学区が州法規定に従っていないことを問題として取り上げた。そして、州教育委員会は各学区を州法規定に従わせる権限を有しており、従わない学区にどのような措置をとるかについて議論され、何らかの制裁措置をとる方向で話が進められた[31]。この決定が、この後創設されるE-CompとSTARを特徴づけた。二つのプログラムは、強制的に学区に教員報酬制度を導入させるためのフレームワークとしての役目を担っていた。

　本格的に教員報酬制度改革が進められたのは、2006年に入ってからであった。州制定法に基づく教員報酬制度実施のための、具体的実施要件を示した枠組みとして、E-Compの創設が進められた。その際ウィンは、教員や教育長、学校長、教育専門家等の多様な教育関係者23名のメンバーで構成されるE-Comp諮問委員会を設置した[32]。

　E-Compの特徴は、学区に報酬プラン策定の際の裁量をあまり認めない州主導型の報酬プログラムであった点にある。既述のようにE-Compは、学区に対し州法規定に従わせることを目的として創設されたため、E-Compを導入しない学区に対し、財政的な罰則[33]を規定した。E-Compの具体的内

容は以下に示すとおりである。E-Comp では個人を対象とする成果報酬が採用される。成果報酬ではフロリダ州包括的評価テスト (Florida's Comprehensive Assessment Test：FCAT) が生徒の学力測定に活用され、前年度と比較した成長度によって報酬が決定される。さらに E-Comp は上位10％の教員に賞与が提供される。その際の賞与は、各教員の給与の5％であり、経験年数の多いベテラン教員が多くの賞与を受け取ることのできるシステムであった。このような特徴を有する E-Comp に対し、教員や学区は強く反対した。その理由として、まず、教員の能力を決定する際に利用される評価ツールの妥当性の問題があげられた。生徒の学力向上度というただ一つの要素に基づいて教員の能力が決定されるシステムであったため、評価ツールの正当性に対し、疑問視する声が上がった。また、報酬提供の対象となる教員数が全体の10％のみであった点も、恣意的で不公平であると批判された。

州教育委員会は、2006年2月に、E-Comp を州教育委員会管理規則として通過させたが、州教育委員会は教員給与に関わる管理規則を議会の承認を経ずに通過させる権限を有していないとして、教員団体から苦情を申し立てられた。その結果、E-Comp が実際に実施されることはなかった[34]。

(3)Florida Special Teachers Are Rewarded

2006年4月、E-Comp に対する一連の批判を受け、それらの解決策を織り込みながら作成された STAR は、州議会において予算法案のただし書き (proviso languages) として提案され承認された[35]。その際、STAR 実施のための財源として1億4,750万ドルが、州から提供されることが提案された。

E-Comp との相違点は業績評価に加え、知識・職能評価が追加された点にある。STAR では教員の能力を評価する際、その50％以上は E-Comp と同様に生徒の学力向上度から、つまり業績評価によって決定されるが、校長による能力評価も教員評価の際の評価要素として加えられた。またその配分の決定に関しては、各学区に裁量が認められた。さらに、生徒の学力測定ツー

ルについても、E-Compよりも学区に対し柔軟な姿勢が示され、学区はFCATに加えて、学期末テストなどの他のテストの活用も可能となった。また、校長が教員を評価する際に活用する評価スタンダードも設置された。報酬額に関しては、E-Comp同様、各教員の給与の5％が提供された。報酬を提供される教員が、E-Compの場合、全体の10％であったのに対し、STARでは各学区で10～25％の教員が報酬を受け取ることができるとされ、報酬の規模が拡大された。

このように、若干の裁量権が認められたSTARでは、学区は規定に基づいて独自のプランを作成し、州がそれらのプランを承認した上で、資金が提供されることとされた。州議会は、学区プランの承認に関するスケジュールの詳細を決定し、2006年12月までには各学区は独自のSTARプランを作成し、州教育委員会からのフィードバックを受け、2007年4月までに最終承認を受けることが示された。また、依然としてSTARを導入しない学区に対して、財政的な罰則が規定された。

このように改善策を織り込まれたSTARであったが、教員団体や学校、学区教育長は依然否定的な態度を示した。その理由の一つが、同プログラムが学校の中に競争的環境を生み出す可能性がある点にあった。STARは学区の中で上位25％の教員に報酬を提供するシステムになっており、教員間の共同性に悪影響を与えることを危惧する声が聞かれた。また、上述のように同プログラムには知識・職能報酬も追加されたが、評価者である校長の評価能力が不安視された[36]。3分の1の学区がSTARプラン作成を拒否し、20のうちの15学区が、教員からの合意を得られぬままSTARプランを強引に作成した。各学区にSTAR実施のための財源が配分される直前に、次に詳述する新しい報酬プログラム（Merit Award Program）が提案され、E-Comp同様、STARも廃止された。

⑷Merit Award Program

 そこで、2007年3月、州議会でSTARに代わる新しいプログラムとしてMAPの実施を示した法案（Senate Bill 1226）が承認された。E-CompやSTARは、州法規定に基づいて、その具体的実施要項を示した枠組みを作成することを目的としていたが、MAP創設の際には、これまでの州法規定を廃止し、MAPに関する事項が州法の中に新設された[37]。つまり、教員報酬プログラムの抜本的な改革を図るための法整備が行われた。

 MAPの特徴[38]は、教員個人への成果報酬に加え、組織報酬が加えられた点にある。教員は、2人以上でチームを作成し、ティームティーチングなどの形態で、共同で授業を実施し、担当する生徒の学力向上度を、教員の業績として測定される。E-CompやSTARの廃止原因の一つに、教員間に競争的環境を生じさせうる点があげられていたが、MAPでは、組織報酬を導入することで教員間の協働性を維持しようとする工夫がみられた。さらに、MAPが自発的な報酬プログラムであることも、これまでのプログラムと大きく異なる点である。MAPの導入は義務規定ではなく、MAPを導入しようとする学区が、州法規定に基づいて独自の報酬プランを作成し州教育委員会へ提出し、承諾を得るというプロセスを踏むことになっている。これまでのように、導入しない学区に対する財政的罰則は規定されていない。また州政府は、MAPを導入する学区に対し、教員組合からの承諾を得ることを報酬プラン作成時の必要条件として規定している。また、その際、TAPモデルを参照することを勧めている[39]。

 さらに、報酬を提供する教員数に関して、これまでは教員をランク付けし、上位層が報酬を受け取るシステムとなっていた。このランク付けシステムを廃止し、報酬を提供する対象数に関しては、学区が独自に設定することができるようになった。また興味深いのは、業績評価と知識・職能評価の割合が変更された点である。STARでは知識・職能評価が評価要素として加えら

れ、業績評価が50％以上、知識・職能評価が50％以下とされたが、MAPでは業績評価が60％以上に引き上げられた。つまり、生徒の学力成果が再度重要視されたといえる。また、市場奨励策として、教員不足領域の教員に対する報酬が提供されている。

　ここで、フロリダ州の教員報酬制度の変更点を整理すると以下の点があげられる。まず、報酬制度を導入しながらも教員間の協働性を維持するよう変更された点である。すなわち、個人に対する報酬だけでなく、グループなどの組織に対する報酬を提供することで、協働性を維持しようとする工夫がみとめられた。次に、教育関係者から報酬制度に対する同意を得るための努力がなされた点である。つまり、教員報酬制度を義務規定ではなく、ボランタリーなシステムとすることで、あくまでも学区の自発性に任せるものとし、学区の意思を尊重した。さらに、従来の財源の中から報酬制度に関する資金を捻出させるのではなく、付加的な資金を提供することで、報酬制度が付加的なボーナスを提供する支援的なシステムへ変更された。そして、生徒の学力成果に基づく業績報酬だけでなく、能力そのものに基づく知識・職能報酬や、上述の組織報酬などの多様な評価要素を取り入れることで、評価の妥当性を高め、教員の同制度に対する納得度を高めようとする姿勢が垣間見られた。

　このように、フロリダ州における教員報酬制度をめぐる改革では、報酬制度を導入しながらもいかに教員間の協働性を維持するか、またいかに教育関係者からの報酬制度に対する合意を得るかということが重要な点と認識され、改革が進められてきた。このような変更には、連邦政策や教員評価報酬モデルが影響を与えていた。州レベルで、教員団体との交渉を得て法整備が必要であったことや学区主導の文化が根付いていたことを踏まえ、教員や学区の同意を得ることが課題とされた。そのような経緯の中で、多様な報酬要素が複合的に取り入れられている点、全てのプログラムにおいて個人報酬に加え、組織報酬が導入されている点、市場奨励策が導入されている点、州から導入

を義務付けられるシステムではなく、教員の合意や教員団体からの了承を必要とするボランタリーなシステムである点、教員報酬制度を導入する際は、追加の財源を提供していた点を特徴とする制度に変更された。

第4節　ミネソタ州の取り組み―Quality Compensation for Teachers―

　第三者機関による教員評価報酬モデルは、程度に差はあるものの、各州の教員評価プログラムの創設に影響を与えている。本節では、TAPを基礎として教員評価プログラムを設置した例として、ミネソタ州の教員評価プログラムであるQuality Compensation for Teachers (Q Comp) を取り上げ、その実態を明らかにする。

(1)The Quality Compensation Program for Teachersの導入経緯

　ミネソタ州において教員の評価と職能開発に関する事項は、従来、地方学区が主導して実施するものとされ、その権限は州から学区へ委譲されている。

　ところが、2001年、州議会は州教育省に対し、客観的な教員評価制度の構築、職能開発プログラムの改善、従前の給与システムの改革、教員の昇進問題等に対応する新しい報酬制度の実施を要求し、そのための資金として400万ドルを割り当てた。その際、パイロットプログラムとしていくつかの学区でTAPが導入され、それらの実践を踏まえた上で、2005年、特別議会において新しい評価・報酬制度としてQ Compの導入が決定された。これに合わせ、州法の中で同制度に関連する項目の追加、修正がおこなわれ、州議会では、同制度に関する追加財源が決定され、同制度に関する構成要素や手続きについても詳細に規定された[40]。

(2)The Quality Compensation Program for Teachersに関する法規定

　Q Compに関する規定は州法122A.413 Educational Improvement Plan,

122A.414 Alternative Teacher Pay[41]の2項目に示された。ここから、Q Compが「報酬システム」としてだけでなく、「教育改善プラン」の一部として捉えられていたことがわかる。

①122A.413 Educational Improvement Plan
　学区は、教員評価・報酬制度導入の際、教育改善プランの作成を要求された。具体的に、⑴生徒の能力・成果測定のための評価・測定ツールの作成⑵改善目標や基準の設置⑶生徒の出席率や就学率の測定⑷州や国の示す教員スタンダードに基づく、学校全体での教員の継続的な資質能力向上を目指す綿密な職能開発システムの創設⑸継続的学習やサポートを試用期間教員に提供するためのメンタリングプログラムの設置⑹排他的代表者（exclusive representative of teacher）のプラン作成への参加、などが規定された。

②122A.414 Alternative Teacher Pay
　本条項では、教員報酬・キャリアパス、教員評価、職能開発を、教員評価・報酬制度の大きな三つの要素とし、実施要件が示された。

a．教員報酬・キャリアパス
　⑴教員がどのように昇進し、それに準ずる報酬を受け取ることができるか⑵生徒指導実践において中心的役割を果たし、他の教員を支援する学校ベースの職能開発を促進させる立場の役職をどのように提供するか、などのキャリアパスに関連する事項と、⑶給与体系の見直し（同制度実施による各教員の減給を引き起こさないものであり、60％以上の教員の能力報酬の増加を保障する）などの教員報酬に関する事項が規定された。

b．教員の能力評価
　教員は、⑴学校全体の生徒の到達度、自治体ごとに選択する統一テストの

成果(2)生徒の到達度の測定(3)教員の教育改善プランや職能開発プランに基づく評価と能力スタンダードに基づく評価チームによる客観的教員評価、の3要素によって評価される。

つまり、評価指標として、学校内の全生徒の到達度に基づく成果や担当する生徒の到達度による成果に加え、能力スタンダードや教育改善プランの達成度に基づく教員の能力評価など多様な評価指標の活用が求められた。

c．学校組織全体の職能開発

ここでは、生徒のニーズや職能開発プランに合わせ、教員リーダーによって勤務時間内で実施される、学校単位での統合的で継続的な指導技術や能力向上のための職能開発活動を提供することが示された。

(3) The Quality Compensation Program for Teachers 実施と教員団体

新しい教員改革を実施する際、教員団体との関わりは重要な事項である。Q Compでは具体的手続きの中で、教員団体からの承認が必要事項として規定された。州教育省は各学区に対し、教員団体からのQ Comp実施の承認を、導入における必要不可欠な項目として規定している。実際に、ある学区では、教員団体の代表者も同学区のQ Comp設計に参加しており、教員団体側の意見も十分に取り入れられた[42]。

他方、教員のキャリア・ラダーと継続的な職能開発に関しては、Q Comp実施以前より、教員団体の中でも、その重要性が注目されていた。具体的に、ミネソタ州をはじめオハイオ州、ペンシルベニア州では、教員団体規約の中で、新任教員に対する専門的支援と評価、専門職スタンダードを満たしていないテニュア教員への継続的支援、教員リーダーの選抜とトレーニング、これらのプログラム実施のための人材の確保といった内容を有するプログラムの実施が推奨されている。このような教員団体の動きに鑑みても、教員団体のQ Compへの積極的参加は納得される。

⑷The Quality Compensation Program for Teachers スタンダード

　教員評価・報酬制度創設の中で、教員の能力スタンダードの設置は重要な項目である。1980年代、ミネソタ州教育委員会は、様々な教育機関や職能開発組織と共同で、教員養成機関や他の機関が教員免許取得や更新の際に利用できる専門職スタンダード（the Minnesota Standards of Effective Practice）を作成した。このスタンダードは、10の項目[43]で構成されており、教育省は、各学区に対し Q Comp への同スタンダードの活用を要求している[44]。その際、学区はダニエルソンによる FFT モデル[45]を援用し、これらの10項目によるスタンダードを「計画と準備（Planning and Preparation）、教室環境（Classroom Environment）、指導力（Instruction）、専門職としての責任（Professional Responsibility）」の四つの領域に大別し、各項目別に4段階から5段階の能力レベルを決定しなければならない。そして、各能力レベルの具体的な行動指標を作成し、評価項目ごとに、授業計画表や生徒の提出物等の評価の具体的な判断材料を決定することが求められた。

　ミネソタ州では、改革のプロセスとしてパイロットプログラムを実施し、その実施成果を踏まえて法整備が行われた。各学区に強制的に制度改革を要求するのではなく、改革するかどうかは各学区の自発性に委ねられ、その際も教員団体の合意を得ることが条件とされた。自発的な改革として、各学区の裁量を認めながら進められた点に特徴がある。パイロットプログラムの実施には、TAP モデルが参考にされており、ミネソタ州の教員評価制度改革も、全米の教員政策を受けて行われた。

⑸The Quality Compensation Program for Teachers の具体的運用実態

　実際、各自治体ではどのように Q Comp を運用しているのか、ここでは、ローズビル（Roseville）学区[46]を取り上げ、具体的な取り組みを明らかにする。

①キャリアパスの具体的内容

ローズビル学区では教員の多様なキャリアパスとして、リード教員とQ Comp担当教員（Q Comp Oversight Teacher）を創設している。

a．リード教員

リード教員は、23-35人の教員に1人の割合で採用、大規模校では1校当たり複数配置されており、その役割は多様である。例えばローズビル学区では、後述する教員数人による学習集団（SMART team）が形成されており、そこでのファシリテーターとしての役割が、期待されている。具体的に各グループでは年間目標を立て、少なくとも1か月に1回、ミーティングが実施されるが、その際、リード教員は年間目標やミーティングのテーマ設定のサポート、スケジュールの調節などを行う。さらに年度中、リード教員は指導者として、定期的に教員の授業観察を行い、適切なフィードバックを提供し、時には、ティームティーチング要員として授業に参加する。加えて、年度末には評価者として、グループ目標や後述する個人の職能開発プランの達成度を測定する。

このようにリード教員は、グループのファシリテーターや教員の支援者、また評価者として、多様な役割を課されている。なお、リード教員の採用に関しては、退職した教員が雇用される場合と、現職の授業担当教員が雇用される場合があり、採用に際しては学区事務局によって選抜される。また、現職教員の場合、本人の担当授業時数は半減されている。

b．Q Comp担当教員

Q Comp担当教員は、各学校に1人の割合で採用される。Q Comp担当教員の役割は、リード教員と重なる部分が多い。例えば、グループミーティングの目標や指導方策に関するアドバイスの提供、各教員の能力開発プラン（Professional Development Plan）の承認などがそれにあたる。しかしこれらに

加え、Q Comp 担当教員は、リード教員を統括しつつ、責任者として俯瞰的な立場で同システムの実施を進める役割が期待されており、職能開発システムや教員報酬システムに関する知識を深めるためのトレーニングに参加することも義務付けられている。

②Q Comp 職能開発の仕組み

　ローズビル学区では、学習集団として SMART team と呼ばれる授業研究グループが構成されている。SMART team は、同一教科、あるいは同一学年担当の教員2人から5人で構成され、1週間から1か月に1度、平均して30分間のミーティングを実施することになっている。筆者が学区の Q Comp 担当者にインタビューしたところ、実際は毎週30分以上のミーティングが行われているようである。中でも、リード教員主導で行われるミーティングは1か月に1度の頻度で実施され、そこでは月間の短期目標が作成される。それ以外のミーティングは、データ収集や分析、授業研究などに使われている。

　職能開発に関する教員の具体的な年間スケジュールを示すと、8月から9月にかけて各グループはリード教員の指導のもと、年間のグループ目標と指導方策を作成する。そして10月15日までに、グループ目標を踏まえながら各教員が個人の能力開発プランを作成する。11月から5月までリード教員のサポートを受け、教育実践の改善に向け同プランを実践する。また、グループ目標は学校目標に基づき設定され、それを具体化する形で個人の職能開発プランが設定されており、一連の目標は関連性を持つ。

　具体的にミネソタ州では、生徒の読解力、数学、ライティングの能力を向上させることを重点課題としており、州統一テスト（the Minnesota Comprehensive Assessment II）を実施しその到達目標を設定している。各学校では、この到達目標に基づき、生徒の学力向上を主眼に、具体的で客観的目標を学校目標として設定する。例えば、ローズビル学区のある学校（Falcon Heights Elementary School）では「生徒が統一テストにおけるリーディングと数学分

野の全国平均を上回ること」を、学校目標として明示している。

③教員評価の実施内容

ローズビル学区の教員は、リード教員とSMART teamのメンバーから授業観察に基づく形成的評価[47]を受ける。これらの評価は年間で3回ほど実施されるが、観察後は必ず評価結果に対するフィードバックが提供される。また年度末には、学校管理職、生徒指導主事、リード教員、Q Comp担当教員で構成される学校評価グループより、スタンダードに基づく総括的評価が行われる。総括的評価を受ける際には、授業観察ごとに作成される報告書も評価材料として活用される。教員評価の結果、スタンダードを満たしていると判断された教員は、能力報酬を受け取ることができる。また試用期間教員に関しては、そのスタンダードを年数に応じてレベル分けしている。資料3-1は、ある試用期間教員の評価シートの一部である。評価表を見ると、スタンダードが領域別に分けられ、各項目に適用年度が規定されていることが分かる。さらに数値評価に加えて、評価者による観察コメント、自由記述式評価が領域ごとに追記されている。

④指導者の職能開発

学区内のリード教員は、リード教員同士で共同チームを形成している。共同チームは、1か月に一度、ローズビル学区のQ Compコーディネーターとミーティングを開く。そこでは、リード教員の役割や教員とのコラボレーション等に関する話し合いが実施される。その際共同チームは、職能開発センター[48]と共同し、他の学区と職能開発プランに関する情報交換も行っている。

一方、評価グループのメンバーである学校管理職、生徒指導主事、リード教員、Q Comp担当教員は、客観的で正当な評価の実施が求められるため、年に一度、学区による評価者トレーニングを受けなければならない。評価者

資料3-1　試用期間教員の評価シート

●●学区270
効果的な教育実践のための枠組み
非テニュア教員評価

教員：●●●●●　　　　　　　　　　　　評価日：4/16/10
管理者：●●●●●　　　　　　　　　　　学校：●●●小学校
クラス：Reading ELL.

N＝測定なし　　U＝不可　　B－可　　P＝良　　D＝優

領域1　計画と準備　　　　　　　　　　　能力レベル

Year	項目	N	U	B	P	D
Year 2	1a：教科教授法に関する知識を活用する	N	U	B	P	D
Year 2	1b：生徒に関する知識を活用する	N	U	B	P	D
Year 1	1c：適切な教育実践目標を選定する	N	U	B	P	D
Year 3	1d：リソースに関する知識を活用する	N	U	B	P	D
Year 1	1e：論理一貫した教育方策を定める	N	U	B	P	D
Year 3	1f：生徒の能力を適切に把握する	N	U	B	P	D

評論／観察：●●は、言語や読解力を高めるための話を読み聞かせていた。同教員は生徒によく語彙を見せ、本文の中でそれらの例を見つけさせたり、同義語や反義語を確認させていた。いつも教室中をうまく使って授業を行っている。例えば、方向に関する語彙を含んだ指示を理解するというテーマの授業では、教室中に絵を貼り、指示に従いながら生徒にみつけさせるというゲームを取り入れていた。その間、教員は指示だけ出し、テーブルの下に隠れ生徒を見守っていたが、生徒は時間はかかりながらも、教員の指示を理解し、行動することができた。生徒は積極的に教員の与える活動に関わっており、また同教員は、短時間に生徒の理解を深めるために、いくつもの指導手だてを活用しており、評価できる。

評価－長所：十分に準備された読解活動を生徒に提供しており、適切なペースで授業を進めていた。その日の学習活動へ生徒を導く導入部分もよかった。当該教員は新しい語彙を紹介し、生徒が彼らの経験や知識からそれらを定義できるよう支援していた。また、新しい語彙を覚えさせるために視覚的映像を活用していた。

領域2　クラス環境づくり

Year	項目	N	U	B	P	D
Year 1	2a：威厳を維持し信頼関係を構築する	N	U	B	P	D
Year 3	2b：学習のための雰囲気を創造する	N	U	B	P	D
Year 1	2c：授業づくり	N	U	B	P	D
Year 3	2d：クラス経営	N	U	B	P	D
Year 2	2e：生徒をまとめている	N	U	B	P	D

評論：●●教員の教室はきちんと整理されており、生徒の作品が壁に貼られている。生徒同士は互いに協力することに慣れている。当該教員は、選択的な指導に長けている。

評価－長所：生徒は一度授業が始まるとするべきことをわかっている。当該教員は活動の細部にまで気を配っている。それぞれの指示に対し、期待する重要な理由を説明している。また、授業の流れの中で、重要で広げるべき話題と簡単に流すべきことをしっかり理解している。生徒は授業に集中し、互いに楽しんで活動している。

出所：インタビュー時入手資料より筆者邦訳

トレーニングは学区のQ Compコーディネーターが各学校を訪問する形式で提供されている。

また、リード教員、Q Comp担当教員に対しても能力評価が実施されるが、その際活用される能力スタンダードは、他の教員同様四つの領域で構成される評価スタンダードが利用される。しかし要求される規準は4段階評価のうちの3の「熟達段階（proficient）」以上である。

⑤教員報酬の構成要素

既述のように、新しい教員報酬システムは、60％以上の教員の報酬の増加を保障しなければならない。この規定に基づきQ Compでは、能力報酬と追加報酬の2本立ての報酬システムを創設しており、教員は基本給に加え能力に応じた報酬が提供される。ローズビル学区の場合、平均的給与（およそ5万ドル／年）に加え、以下に示す報酬システムを実施している。

能力報酬は四つの要素で構成されており、最大で2,000ドル／年を受け取ることができる。その内訳は以下のとおりである。

- 教員評価においてスタンダードを満たす場合、1,100ドル（55％）の報酬
- 個人の職能開発プラン達成時、300ドル（15％）の報酬
- グループ目標達成時、300ドル（15％）の報酬
- 学校目標達成時、300ドル（15％）の報酬

つまり、教員は個人として教員評価の結果に加え、個人目標の達成状況に応じて能力報酬を受け取ることができるが、グループ目標や学校目標に関してもそれらの達成に応じて、報酬を受け取ることができる。

一方追加報酬は、リード教員、Q Comp担当教員に提供されるものである。多様な役割を担うリード教員は、トレーニング等への参加など時間外勤務に対する報酬として各教員の給与スケジュールに基づき40時間分／年の追加報酬が提供される。また、業務の責任に対する報酬として1,612ドル／年、加

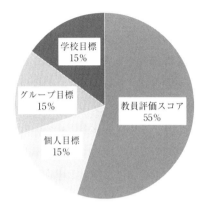

図3-2　Q Comp の能力報酬の内訳

えて教員評価に基づく能力報酬として最大2,000ドル／年まで提供される。

また、Q Comp 担当教員は、リード教員同様、給与スケジュールに基づく40時間分／年の追加報酬、職務の責任報酬として994ドル／年、また能力評価によって最大2,000ドル／年の能力報酬を受け取ることができる。

(6) The Quality Compensation Program for Teachers の特徴

　Q Comp は、教員評価・報酬制度をめぐる動向の中で、これまであまり議論されていない教員の能力をどのように測定するかという能力評価方法に関して、「複合的で公正な評価ツールの活用」を積極的に図り、説得的努力を払っている点が特徴的である。教員評価の際、教員の能力の定義は重要な要素だが、Q Comp では、教員の能力はインプットとアウトプットの両側面から広義に捉えられている。例えば、能力スタンダードに基づく指導能力の測定は教員能力のインプットの側面を、また担当の生徒の到達度や学校全体の到達度、教員グループの到達度の測定はアウトプットの側面を評価しており、教員の能力を多様な側面から評価することで、被評価者の評価に対する納得・信頼性を得ようとしている。

また、教員評価の際に重要となる評価者の質保証にも腐心しており、この点も看過できない。評価者にトレーニングを提供し、教員のメンターや支援者である教員リーダーを評価者メンバーに加えることで、管理職だけでなく複数の評価者による評価が可能となる。また、教員の立場に近い教員が評価に加わることで、評価結果の納得性や妥当性を高めようとする姿勢も窺える。加えて、研究成果に基づき、州や自治体単位で統一の信頼性の高い体系的な能力評価基準が作成されている点も極めて特徴的である。

　一方、教員報酬制度は、動機づけに関する理論に基づいて創設されてきた。特に、メリット・ペイやキャリア・ラダーなど過去の失敗を踏まえ、これまでの期待理論、公平理論、職務充実理論の三つの理論に加え、組織報酬理論が提唱され、新しい教員評価・報酬制度が教員個人に対するものだけでなく、教員組織全体の動機づけをねらいとするものである。Q Comp も同様に、上述の三つの理論に加え、組織報酬理論が融合されたシステムである。特に、組織報酬理論は、教員の組織への所属意識を高め、排他的競争心を軽減する効果が期待されるものの、教員個々への評価が見落とされ、教員個人の動機づけにつながりにくいとの課題も指摘されている。そこで、Q Comp では、学校全体で同じ目標を共有しながらも、学校組織、グループ組織、教員個人の三つのステージを設定し、それぞれの段階で評価を行っている。そして評価結果に応じて報酬を提供することにより、協働性を重要視しながらも、期待理論や公平理論に基づく個々の動機づけを可能にしている。また、職務充実理論に基づき、教員のメンターや支援者となる教員リーダーを創設し、優秀な教員に新しい責任と立場を提供することで、優秀な教員への動機づけも図っている。つまり、Q Comp は、四つの理論を融合させ、互いの課題を補い合い、効果的な報酬システムの提供を可能としており、この点は高く評価できる。

　従来の教員報酬制度は、報酬を個々の教員へ提供することで、教員の直接の動機づけを図り、個々の資質向上をねらいとするものであったが、Q

Compでは、報酬は職能開発システムを構築するための手段であり、組織的システムを通して、教員の資質向上を図ろうとするものである。つまり、報酬が、組織全体で職能開発を目指すことができる職能開発プロセス構築のための手段として捉えられている点はQ Compの最大の特徴であるといえよう。教員の一部には、学校やグループ目標を達成してもその報酬は十分でなく、気に掛けない者もいるようであるが、それでもなお、肯定的にとらえられる理由は、教員間の共同性の構築や職能開発への意識の向上を、教員自身が感じているからである。教員の資質向上を目指すならば、報酬提供だけではなく、職能開発のためのシステムを校内に構築することが必要不可欠であることを示唆している。

第5節　小括－教員評価制度の展開・発展－

　NCLB法における教育政策は、スタンダードとアセスメントに基づき、州や学区、学校に対してアカウンタビリティを果たすことを求めるものであり、その際、核となる要素として教員の質保証が重要視され優秀教員の育成と確保が強調された。具体的に、生徒の学力テスト結果をベースとする教育成果を教員の雇用や処遇に反映させる仕組み作りが各州に要求された。また、NCLB法の下、創設されたTIFプログラムは、優れた教員に適切な報酬を提供することで教員集団に競争的インセンティブを導入し、教職全体の質向上を図り、「優秀教員確保のためのインセンティブの導入を可能とする能力報酬に基づく給与システムの改革」を提案するものであり、教員報酬制度改革に焦点が当てられた。このような連邦教員政策は、「教員の教育成果測定の客観性と正確性を高め、成果に応じて専門職に見合った報酬を提供する」という理念が背景にあった。

　NCLB法下での政策理念を受け、各州の制度改革の推進には、専門職団体や先進的な学区によって示された具体的な改革モデルが重要な役割を果た

した。例えば、分析対象とした二つの州では、教員評価制度改革のプロセスの中で、TAPやProCompなどの教員報酬モデルが参照されており、これらのモデルの影響を受けながら制度改革が進められていた。つまり、連邦政府が改革に対する具体的な要件などの教員政策の方針を提示し、それを強制するのではなく、政策方針を具現化する専門職団体に対し財政支援を行い、それらの団体が開発した全米モデルが、各州において導入（参照）されるというプロセスで、連邦政策の推進を図っており、強制的な改革ではなく「自発的な改革」を期待する政策であったと言える。

また、各州での具体的な改革プロセスは、とりあげた二つの州で大きな違いが見られた。フロリダ州では、全米モデルを参照しながらも、州レベルでの制度改革を強制的に進めようとしたため、教育関係者からの同意をいかに得るかという点で苦慮する姿勢が伺えた。その結果、個人に対する報酬だけでなくグループなどの組織に対する報酬を提供することで協働性を維持しようとする工夫や、教員報酬制度を義務規定ではなく自発的なシステムとすることで、学区の自発性に任せるものとされた。また、生徒の学力成果に基づく成果報酬だけでなく、授業観察に基づく能力報酬など多様な報酬形態を提供することで、教員の同制度に対する納得度を高めようとする工夫が見られた。

一方、ミネソタ州では、自発的な改革プロセスが重要視された。まず、パイロットプログラムとして制度改革を実践し、その成果を測った上で、法整備を行った。また、各学区の裁量権を認め、強制的な改革ではなく、自発的な改革を促した点に特徴があった。具体的に、報酬を教員の職能開発を促すツールとして位置づけることで、職能開発につながる教員報酬制度改革が展開された。例えば、優秀な教員は教員リーダーとしての職位を提供され、新任教員だけでなく他の一般教員へのサポートも実施し、それに見合った報酬を受け取ることができる。下村が、1960年代の教員給与改革を教職の分化により見合った給与を提供しようとする専門職化であったと特徴づけていた[49]

が、ミネソタ州では学校組織の中に職階性を導入し、他の教員への職能開発支援などの新たな職責を提供し見合った報酬を提供することで、組織の中に職能開発の機能化を図る教員報酬制度が提案されている。ミネソタ州では、自律的職能開発をベースとする専門職としての力量を教員の効果性と捉え、このような力量形成を促すインセンティブとして報酬が活用されたといえる。

　ブッシュ政権による NCLB 法下において展開された教員政策は、スタンダードに準拠することで教育効果測定の客観性を高め、それに見合った報酬を提供し、競争的インセンティブにより教員の資質向上を先導し、教職の専門職化を図ろうとする点が特徴であった。しかし、SRI の研究結果が示したように、学力成果による単純な能力報酬システムの導入が、各組織で広まっていった訳ではなく、各州や各学区では経済的報酬をツールとして、教員の効果性に対する客観的で妥当な測定機能を強化し、学校組織全体の再構造化を図り専門職としての協働性の構築が促進されたと点は注目される。

1）高橋哲「NCLB 法制下の連邦教育政策と教員の身分保障問題」『アメリカ教育改革の最前線』学術出版会，2012年，146頁。
2）高橋，前掲書，151頁。
3）アイゼンハワー教師教育プログラム（Eisenhower Professional Development Program）はクリントン政権下において制定された IASA 法における教員政策（タイトル II）である。
4）CSR プログラム（P.L.105-277）は1999年から始まった連邦による学校支援プログラムである。
5）Hayes, William, *No Child Left Behind: Past, Present, and Future*, P & L Education, 2008, pp. 77-89.
6）プライスは、ジョージア州議会上院議員を4期つとめていた。連邦議会では、ヘルスケア質向上政策において主力として活躍しており、また、政府の無駄遣いに対する反対者であり、小さな政府と支出の削減を提唱していた。もともとは整形外科の開業医として20年近く働いていた。
7）Nomination of Margaret Spellings, *Hearing of the Committee on Health, Edu-*

cation, Labor, and Pensions United States Senate, 109 Congress, first session, 2005 Jan. 6th, p. 93.

8) *Hearings, before a Subcommittee of the Committee on Appropriations United States Senate*, 109 Congress, First Session, on H. R. 3010, p. 53.

9) 例えば、2002年度のタイトルII資金の学区の活用状況を調べた調査によると、資金の58％がクラス規模縮小のための教員の人件費に、25％が職能開発に活用されていることが明らかになった。また、残りの資金に関しては、資金の3％以上が単独のプログラムに活用されていないことが判明した。

10) 2010年に、TIFは改善され、第3回目の募集が行われたが、本報告書は中間報告として出されたものである。

11) U. S. Department of Education, *Teacher Incentive Fund: First Implementation Report*, 2006 *and* 2007 *Grantees*, SRI international.

12) 30機関の詳細は明らかにされていない。

13) the Center for Educator Compensation Reform (CECR) website

14) Milken Family Foundationとは、1982年に、主に教育分野と医療研究分野を中心に、人々の生活をサポートする人達を支援する効果的な方法を見出すことを目的とし、Milken兄弟 (Lowell and Michael Milken) によって設立された財団法人である。

15) ブロード財団 (The Eli and Edythe Broad Foundation) は、Eli BroadとEdythe Broadによって1999年に設立された財団である。都市学区の公立学校に通う全ての生徒に成功する機会を提供することをミッションとしている。

16) TAPを採用する州は、2008-2009年度時点で、Arizona, Arkansas, Colorado, Illinois, Indiana, Louisiana, Minnesota, North Carolina, Ohio, Pennsylvania, South Carolina, Tennessee, Texasの13州とD. C.であり、TAPを採用するTAP学校は、Individual Charter Schoolsと合わせると219校にのぼる。なお、ミネソタ州のように、TAPをベースとしながら別の名称で導入されたシステムは、算定されていない。導入初年度は全体で14校であったことを考慮すると、近年の増加率は高く、2005-2006年度が51校、2007-2008年度が150校であり、TAPに対する需要が全米に広がりつつあることがわかる。

17) 形成的評価は、学習プロセス段階で学習者がどれだけ習得できたかを評価し、評価者はこの情報に基づき指導プランを変更し、学習者の欠点を補充するような指導を行う、というものである。形成的評価に対し、総括的評価も存在する。総括的評価とは、学習指導の終了後に、学習者が最終的にどの程度の学力を身に付けたかを

決める評価である。
18) ミドルリーダーは、一般的にマスター教員、メンター教員の2種類で構成される。なお、ミドルリーダーの名称や役割は州や学区によって異なる。後述するミネソタ州は、ミドルリーダーとして、リード教員、Q Comp 担当教員を創設している。
19) Charlotte Danielson & Thomas L. McGreal, *Teacher Evaluation to Enhance Professional Development*, ASCD, 2000.
20) Darling-Hammond, Linda, Ruth Chung Wei, Alethea Andree, Nikole Richardson, and Stelios Orphanos, *Professional Learning in the Learning Profession: A Status Report on Teacher Development in the United States and Abroad*, NSDC, 2009.
21) Elmore, R. & Burney, D. *Investing in Teacher Learning: Staff Development and Instructional Improvement in Community School District#2*, New York: National Commission on Teaching & America's Future & the Consortium for Policy Research in Education, 1997.
22) Fullan, Michael, and Hargreaves, Andy, *Professional Capital: Transforming Teaching in Every School*, Teachers College Press, 2012.
23) Odden, A. & Kelley, C. *Paying teachers for what they know and do: New and smarter compensation strategies to improve schools*. Thousand Oaks, CA: Corwin Press, 1996.
24) Joan Baratz-Snowden, The Future of Teacher Compensation, *Center for American Progress*, 2007 Nov. p. 6.
25) 市場奨励策とは、教員不足が深刻な教科や学校の教員に対し、奨励金を提供することで、教員不足問題を解消しようとする政策である。
26) Baratz-Snowden, J. *op. cit.*
27) Florida State Statutes, Title XVI, § 231.29, 1997.
28) Florida State Statutes, Title XVI, § 230.23, 1998.
29) Florida Board of Education, *Minutes*, October 24, 2002.
30) Florida Board of Education, *Minutes*, October 24, 2002.
31) Florida Board of Education, *Minutes*, May 17, 2005.
32) Florida Board of Education, *Minutes*, March 21, 2006.
33) 学区が規定に従わない場合、州による教育財源を差し止めることが可能である旨が示された。
34) Jeffrey, Max, *The Evolution of Performance Pay in Florida*, Center for Educa-

tor Compensation Reform, 2007 p. 22.
35) Florida Board of Education, *Minutes*, May 16, 2006.
36) Jeffrey, M. *op. cit.*
37) The Florida Senate, *Professional Staff Analysis and Economic Impact Statement*, March 15, 2007, Florida State Statutes, §1012.225.
38) Florida House of Representatives, *Merit Award Program*, Education Fact Sheet 2010-2011.
39) OECD, *Evaluating and Rewarding the Quality of Teachers: International Practices*, OECD Publishing, 2009, p. 39.
40) Minnesota Department of Education, *Handbook of the Quality Compensation Program*.
41) 同州では、Q Comp 以外にも教員報酬制度の実施を認めているため、州法では、"Alternative Teacher Pay" という名称が使用されていた。ただし本項は、2016年に削除された。
42) ミネソタ州 Saint Francis 学区
43) 1．教科内容 2．生徒理解 3．多文化教育 4．指導方策 5．学習環境 6．コミュニケーション 7．指導計画 8．評価 9．省察と職能開発 10．協働性の10項目
44) 州は、Q Comp にミネソタスタンダードを活用させることで、Q Comp と教員免許更新制度の一本化を図っている。
45) シャーロット・ダニエルソンにより開発された専門職スタンダードである。詳細は次章で取りあげる。
46) Roseville 学区の取り組みが特徴的であるというわけではなく、ミネソタ州の代表的な取り組み例として、同学区を取り上げている。
47) 形成的評価は、学習プロセス段階で学習者がどれだけ習得できたかを評価し、評価者はこの情報に基づき指導プランを変更し、学習者の欠点を補充するような指導を行う、というものである。形成的評価に対し、総括的評価も存在する。総括的評価とは、最終的にどの程度の学力を身に付けたかを決める評価である。
48) The District 623 Educational Development Center.
49) 下村哲夫『アメリカ合衆国における教員給与制度の研究』学陽書房，1980年，530頁。

第4章　教員評価制度の今日的様相
——オバマ政権下における教育政策の影響——

　2002年に制定された No Child Left Behind Act of 2001（NCLB）法は、州統一学力テストに基づくアカウンタビリティ・システムの創設を各州に要求するものであったが、オバマ政権の発足以降、矢継ぎ早に打ち出された教育政策も、NCLB法の法的枠組みを前提として実施された。本章では、オバマ政権下における教員政策の下で、各学区が教員評価制度をどのように展開しているのか、その今日的様相を明らかにする。

第1節　教員評価制度をめぐる連邦政策の概要

(1)オバマ政権下における教育政策の概要

　オバマ政権における一連の教育政策は、オバマ大統領が政権公約として示したオバマ・バイデン改革プランに基づくものである。同プランでは、「NCLB法の改正」「就学前教育への重点投資」「教員政策」「学校管理職への支援」「科学・数学教育の重視」などの九つの事項が主な課題として掲げられ、十分な財政投資とともに大々的な教育改革の実施が発表された。オバマ大統領は当選後の2009年7月に公約を果たすべく、「頂点への競争（Race to the Top：RTTT）」プログラムを発表した。RTTTは2009年にオバマ政権によって調印された「アメリカ復興・再投資法（American Recovery and Reinvestment Act：RAAR）」を法的根拠とするプログラムであり、RAARを原資とする「州財政安定化基金」の中から総額43億5,000万ドルがあてられた。これらの基金は競争的資金化され、各州は資金獲得競争に参加する場合、連

邦が示す基準に基づく教育改革プランを提示することが求められた。

RTTTは、連邦教育省より予算獲得のための選考基準があらかじめ提示され、到達度の高い州が予算を獲得できるようになっている。また、選考基準にはそれぞれ配点が決められており、配点の高さで項目ごとの重みづけが行われている。示された選考基準は、(A) 成功要因 (125点)、(B) スタンダードとアセスメント (70点)、(C) 教育をサポートするためのデータシステム (47点)、(D) 有能な教員と校長 (138点)、(E) 低学力校のターンアラウンド (50点)、(F) 一般事項 (55点) の六つ (総計500点) である。表4-1に示した選考基準の配点からわかるように、RTTTの特徴は教員関連政策に重点が置かれた点にある[1]。

当初連邦政府は、採択されたいずれの州も2億から5億ドルの資金を獲得することができるとしていたが、最終的な指針では、獲得できる資金が州の人口規模に応じて五つのカテゴリーに分類された。3.5億から7億ドル、2億から4億ドル、1.5億から2.5億ドル、6000万から1.75億ドル、2000万から7500万ドルの5段階であったが、州の規模や学区教育機関の参加の程度、プラン内容などの要素も含めて決定することが示された。また、募集は2回に分けて行われ、1回目の締め切りは2010年1月19日に設定され、準備が間に合わない州は2回目に申請することもできた。また、1回目の敗者も再度申請可能とされた。審査は、各州が提出した申請書に基づき実施される書類審査と、書類審査で選ばれた最終候補者へ課せられるプレゼンテーション審査で実施された。第1回、第2回を併せて、46州とD.C.が申請を行い、最終的に11州とD.C.が予算を獲得した[2]。その後2011年5月25日に、追加予算により、第2回の最終候補者9州を対象とした3回目の申請が発表され、さらに7州が予算を獲得した[3]。

このように、各州は申請の段階で連邦基準に沿った改革プランの作成を要求されたため、予算獲得の有無に関わらず申請に関わった州は、連邦による教育政策に基づき教育改革を進めなければならなかった。その一方で、申請

表4-1 Race to the Topプログラム選考基準

選択基準項目		配点	
A	成功要因	125	
B	スタンダードとアセスメント	70	
C	教育をサポートするためのデータシステム	47	
D	有能な教員と校長	138	
	(1)意欲的な教員と校長になるための質の高い経路の提供		21
	(2)成果に基づく教員と校長の効果の改善		58
	(3)効果的な教員と校長の適切な配置の保証		25
	(4)教員と校長の養成プログラムにおける効果の改善		14
	(5)教員と校長への効果的な支援の提供		20
E	低学力校のターンアラウンド	50	
F	一般事項	55	

(2)成果に基づく教員と校長の効果の改善	(Ⅰ) 生徒の学力向上を正確に測定するための測定方法を確立させ、各生徒の正確な学力を測定すること
	(Ⅱ) 主な評価指標として生徒の学力を活用した多様な指標に基づく、教員と校長の評価システムの創設と実施、さらにそれらの評価システムは教員や校長と共同で創設すること
	(Ⅲ) 教員と校長の評価は年1回実施し、評価結果に基づいて建設的なフィードバックを提供すること
	(Ⅳ) これらの評価は、コーチングや新任教員へのサポートなどの教員と校長の力量形成の際や、教員や校長への報酬の提供や昇進、留任などの決定の際、改善見込みの低い非効果的な教員などの解雇を決定する際に活用すること

出典：U. S. Department of Education, Race to the Top Program Executive Summary (2009) より筆者作成

するかどうかは州の任意であるため、申請に参加しない州もあった[4]。

そこで、次に実施されたのが NCLB 法の責務遂行免除 (waiver) である[5]。これは、ESEA 法 §9401に基づき、各州が NCLB 法上の義務の免責を申請できる仕組みである。各州は責務遂行の免除を受ける際には、連邦教育省が示す一定の条件に従うことが求められた。具体的に、緩和を求める州政府は、申請書を提出した上で審査を受ける。そして、連邦教育省が示した四つの「原則 (principles)」に沿った遂行可能な教育改革プランを示した州のみが免責を認可される仕組みである。示された原則は、①全ての生徒が大学・就職への準備教育を完了、②州が作成するタイプ分けされた認証[6] (differentiated recognitions)、アカウンタビリティ、支援、③効果的な教育活動とリーダーシップへの支援、④重複する負担や不必要な負担の軽減の四つであった。つまり、2014年度までに NCLB 法の準拠規定を遂行できる州はほぼなかったため、実質的には全ての州において準拠規定を免除される代わりに、連邦の求める項目に従い改革を進めなければならなかった。RTTT プログラム下において、多くの州が連邦の示す教育改革を進めたが、さらに NCLB 法責務遂行免除政策によって、「取りこぼし」なく全ての州に連邦政府主導の教育改革を波及させることが可能となった[7]。

一連のオバマ政権による教育政策は連邦教育省の「集権化」政策として特徴づけられる。ブッシュ政権のもと成立した NCLB 法を発端に、州に対する学力向上施策が義務付けられ、連邦統一のアカウンタビリティ・システムの構築が進められてきた。オバマ政権による一連の教育政策は、「州法の壁」に守られ遅々として進まない州の取り組みに対し、「報償と罰」に基づき財政施策を利用して改革を進める「集権的」な政策であった[8]。

(2) Race to the top における教員政策

RTTT プログラムの教員政策に関する「(D) 有能な教員と校長 (138点)」項目には、以下の五つの中項目が設定されている。(D)(1)意欲的な教員と

校長になるための質の高い経路の提供(2)成果に基づく教員と校長の効果の改善(3)効果的な教員と校長の適切な配置の保障(4)教員と校長の養成プログラムにおける効果の改善(5)教員と校長への効果的な支援の提供、の五つである。中でも(2)は、生徒の学力向上度で教員の成果を測定し処遇を結びつける教員評価制度の創設を求める項目であり、その配点は（D）項目の中で最も高い（表4-1参照）。

そして、各項目には、さらに下位項目が設定されている。たとえば、（D）(1)意欲的な教員と校長になるための質の高い経路の提供」では、教員と校長の免許付与に関して、伝統的な教員養成機関以外でのオールタナティブルートの創設を要求している。また（D）(3)効果的な教員と校長の適切な配置の保障では、貧困層やマイノリティ層学区の子どもたちへ効果的な教員や校長を公正に配当することを保障し、また教員不足領域に効果的な教員を補充することが示されている。さらに（D）(4)教員と校長の養成プログラムにおける効果の改善では、生徒の学力向上度を各教員や校長の能力と連結させ、さらにそれらを教員の養成機関の評価とリンクさせることを要求している。(D)(5)教員・校長への効果的な支援の提供では、生徒の学力データを教員の職能開発やコーチングに活用することが規定されている。

教員評価に関する政策は、(D)(2)成果に基づく教員と校長の効果の改善に示されており、その配点は5項目の中で最も高い。さらに、表4-2に示すように、四つの下位項目が設定されている。まず（Ⅰ）生徒の学力向上度を正確に測定するための測定方法を確立させ、各生徒の正確な学力を測定すること、が求められ、さらに（Ⅱ）主な評価指標として生徒の学力を活用した多様な指標に基づく、教員と校長の評価制度の創設と実施、さらにそれらの評価制度は教員や校長と共同で創設すること、が示された。また、（Ⅲ）教員と校長の評価は年1回実施し、評価結果に基づいて建設的なフィードバックを提供すること、とされた。また、（Ⅳ）これらの評価は、コーチングや新任教員へのサポートなどの教員と校長の力量形成の際や、教員や校長への報

酬の提供や昇進、留任などの決定の際、改善見込みの低い非効果的な教員などの排除を決定する際に活用される。

このように、生徒の学力向上度のデータを教員と校長の効果を特定する際の重要な要素として活用することが義務づけられた。さらに、評価結果の活用について、報酬や昇格などの処遇やテニュアの付与、解雇など人事管理や身分保障に関する事項にまで活用することを要求した。つまり、生徒の学力向上度を測定するための装置を構築させ、教員に対し生徒の学力向上度という明確な教育成果を測るための評価制度の整備を各州に要求したのである[9]。

(3) NCLB法責務遂行免除

州に対して学力向上施策を義務づけるNCLB法は、その達成可能性について当初より疑問視されていた。そこで2011年、連邦教育省よりESEA緩和（flexibility）政策が発表され、NCLB法の責務遂行からの免除（waiver）を受けるための条件が提示され、各州が一定のNCLB法上の責務遂行免除を申請できる仕組みが作られた。緩和を求める州政府は、申請書を提出した上で審査を受け、連邦教育省が示した「原則（principles）」に沿った遂行可能な教育改革プランを示さなければならない。「原則」は四つあり、その一つが「原則3：効果的な教育活動とリーダーシップへの支援」とする教員・校長評価の開発・実施を求めるものであった。具体的な内容として、①継続的な能力改善への活用、②3段階以上の能力区分の設置、③能力レベルを決定する際の多様な評価尺度（multiple measure）の活用、全ての生徒の成長度に関するデータを評価の主要素として利用し、教員の能力スタンダードに基づく観察や教員ポートフォリオ、生徒や保護者への調査などの多様な情報を通した専門的力量の測定を含めること、④教員と校長の定期的な評価、⑤改善点や力量形成のための指針などに関する明確で適切なフィードバックの提供、⑥人事管理への活用、の6項目が示された。特に、全ての生徒の学力向上度を主要な指標とする評価の利用や、人事上の決定における情報としての評価

結果の活用は、RTTTにおける教員政策をそのまま引き継ぐものであった。2013年12月の時点で、42州とワシントンD.C.が緩和を受けており、現在3州が審査中である[10]。NCLB法の義務を遂行できる州はなかったため、実質的にほとんどの州が緩和を受けることになった。

RTTTにおいて、連邦の示す教育政策に基づき多くの州が教育改革を進めたが、申請するかどうかは州の任意であったため、参加しない州や離脱する州も存在した。しかし、連邦はNCLB法の責務遂行免除施策を打ち出すことによって、ほぼ全州で連邦の意図する教育政策を取り込ませることに成功したと言える。

⑷付加価値測定(Value Added Measures)の特徴

RTTT政策では、生徒の学力成果の測定が一つのキーワードとして示され、妥当性の高い算定方式として付加価値測定(Value Added Measures：VAM)を用いた教員の教育成果測定の導入が進められた。VAMとは、生徒のテストスコアの伸び率に対する教員の影響度を直接的にまた客観的に測ることをねらいとした測定であり、教員の業績(job performance)を測定する方法として注目されている。VAM測定モデルはインプットにおけるクラス間の差異を統計的に調整するためにデザインされ、残りの差異が生徒の達成度に対する教員の影響を示すものとして利用されている。RTTT政策では、VAMを教員評価指標の50％以上として採用することが示され、評価結果は教員の人事管理や雇用決定、給与に関連づけることが求められている。

ダーリング・ハモンドは、教員評価においてVAMの利用が求められる背景には、以下の要素が関連していると指摘している。標準化テストで測定されるような生徒の達成度(student achievement)に教育的に重要な結果をもたらす教員の効果には、大きな差異(variation)がある。これまで教員の教育効果の差異は、免許の種類や経験年数、取得した学位によって得られるものであると考えられ、それらに基づき、多くの州や学区が教員の雇用適格性や

報酬の決定を行ってきた。現在の教員評価は教室間で達成される学習の重要な差異は考慮されておらず、これらの差異を考慮しない教員評価は、テニュアや昇進、報酬などの人事決定においてほとんど重要な役割を果たさないとの批判がある。それに対し、VAMによる測定は、教員の教育効果に関する正確な情報を提供しようとするものであるとの認識が広まっている。

教員評価におけるVAMの導入をめぐり、これまで多様な議論が展開されてきた。例えば、AFT代表のランディは教員評価指標の一部としてのVAMの活用には賛同していない[11]。また、校長を対象とするVAMの活用に関する調査[12]によると、校長らは教員の雇用決定を行う際に、自身の観察によるデータを信頼し、VAMや生徒の成長度に関する測定値は重要視していないことが明らかにされている。さらに、全米教育学会(American Educational Research Association)の発行するEducational Researcherでは、2015年3月号においてVAMの特集が組まれ、VAMに関する研究動向をまとめている。特集のとりまとめを担当したハリス(Harris, Douglas N.)らは、特集のねらいとして、VAMの妥当性や信頼度に関する研究には一定の蓄積があるが、VAMを教員評価、テニュア、報酬などに関連づける政策が教授(teaching)や学び(learning)にどのような影響を及ぼすかの分析がこれまで不十分であったと述べ、VAM政策の教員や生徒に与える影響を分析する必要があることを述べている[13]。

バロウ(Ballou, D.)とスプリンガ(Springer, M. G.)は、これまで実施されてきた評価手段(instruments)は完全なものではなく、全ての評価制度は不完全な測定の集合体であると述べ、VAMの効果的な活用の可能性を探っている。VAMを利用した教員評価は、測定によって引き起こる誤差(measure errors)を考慮したシステムでない点に問題があることを指摘し、特に、教員能力の総括評価としてVAMを利用する際には、測定による誤差に対応する方法を考えなければならないと主張する。具体的に、教員の能力測定が平均を超えているかを判断するためにVAM測定を活用し、さらなる措置をと

る根拠があるかどうかを決定するというニューヨーク州が実施する2段階アプローチを提案している。

　ゴールドハバー[14]（Goldhaber, D.）は、VAMが教員の質に影響を与える多様なメカニズムを検討した上で、VAMの持つ可能性について述べている。教員の能力測定を雇用決定や給与などの決定に利用する掛け金の高い（high-stakes）方法の多くは、教員の労働市場における雇用関係に根本的な変化を引き起こすが、具体的な影響については不透明であると指摘している。またVAMについて、VAMで得られる情報の価値と測定の活用を分けることが必要であるという。VAMの情報は、教員が能力改善のためにどのようなトレーニングを受けるべきであるか、またどのような実践が生徒の学力向上につながるかなどを把握する際に有効である。しかし、VAM測定値を人事管理や給与の決定に活用することを求めることは別の問題があり、慎重にその影響を分析する必要があると述べている。

　また、ジャン（Jiang J. Y.）らは[15]、シカゴ学区の教員を対象に、今日の教員評価改革に対する教員の認識に関する調査を実施した。その結果、リーダーシップや専門職共同体（professional community）の認識につながる評価については肯定的に捉えている教員が多いことを明らかにしている。その一方で、VAMを利用した生徒の成長度を評価指標として活用することに対しては、まだ懐疑的な教員が多い。その理由として、VAMにどのような教育学的意義があるか明らかにされていないこと、統計的に信頼性が保障されていないこと、テスト対象外の教科や学年の生徒の成長度の測定に対するコンセンサスがとれておらず公平性が保障されていない点をあげている。

　このように、連邦政府が進めるVAMの教員評価への活用に関して、総じて教員の人事管理や給与への反映については、その影響が不透明であり慎重になるべきであると主張される。その一方で、VAMによって得られる情報は、教員の資質能力向上においては有益であり、教員の職能開発活動に効果的に活用できる可能性が示されている。

第2節　多様な教員評価モデル

(1)自律的専門職化を促す教員評価モデル

　連邦政府が、各州に対して、教員評価制度の改革を強力に進める中で、専門職団体や研究者らから多様な教員評価モデルが提案された。

①ラヴィッチによる協働性を重視した教員評価モデル
　2002年に成立したNCLB法以降、連邦は各州に教育目標及び教育スタンダードの設定を要求し、また学力テストを通じて教育のアカウンタビリティの保証を求める教育政策を実施してきたが、オバマ大統領就任以降も、同様の連邦教育政策が進められてきた。特に、教員政策については、一貫して「優れた教員の評価制度」の創設が提唱されている。このようなオバマ政権の教員政策に対し、学者の中から、批判する声も上がっている。
　ラヴィッチ（Ravitch, D.）は、ジョージ・W・ブッシュ（Bush, George W.）政権時に、教育副長官を務めた人物であり、教育にテストを中心とするアカウンタビリティ政策を積極的に導入した張本人である。ラヴィッチは自身の推進してきた教育政策に対し、「私はかつて、テスト、アカウンタビリティ、選択、市場の有する潜在的可能性に望みを持ち夢中にさえなってきたが、今は、このような考えに対し深い疑念を抱いていることに気付いた[16]」と自身の考えが間違えであったと述べている。そして、NCLB法以降進められてきた「アカウンタビリティと選択」に基づく教育政策に対し、それが学校に対し高いテストスコアを要求するものであり、カリキュラムや教育スタンダードの改善など教育の本質的改善を求めるものではないと批判した。
　オバマ政権によるRTTTに対しては、「NCLB法による政策方針を引き継ぎながら、さらに生徒のテストスコアによる教員評価制度の導入を広く進

める」点に特徴があり、テストスコアに過度の比重を置くことは教育の質に害を及ぼす」結果を招くことになると批判的な姿勢を示している。ラヴィッチは、これらの教員政策は、経済学者のハヌシェク[17]（Hanushek, E.）が提唱する「教員は、その大部分を"能力"に基づいて裁かれる―報酬を受け取るか解雇されるか―べきである。」との理論に基づくものであったと分析する。ハヌシェクは、VAMにおいて最低評価（lowest）を受ける5-10％の教員の排除を提唱しており、これらの教員の排除が教育の改善につながると主張している。これに対しラヴィッチは、以下のように批判している[18]。

> 優れた学校はチームワークに重点を置く。協働的な文化は、定期的な処分によって、恐怖や不安へと取って変わることになる。（中略）…それは教員と教員を対抗させることになる。さらにそれは、教員がテストスコアの上昇が見込めない支援を必要とする生徒やこれ以上上昇の見込めない優れた才能の生徒を避ける事態を引き起こすであろう。

集団としての教員の専門職性の向上については、フラン（Fullan, M.）も重要性を主張する人物の一人である。彼は、専門的資本という新しい概念を掲げ、この概念に基づいて時間をかけて教育や教員の専門性の向上に資する改革を進めるべきだと主張する。教育は容易なものではないとの認識から、専門的な知識や大学などの高等機関での養成、学校での十分な実践、共同で実施される長期にわたる継続的な成長が要求される。個人だけでなく集団としての教員の専門性の向上を高める政策をとるという立場になる。フランは、ビジネス資本アプローチに基づく連邦教員政策を批判し、専門職には専門的力量を身につけるための組織文化が必要であり、これらは教員の自律的専門職化を図るうえで基礎となる重要な概念であると、共同的な組織育成の重要性を主張している[19]。

このように、ラヴィッチやフランは、テストスコアへの過度の比重は、共同的職能開発を基礎とする教職の専門職性に弊害を与えるものであると批判する。教育成果を科学的に証明するためには測定尺度の妥当性の保証が必要

であり、ラヴィッチはこれまでの研究において、評価尺度（measure）の妥当性やVAMモデルに対する信頼性が保障されていないという結果が示されていることを懸念している。ただ、連邦政策によるテストスコアを活用した教育成果の科学的追求自体を否定しているわけではなく、定期的な観察や同僚評価、ポートフォリオの一部のデータとして考慮するべきである、とテストスコアの適切な活用を要求している。

②ダーリング・ハモンドの専門的力量形成のための教員評価モデル

ダーリング・ハモンド（Darling-Hammond, L.）は、連邦による教員政策を批判したうえで、教職の専門職化という視点から具体的な教員評価制度の在り方を論じている[20]。具体的に、連邦が示す教員評価は指導力不足教員を認定し排除することに焦点があてられており、十分に訓練され、教職生活を通した力量形成に従事する優秀な教員の供給を行わないと教職の専門職化の実現は行えない、とオバマ政権による教員政策を批判し、個々の教員の能力改善だけでは教育の質の抜本的な改善にはつながらないと指摘する。そして、教員の力量形成につながる教員評価制度の在り方について、教員評価制度を、教員個々だけでなく専門職のための継続的な成長をサポートする教授と学習（teaching and learning）の一部として捉える必要があると示した。

これらを踏まえたうえで、具体的に質の高い教員評価制度とは、州や学区の代表者や教員が共同で作成し、教員の力量形成につながる明確なアプローチを生み出すものでなければならないとされる。また、このようなシステム構築に必要となる五つの要素が提示された。①州統一の共通教育スタンダード：教育スタンダードは何を学ばないといけないかという生徒の到達目標であり、教員は生徒にどこまで習得させたか教育成果を確認するうえでも重要なものである。②連続した能力評価：新任教員からベテラン教員などそれぞれの能力レベルに応じて教員を評価する。③スタンダードに基づく学区の教員評価制度：学区の教員評価制度は、州の免許や資格システムと同様のスタ

ンダードに基づく継続したものと概念化をはかることで、教員の力量形成を強化する。④生徒の学力データの活用：教員の教育成果を教員評価指標としての活用を進める今日の動きはすべてが否定されるものではない。ただ、VAMだけでなく、教員の生徒への貢献度を測定するための公平な指標を確保するための多様な情報を活用する必要がある。⑤専門的力量形成への効果的なサポート：教員評価制度を専門的力量形成と実践に沿った学びの機会に活用することが重要である。評価を受けるだけでは、教員の力量形成にはつながらない。また、生産性のあるフィードバックは学ぶ機会を得ることに伴って可能となる。専門的力量形成は、教員間の共同関係を築く必要がある。共同関係を作るためには、教員間で観察しフィードバックを提供し合うという単純な方法が有効的である。このような五つの要素を満たす教員評価制度が示されている。

　さらにダーリング・ハモンドは、具体的な能力評価の際の評価指標について以下のように提案する。①実践の中で教育を捉えること：授業の観察を通して、教室の中で、教員と生徒が教育目標を達成するために何をしているか把握する。②生徒の知識を活性化させ、生徒の学習プロセスを支援する適切なステップを創設し、生徒が知識を応用し適切なフィードバックをもらい、次の改善へとつなげられる機会をつくっているなどの、教員の教育成果につながる教育活動を観察し、評価する。③子どものニーズや教科のタスクを満たすための教員の意図や方策を分析する。④教育成果を表す生徒の学習成果（work）や成果の改善を促す教員のフィードバックや支援などを評価することによって、生徒の学習成果と関連付けて教員を評価する。⑤教員の実践力、指導戦略（strategies）、成果を評価するための、能力レベルに応じた能力スタンダードに基づく評価指標（rubrics）を活用する。

　このように、ダーリング・ハモンドは専門的力量形成のための教員評価制度の在り方を具体的に提案する。なかでも、教員の評価結果に基づいて共同支援体制をつくり、評価制度を通して組織の育成を提案している点は重要で

ある。また、能力評価に関しても、生徒の成長度などの成果のみに着目するのではなく、教員の有する能力を多面的に捉えるための多様な評価指標を示している。

　ラヴィッチが指摘したように、オバマ政権の教員政策は、NCLB法で提唱された理念を受け継ぐビジネス資本アプローチに基づくものであり、教員の自律的専門職化を考慮したものではないと批判する声は多い。連邦政策として、生徒の学力向上に帰着する教員の教育成果の追求とそれに対するアカウンタビリティが要求される一方で、フランやダーリング・ハモンドらを中心に、教員間の共同支援体制の構築や多様な評価指標の活用による自律的専門職化を目指した教員評価制度が提案され、その改革が進められた。

(2)ダニエルソンによる教員評価枠組み (Framework for Teaching)

　多くの州が教員評価制度を創設する際に参考とする評価枠組みの一つに、教育実践家であるダニエルソン (Danielson, C.) が開発した「Framework for Teaching (FFT)[21]」がある。ダニエルソンは、優れた教育実践について、明確で効果的な会話を繰り広げるツールとして、その評価枠組みを提唱した。

　専門的力量の枠組みを創設する必要性について、ダニエルソンは、専門職のメンバーが高度な実践力スタンダードを互いに満たしているという公的な保障 (public's guarantees) になること、また、教員個人の実践だけでなく、専門職コミュニティとして役に立つものあることを主張している。ダニエルソンモデルの枠組みは、新任教員のニーズを満たすことからベテラン教員の力量を高めることまで、広範囲な目的で利用されることが企図されている。そうすることで、教員がキャリアのロードマップを描くのを容易にし、共有される教員の力量を構造化することをねらいとする。

　FFTの起源は、1996年にスーパーヴィジョン・カリキュラム開発協会 (the Association for Supervision and Curriculum Development：ASCD) が出版した『専門職実践の向上：教員能力の枠組み (Enhancing Professional Practice: A

Framework for Teaching)』を初めとする。同枠組みは、免許授与を目的として実施される1年目教員の観察に基づく評価である Praxis III: Classroom Performance Assessments を Educational Testing Service（ETS）が開発する際に実施した研究成果の副産物として出されたものである。FFT は、22 の各要素に四つの能力レベル（unsatisfactory, basic, proficient, and distinguished）が規定された優れた教育実践を包括的に捉えた枠組みとして、新任教員だけでなくベテラン教員にも適用され、教員や学校管理者、政策決定者、教育専門家に広く取り入れられた。最初に1996年版が示されその後、2007年、2011年、2013年にそれぞれ改訂版が出されている。ASCD は、教育者の力量を高め学習者の成功をサポートするための革新的なプログラムや生産物、サービスを開発し伝達するグローバルリーダーとして、1943年に設立された。ASCD は125,000人のメンバー、56の支部組織で構成され、非営利で多様かつ超党派のメンバーで構成されているのが強みである。ASCD は、教育者が成長する際に重要となる職能の開発や能力の形成、さらには教育的リーダーシップを発揮する際の専門的で革新的な方法を提供している。

2007年改定モデルは、Enhancing Professional Practice: A Framework for Teaching として ASCD より出版されている。1996年版との差異は、学校図書館司書、保健教諭、カウンセラーなどの教科担当以外の専門家の枠組みも提供した点である。2007年改定モデルは、表4-2に示す4領域22の要素で構成されている[22]。

(3) マルザーノ（Marzano）による教員評価枠組み

ダニエルソンモデル同様、教員評価モデルとして広く参照されているのがマルザーノモデルである[23]。マルザーノモデルは、生徒の能力向上に直接的に寄与する一連の教育実践を明らかにし、教員の専門性を生み出す四つの領域で構成されるものである。マルザーノモデルの特徴は、「領域1：授業実践力と行動」「領域2：計画と準備」「領域3：教育行為に対する省察」「領

表4-2 ダニエルソンによる教員評価指標モデル

領域①	計画と準備（planning and preparation）
1a	教科内容と教授法（pedagogy）に関する立証された知識 ・教科と規律の仕組みに関する知識 ・必須とされる関連づけの知識（単元と授業の組み立て方など） ・教科に関わる教授法の知識
1b	生徒に関する立証された知識 ・子どもと青年期の発達に関わる知識 ・学習プロセスの知識 ・生徒の技能、知識、言語習得の知識 ・生徒の関心と文化伝統の知識 ・生徒の特別なニーズに対する知識
1c	適切に定められる指導成果（setting instructional outcomes） ・価値、順序、配列 ・明確さ ・バランス ・学習者の多様性への適合性
1d	リソース（resources）に関する立証された知識 ・教室活用のリソース ・教科知識や教授法を広げるためのリソース ・生徒へのリソース
1e	一貫性のある指導の立案 ・学習活動 ・指導における資料と資源 ・指導グループ ・授業と単元の構造
1f	生徒評価の様式 ・指導成果との一致 ・規準（criteria）とスタンダード ・形成的評価の設計 ・プランニングの利用
領域②	授業環境（the classroom environment）
2a	信頼と調和（rapport）関係の構築 ・言葉や行動などを含めた生徒と教員のやりとり（interaction） ・言葉や行動などを含めた生徒間のやりとり

2b	学習文化の醸成
	・教科内容と学習の重要性
	・学習期待と到達度
	・作業（work）における生徒の自尊心
2c	授業進行（classroom procedures）におけるマネジメント力
	・指導における活動グループの管理
	・活動間の移行の際のスムーズさ（management of transitions）
	・材料（materials）と用品（supplies）の管理
	・教科指導以外の職務能力
	・ボランティアと教育補助者（paraprofessionals）への指導
2d	生徒行動の管理
	・生徒への期待
	・生徒の行動のモニタリング
	・生徒の不正行為（misbehavior）への対応
2e	物理的空間の構造化
	・安全性とアクセシビリティ
	・教具の配置と物理的資源の利用
領域③	指導力（instruction）
3a	生徒とのコミュニケーション
	・学習への期待
	・活動の方向性
	・学習内容の説明
	・話し言葉と書き言葉の使用
3b	発問とディスカッションスキルの活用
	・発問の質
	・ディスカッション技術
	・生徒参加
3c	生徒の学習への参加
	・活動と課題（assignments）
	・生徒のグルーピング
	・授業資料と教材
	・授業の構造と速度
3d	指導上のアセスメントの活用
	・アセスメント規準（criteria）
	・生徒の学習のモニタリング

		・生徒へのフィードバック
		・生徒の自己評価と進捗状況のモニタリング
3e		立証される柔軟性や対応力
		・授業の際の調整
		・生徒に対する応答
		・一貫性
領域④	専門職としての責任（professional responsibilities）	
4a		指導に対する省察（reflecting）
		・正確性
		・次の指導への応用
4b		正確な記録の管理
		・課題に対する生徒の達成度
		・生徒の学習の進捗度
		・教科指導以外の（noninstructional）記録
4c		家庭との連携
		・教育プログラムに関する情報の提供
		・生徒個人の情報の提供
		・教育プログラムへの家族の関わり
4d		専門職コミュニティへの参加
		・同僚との関係
		・専門職としての探求への関わり
		・学校への貢献
		・学校や学区プロジェクトへの参加
4e		専門職としての成長と発達
		・教科知識と教授法の強化
		・同僚からのフィードバックに対する受容度
4f		専門職（professionalism）としての表明（showing）
		・誠実さと倫理性（ethical conduct）
		・生徒へのサービス
		・立場の表明と正当性（Advocacy）
		・意思決定
		・学校や学区規則への追従

出典：Charotte Dnielson, Enhancing Professional Practice: A Framework for Teaching, 2nd Edition, ASCD, pp.3-4. より筆者作成

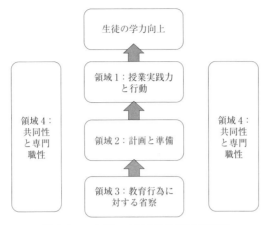

図 4-1 マルザーノによる教員評価構想
出典：http://www.marzanoevaluation.com/evaluation/four_domains/ より筆者作成

域4：共同性と専門職性」の四つの領域を体系的に捉え、それぞれの関係性を示している点にある。中でも、「領域1：授業実践力と行動」が生徒の能力に直接的に影響を与えると考えられており、最も注目されている点が特徴的である。領域1は、教育の知識や教養から直接的に、教室で教員がすること、生徒の学力向上に直接影響を与える行為に関わるものである。また、これは全ての教室における「共通言語」を作り上げるためのフレームワークを提供するものであり、また、授業観察とフィードバックのツールとしてだけでなく、授業計画のフレームワークとしても活用される。「領域2：計画と準備」は、因果関係として、授業実践と行動に直接的に影響を与えるものである。効果的な計画と準備は、生徒の学習での成功を引き出すために、教室内でのよりベストな決断を生み出すものである。「領域3：教育行為に対する省察」は、教員自身の指導実践に対する気づきやこの気づきを職能成長プランに変化させる能力を表すものである。「領域4：共同性と専門職性」は、授業実践や行動に直接的に関わるわけではないが、他の領域が効果的に実施

されるようその環境を提供するものである。また、これは学校の特性を描くだけでなく、教員個々の職責として求められるものである。

　共同性と専門職性の基礎となる要素として、体系的な教員の能力スタンダードを作成し、強調されている点は特徴的である。

　このように、オバマ政権による教育政策に反発する意図から、第三者組織である専門職団体や研究者らから、教員評価の枠組みが提案された。TAPやProCompが報酬モデルだったのに対し、そこで示されたモデルは、教員評価制度改革のニーズを踏まえつつ、教職の専門職性につながる教員評価制度モデルが提案された。また、教員個人が豊富な知識や高度な実践力に基づく専門性を有しているだけでなく、他の教員との共同性など専門職組織の構築に寄与する行動や認識が重要視され、教員評価制度を通して専門職的組織文化の構築を図ろうとしている点は注目される。

第3節　連邦教員政策に対する教員団体の対応

(1) アメリカ教員連盟（American Federal of Teachers）の対応

①新しい教員評価制度の提言

　これまで、連邦による教員政策に対し、全米教育協会（The National Education Association：NEA）とアメリカ教員連盟（American Federal of Teachers：AFT）は異なる対応を取ってきた。教員資質能力のスタンダードの設定や不適格教員の排除、教員資格制度の設立や同僚評価制度の実施などが提案された『危機に立つ国家』が提出されると、AFTはその施策の多くを支持する立場に立った。この背景には、教育改革に積極的に参加し、自らを「専門職団体」へと移行させる方針転換が大きく影響している[24]。また、当時のAFT代表であったシャンカー（Shanker, A.）は強力なリーダーシップを発揮し、彼の発言が組織全体の方針を形成していた。現在のAFT代表の

ワインガーデン（Weingarten, R.）も、シャンカーの方針を引き継ぎ、RTTTに対しても肯定的な姿勢を示した。

連邦政府よりRTTTが出されると、ワインガーデンは、2010年1月19日に以下のような声明を発表している[25]。

> RTTTは、特に苦難する学校や生徒にとって、公教育の持続的な改善の火付け役となるものであり、その目的には合意できる。また、これらの目的は、教員と学校管理者（school management）が共同した時に初めて達成されるものであり、教育省は州に対し、RTTT申請書の作成には、教員組合との共同を求めている。…優れた学校（good school）のすべてに共通していることは、生徒のために大人が一致協力していることである。教育省にはRTTT申請の際に、意義のある連携を探すのであれば、この言葉を真摯に受け止めてほしい。

このように、ワインガーデンはRTTTにおける連邦政府の示す申請書作成時に教員組合との共同が求められた点を高く評価している。特に、生徒の学力向上という共通の目標に取り組むためには、真の意味での共同体制の構築が必要であり、これは教員の力量形成・評価に関する新綱領においても明記された。

ワインガーデンの発言を受け、教員評価制度に関する新しい綱領[26]が2010年7月のAFT大会において承認された。新綱領では、教員評価制度は教員の力量形成と生徒の学力向上を促すものでなければならず、生徒の学力向上を踏まえたうえでの教員の力量形成を目的とすることが示された。つまり、学力向上を重視する連邦政策の姿勢を一部擁護し、学力向上を踏まえた教員評価制度の必要性が提唱された。

その上で、他の専門職と同様に、教員も養成段階から退職までを通して継続的に成長する必要性が示された。教員は、訓練や経験から反映される多様なスキルや知識を教室に持ち込み、時間をかけて知識を深め、技術に磨きをかける。それを実現するために、教員の知識や技術の改善とキャリア・ラダーの構築、真の専門職の形成、教員と生徒を支援する教育と学習環境の提供

に関して、広範で構造的なシステムを考察しなければならないと、教員の力量形成・評価制度改革の必要性を説明した。

その際、教員団体は全教員が高度な専門職スタンダードを満たすことを保証するために、教員を支援することを目的とするとその役割が確認された。その上で、先に見たランディの発言に示されていたように、包括的で効果的な教員の力量形成・評価を実施するためには、組合の代表者だけでなく、管理職、政策決定者、保護者、広範囲なコミュニティなどの全ての利害関係者が共同するための意欲と準備が必要であるとし、教育関係者の真のパートナーシップ形成の重要性を唱えた。

② **教員の力量形成・評価モデル**

AFT では具体的に教員評価モデルが提唱されている。教職全体の質の向上には、包括的な力量形成・評価制度が必要である。つまり、教員の力量形成を長期的な視点で捉え、現行の入職プログラムやメンタリングプログラムと連動させることで、首尾一貫した総合的な教員の力量形成を踏まえた評価制度の構築が重要であることが示された。実際、このような理念に基づきAFT 自身も独自に基金を設立し、教員の力量形成につながる支援的な教員評価制度の創設を支援している。ロードアイランド州やオハイオ州のトレド学区などは同基金を活用し新しい教員評価制度を創設した[27]。

また、優秀な教員を育てるためには、優秀な教育実践を定義づける教員の専門職スタンダードが必要である。スタンダードは、人々が優れた実践について話すときその意味するものを定義づけ、教員に自身の実践を省察し得たものを同僚と共有することを促すものである。また、スタンダードは学校文化を抜本的に再建し、学校を専門的学習共同体へと変革することも可能とする。そのため、AFT は教員の専門職スタンダードの創設が必要であると主張した。

さらに、教員の評価指標の一つとして、生徒の学力指標の活用は重要であ

る。ワインガーデン自身も、RTTTの主要な要素である学力テストの活用に対し、「専門職評価が生徒の学力を反映しなければならない点には疑問はない。」と賛同している。その一方で、学力テストの活用が内包する課題も認識している。たとえば、生徒の標準化テストを、単一のあるいは主要な評価要素として活用した場合、テスト教科に傾斜したカリキュラムの矮小化や過度なテスト対策が行われ、評価の妥当性や信頼性が揺らぐ危険性もあると指摘する。そのため、AFTは、学力テストの活用に関し、いくつかの条件を提示している。まず学力テストスコアを活用する際には、年間を通した同一生徒の成長度を測定するべきであること、また、生徒の学力テストスコアだけでなく、同僚評価者や管理職による授業観察、自己評価、授業計画の評価、生徒の作品の評価などの多様な評価基準（measures）を用いて評価し、評価要素の一つとしての学力テストを活用すること、である。このように、学力テストの活用に関しては、その必要性を十分に認識しつつも、学力テストに対する過度の傾斜を批判し、多様な評価要素の一つとしての活用を認めるものであった。

③多様な報酬制度

一方、成果報酬の導入については、テストスコアなどの単一の評価指標による能力評価に基づいて報酬が決定されることを懸念し、AFTは慎重な姿勢を示している。2010年9月21日、成果報酬に関する研究センター（National Center on Performance Incentives）が、テストスコアに基づく教員個々の能力報酬は効果的でなく、真に教育と学力の向上を目指すならばより包括的なアプローチを要求するとの研究成果を示したが、これについての賛同の姿勢を示している[28]。合わせて、テストスコアだけでなく他の学力指標や生徒の学習資料、ドロップアウト率、生徒の規律姿勢など多様な指標に基づく報酬制度については、その創設が支持され、実際、AFTの各州支部はこのような能力報酬システムを創設している。また、AFTは成果報酬以外の多様な

報酬制度の導入に関しても、反対しているわけではない。NBPTS資格取得者に対する追加的報酬や、教員不足の深刻な困難校に勤務する教員に対するインセンティブ、メンター教員やサポート教員などの労働内容や責任に応じた追加報酬などの提供を含む多様な報酬システムについても、学区と組合支部の判断に基づいて、導入することを推奨している。その際、それらの制度は学区ごとに交渉された自発的なものであること、さらに教員間の共同的環境の構築を推進するものでなければならないことが合わせて要求されている。また、多様な報酬制度は、以下の要素を含むこととされる。すなわち、労働―管理の共同性（labor management collaboration）、全教員に対する適切な基本給、信頼性のある教員スタンダード、職能開発へのサポート、全教員が入手可能なインセンティブ、報酬に対するスタンダード、安定した十分な財源、データやアカウンタビリティ・システムなどのサポート体制である。このように、多様な報酬制度の導入に際し、教員が一方的な不利益を被らないように、制度の正統性や妥当性の保証と教員の力量形成に寄与する体制の構築を条件としたのである。

④デュー・プロセス条項

　AFTは、評価とテニュアや人事管理、デュー・プロセスとの関連についても、全面的ではないものの支持する姿勢を示している。ワインガーデンは、全米記者クラブ（National Press Club）において以下のように発言している[29]。

　　　　デュー・プロセスが遅々として進まないプロセスであることを我々も認識しており、改革することを意図している。ただし、学区は、デュー・プロセス手続きを改善するプランの一部として、教員の能力を評価し指導力不足（ineffective）教員の改善を支援し、公平で有意義なシステムを考案する際に組合と共同することに同意しなければならない。

　このように、学区による不当な権利侵害を警戒しつつも、現行のデュー・プロセス手続きのもつ課題、改善の必要性を唱えている。特に注目すべきは、

AFTが実施した内部調査で、4対1の割合で、懲戒処分にかけられる教員の労働権を保護するよりも優秀な教員の育成に優先をおくべきであると考える教員がいることが明らかにされたことである。このようなAFTの情勢を受け、ワインガーデン自身も、我々の目的は、非効果的な教員を把握し改善し、場合によっては排除するための、包括的で公正で透明性のある的確なプロセスを有することであると述べ、「専門職団体」の立場として教員評価結果の人事雇用への活用を支持する姿勢を示した。その際、支持する条件として、教員の明確な能力スタンダード、一定期間の評価スタンダードに基づいて不十分だと見なされた教員の改善とサポートプラン、100日以内のヒアリングプロセス、の三つのステップが提示された。つまり、教員に求められる能力スタンダードを明確にし、また能力スタンダードを満たすために適切なサポートを提供するのであれば、評価結果に基づく教員の解雇も妥当との立場を示した。

(2)全米教育協会（The National Education Association）の対応

①新しい政策綱領の提言

一方NEAは、専門職団体化をすすめるAFTに対し、1960年代の教員団体交渉の制度化以降、民間部門における労使関係を基礎に、自らの組織の利益・権限の拡大を団体交渉制度のもとに図る「組合化」の途をたどってきた[30]。ところが、1990年代以降の教育労働法制の改革を機に、民間労働組合型の運動方針を見直し、AFT同様、専門職団体への移行が図られてきた。その具体的な方策として導入されたのが、「同僚教員支援評価（Peer Assistance and Review Program）」であった。同制度の導入は「教員団体が教員評価におけるイニシアティブを発揮することにより教員資質能力向上施策を通じた専門職団体化をはかろうとするものであった」[31]。このような政策転換を経てきたNEAは、オバマ政権の示す教員政策に対して、どのような姿勢を示しているのだろうか。

連邦教育省によりRTTTの最終的な内容が発表されると、NEA代表のロッケル（Roekel, D. V.）は、RTTTに対し概ね賛同する姿勢を示した[32]。

> 我々は、Race to the Topが体系的な改革を達成するために必要な教育利害関係者間の共同性の考え方を取り入れたものである点をうれしく思う。最終の政策案に目を通すと、オバマ政権が教育者に耳を傾けたことは明らかであり、我々は、州に評価制度を考案し実施する際に教員と校長を参加させることを要求することによって、彼らが教育を変革し生徒を育成する際に教員が果たす役割を認識していることに賞賛を与えている。

1990年代以降、教育政策を積極的に取り入れ教員組合を教育改革の内側に位置づけることにより、専門職団体としての地位の確立を図ってきたNEAにとって、オバマ政権の発表したRTTT政策は、教育改革に教員組合を積極的に取り入れようとする点で、賛同できる内容を多く含むものであった。

その一方で、ロッケルは以下のような発言も行っている。

> 政権が生徒のテストスコアを個々の教員の成果に結び付けることに相当な焦点を充てていることを残念に思う。州が、評価を目的として生徒の成長度あるいは到達度を教員や校長の成果に関連付ける際のいかなる障壁も有するべきではないとする受給資格要件は、的外れである。

ロッケルは、生徒の成功を図る主要な手だてとして標準化テストに重点を置くこと、生徒の学力到達度データを教員や校長評価へ活用することに対しては、反対の意を表した。さらに、AFTでは導入が進められる教員不足領域の教科の教員に対するインセンティブに対し、効果的な教育者に必要なスキルなどが考慮されないものであるとその導入に反対している。

発表された当初のRTTT政策意図に反して、RTTTの申請に向けての改革プロセスにおける教員組合との共同体制の構築は多くの州で難航し、結果的に改革のプロセスから教員組合が締め出される事態が起こった。このような状況に不満を抱いたロッケルは、第2回RTTTの実施が発表された際、RTTTプログラムを拡大する前にプログラムの改善が必要であるとし、改

革案を構想する際に教育関係者を関与させることを強く要求した。「政権が認識しているように、教育者は成功に結び付くすべての教育改革において主要なパートナーである。連邦政府の資金を有効に活用するならば、RTTTに関する協議や申請書における共同することの重要性を強調するべきである」と述べた[33]。

これらのロッケルの提言を受け、NEAでは、教員評価・アカウンタビリティに関する新しい政策綱領（policy statement）が作成され、2011年の代表者会議（Representative Assembly）において承認された[34]。これは、評価とアカウンタビリティ改革に対して、NEAが初めて明白な立場を示したものであった。新綱領が作成された背景には、RTTTによる当初の政策意図に反し、教員評価に関わる改革が教員と共に進められていない状況に対する懸念と焦りがあったものと考えられる。新綱領は①質の高い教員評価制度と②アカウンタビリティ・システムに大別して規定され、具体的に「教員が指導力を改善し、生徒のニーズを満たすのに役立つシステムとしての評価システムの概要」を説明し、「真の専門職を構築するための抜本的な変化を提供するもの」であり、教員評価制度はあくまでも専門職としての構築を促すものであることが示されている。

②質の高い教員評価制度

NEAは、教員評価制度は、継続的で非査定的で形成的なフィードバックや日常的で包括的で公正な評価の双方を提供しなければならないとし、具体的に必要な基準を示している。第一に、教員が知っておくべき明確な能力スタンダードに基づく日常的な評価の実施である。その際、スタンダードは高度で厳格なものであり、教員の十分な知識とスキル、気質や責任を定義するものでなければならず、NEAが示す専門職実践力の規律（Principles of Professional Practice）、州間教員評価支援コンソーシアムモデルの教員コアスタンダード[35]（the Interstate Teacher Assessment and Support Consortium Model

Core Teaching Standards)、NBPTSによるスタンダード[36] (the Standards developed by the National Board for Professional Teaching Standards)、州統一専門職教員スタンダードなどのモデルに基づくものでもよいとされる。

　第二に、教員に実践力を高めるための明確で活用可能なフィードバックを提供するために、評価は多様な指標に基づく包括的なものでなければならない。その際、以下の三つの要素を含めなければならないとしている。「担当教科に対する知識や授業のためのスキルなどを含む実践力」「力量形成のための研修への参加や同僚との共同性などの教員自身の成長度や学校や学区に対する貢献度」「生徒の目標到達度や学力テストなどの生徒の学力向上度」の三つを含むことが要求される。ただし、生徒の標準化テストは、その妥当性や信頼性が科学的に証明されていない場合、雇用決定などの人事判断材料として活用することは認めない。

　第三に、全教員に力量形成の提供と関連づく明確で実行可能なフィードバックが提供されることである。その際、より効果的なフィードバックを提供するために、自己省察や同僚観察、生徒調査などの多様なデータの活用が認められる。また、標準化テストの質が保証され、生徒の学力向上と成長度の重要な評価指標を提供する場合、標準化テストの活用も有益であるという。

　第四に、公平な評価が実施されるために、十分に訓練された客観的な指導助言者や他の評価者によって評価が実施され、評価結果の妥当性や正当性を保証するためにそれらの能力は定期的に確認される。

　これらの要件を満たすために、適切な財政的、かつ人材的支援が提供されなければならず、限られた財政や人材を有効に活用するためにも、現在実施されるメンターシップや同僚教員支援・評価プログラムと統合するなど、包括的な教員評価制度の創設が提案されている。

　このように、NEAは、教員の力量形成に資するフィードバックを提供する支援的な教員評価制度の構築を要求している。その際、条件として、教員の力量を定義づけるスタンダードの設定、また、多様な評価指標に基づく公

正な評価の実施を求めている。さらに、従来のメンターシッププログラムや同僚教員評価プログラムと関連付け、包括的なシステムの構築もすすめており、AFTの方針と重なる点は多い。その一方で、評価者としての力量の保証を重要視している点は特徴的である。

③アカウンタビリティ・システム

　NEAは、教員は生徒の学力を向上させるための質の高い教育に対しその責任を果たさなければならず、アカウンタビリティを果たしうる評価制度には以下の要素が求められるとする[37]。

　第一に、全教員は質の良い教育を生徒に提供し、同僚や学校の取り組みをサポートすることに責任を有し、その責任を果たすために、他の教員の取り組みをサポートする支援的で共同的な労働環境を有する権利が与えられる。

　第二に、全教員は、継続的に実践力を高め、受け取ったフィードバックを考察したうえで、提供される力量形成の機会を活用し、他の同僚との共同体制にもとづき、教科と教授方法（pedagogy）の動向を把握する責任を有している。その責任を果たすために、教員は教育指導や同僚と共同するための時間が確保され、また改善が必要だと認識されるスキルを高めるための高度なコースワークや学位を取得するなどの力量形成活動に参加する権利を有している。

　第三に、教員の能力がスタンダードを満たしていない場合、教員は欠点（deficiencies）に対する明瞭な通知がなされるべきであり、改善プランは教員や学区の教員団体、雇用者と共に作成されるべきである。改善プランは教員に対して期待に応えるための時間や質の高い力量形成やサポートなどの妥当な機会を提供しなければならない。さらに、教員は力量形成に関する定期的で十分なフィードバックを学区や教員団体から受けるべきである。十分な機会を構成するものは認識された欠点によって決まり、いかなる場合も改善プランは1年以上延長されない。教員が改善プランに従事している間、学区は、

熟達した教員が能力スタンダードを満たしていない教員を支援し、質の良い教育を生徒へ提供することを保証するための取り組みを含む「学区と教員団体の互いの合意に基づいたサポートプログラム」を提供しなければならない。

第四に、教員が十分な機会を与えられたにも関わらず改善しない場合、教員は離職を勧奨される、あるいはデュー・プロセスを含む公正な解雇プロセスを課される。本プロセスは教員への通知、解雇に関わる全てのエビデンスの早期公表、教員や雇用者、教員の代表者が可能な解決策を話し合うための協議の義務化、解決策がない場合、迅速なヒアリングの実施などの要素を含めることとする。

NEAは、教育の質を保障するためには教員の共同体制の構築が必要不可欠だと認識し、評価制度を通した教員間の共同体制の構築を明示した点は注目される。支援的な評価制度として、十分なフィードバックの提供はこれまでも求められてきたが、具体的なプロセスとして、教員間の共同体制を示した点は、NEAの綱領の特徴の一つである。また、それを可能にするための時間と研修の保証を求めている点も重要である。

教員の解雇については、スタンダードを満たしていない教員に改善プログラムを提供し十分な改善の機会を提供したうえで、デュー・プロセスに基づく教員の解雇を勧奨することが提案されている。これは、NEAも、AFTと同様、能力改善に対する十分な支援が提供されたならば、評価結果を解雇理由とすることに同意する姿勢を示すものであり、注目される。

④**教員の報酬**

NEAは、教員評価・アカウンタビリティに関する新しい政策綱領に加え、力量形成のための給与システムを作成するための指針を提示している。その指針には、キャリアパスの概要を提供するもの、教育実践の向上につながる知識やスキルを習得した教員を認識し報酬を提供するもの、生徒の成長度を基礎とする教員の実践力向上に対する報酬を提供するもの、授業活動以外の

教員の多様な日常業務に対する報酬を提供する方法を提示するもの、給与と同様に職能成長の機会やキャリアを提供するものであること、などが含まれている。なかでも、生徒の成長度は授業評価や特定の領域における生徒の学力の事前、事後測定などを含む記録、特定の教育活動に対する生徒の達成度などの証拠に基づいて測定されることが示された。また、生徒のテストスコアについて教員の報酬や地位を決定する際の判断材料としては信頼性が低いものであるとし、その活用は推奨されていない。ただし、教育実践やカリキュラムの改善に対する有益な情報の一つとして活用することを認めている点は看過できない。

(3)アメリカ教員連盟と全米教育協会の対応

　ソーチャック（Sawchuk, S.）は、AFTの政策綱領が教員評価制度に対する新しいアプローチを示そうとしたのに対し、NEAは従来の姿勢を追認するものとして政策綱領を発表したと指摘している[38]。確かに、2009年にRTTTが発表され、その翌年の2010年7月にAFTが教員評価に関する新綱領を発表したのに対し、NEAは2011年に新綱領を発表している点からも、AFTの積極的な姿勢を垣間見ることができる。さらに、NEA代表のロッケルが、教育改革が教員と共同で進められるのではなく教員に対して強制的に進められている点を懸念し、新しい教員評価制度に関する新綱領が発表された経緯を見ても、AFTとNEAの政策綱領の特徴の違いを見ることができる。

　ソーチャックが指摘しているように、AFTは生徒の学力テストスコアの活用に対し、比較的積極的な姿勢を示している。教員の成功と生徒の学力向上への貢献は切り離して考えられるものではなく、学力スコアに基づく教育成果の追求は必要であると考えられている。また、学力スコアを評価指標の一つとして他の評価指標と併せて導入するならば、その成果に基づく成果報酬の提供も認めている。つまり、教育成果の科学性を追求しそれに基づき制

度改革を行うことは、教職の専門職性に寄与すると捉えていることがわかる。また、教員養成段階からキャリア段階まで一貫した職能開発が必要であるとし、それらを踏まえた専門職スタンダードに依拠した教員評価制度を提案している。

　一方、NEAは、学力テストスコアを教員の指導力改善の資料として活用することには賛同しているが、成果報酬や人事雇用などの判断材料として活用することは認めていない。また、教員評価には多様な指標や評価データを利用し、多面的な測定を重要視している。さらに、訓練された評価者による継続的で形成的なフィードバックを提供するための評価制度の在り方を提示しており、それが真の専門職を構築するための教員評価制度の構築につながると述べている点は特徴的である。

　このようにAFTとNEAの双方は、教員の職能開発を促す教員評価制度改革の必要性に賛同するという点では共通している。また、各教員団体から提案された教員評価モデルは、確実な専門職スタンダードの創設とそれに基づく能力測定の実施、また測定結果を踏まえたフィードバックの提供という形成的評価機能を重視ものであるとその特徴を捉えることができる。

第4節　コロラド州デンバー学区による教員評価政策

　RTTTプログラム下において、生徒の学力スコアに基づく教員の教育成果の測定に主眼をおいた教員評価政策が断行される中で、実際にどのような制度改革が進められているのだろうか。本節では、先に取り上げたコロラド州デンバー学区に注目し、州レベルでの教員評価制度改革を踏まえたうえで、デンバー学区が教員評価制度をどのように改革したのか、その様相を明らかにすると共に、今日の連邦教員政策が同学区の教員評価制度に与えた影響について検討する。

(1) コロラド州における新しい教員評価政策

コロラド州は、RTTT プログラムの第 1 回、第 2 回の申請を経て、第 3 回目に資金を獲得した州である。第 1 回目の申請時には、16 州の最終候補[39]に残ったものの獲得することはできなかった。その敗因の一つは低評価を受けた教員政策にあったと考えられ、第 2 回申請では教員政策の抜本的な改革が要求された。具体的にその焦点は、教員関連法の改正に向けられ、ジョンストン (Johnston, M.) 州議会上院議員を中心に、生徒の学力向上度に基づく教員評価制度への変更を求める包括的な教員評価・テニュア改革法案 (以下、ジョンストン法案) が作成された。それをもとに、2010 年 4 月 12 日に新しく優秀な教員と管理職法案 (Great Teachers and Leaders Bill) が作成され、Senate Bill 10-191 (SB10-191) として州議会両院の 2 党合わせたメンバー[40]によって提出され可決された。同法は、有資格職員評価法 (Licensed Personnel Performance Evaluation Act) (C.R.S. 22-9-101) と教員雇用・報酬・解雇法 (Teacher Employment, Compensation, and Dismissal Act of 1990) (C.R.S. 22-63-101) を改定したものである。

SB10-191 法案は、教員の職能開発を継続的にサポートし、それにより生徒の学力向上を促すことを最終的な目標とし、教員と校長の評価方法の変更を求めるものであった。SB10-191 法案の概要は以下のとおりである。

① Senate Bill 10-191 の概要

全ての学区と Boards of Cooperative Educational Services (BOCES) は教員と校長のスタンダードと州教育委員会規則に則った評価制度を 2013 年 7 月までに実施しなければならない。

コロラド州ではこれまで、教員評価に関する基本的事項の決定は、各学区に裁量権を委譲してきたが、SB10-191 法案は、教員評価の回数や評価方法、評価の活用方法などの具体的事項を規定し、全学区にその遵守を求めるもの

であった。

- 全教員と校長に対する年1回の評価
- 効果的な教員とは何かを定義する州統一のスタンダードに基づく評価、年1回の教育者（教員・校長）評価の半分は専門的実践力から構成される
- 教育者の年1回の評価の半分は生徒の学力を測定するスタンダードに基づく
- テニュアは、連続した3年間効果が認められた場合、提供される
- テニュアは、2年連続非効果的だとみなされた場合、剥奪される

　全教員に対する年1回以上の評価の実施、州統一スタンダードに基づく評価、評価指標として50％の比率で生徒の学力向上度を導入すること、テニュアシステムの見直しなど、教員評価制度の大幅な変更が要求された。テストに基づく生徒の学力向上度の活用については、評価指標の50％以下でその比率を決定する裁量権が学区に認められた。また、教員報酬について、優秀な教員を効果の低い学校に送るための報酬制度を、教員団体の代表者と創設することを要求している。

②州の教員評価モデル

　学区が新しい教員評価制度を実施する際、各学区をサポートするために、州教育委員会は、コロラド州教員評価モデルを作成した。各学区は同モデルを活用して新しい教員評価制度を創設することができる。同システムモデルには、以下の五つの要素が含まれている。

1. データは決定のための情報を提供するが、人間の判断が評価の主要な要素である
2. システムの実施と評価は、継続的な改善を具体化するものでなければならない
3. システムの目的は能力改善につながる有意義で信頼性の高いフィードバックを提供することである
4. 評価システムの創設と実施の際は、教育関係者をそのプロセスに共同的に関与させる

5．教育者評価は支援的なより大きなシステムにおいて実施されなければならない

　また、具体的な評価方法に関して以下の点が示された。教育者は、能力スタンダードに基づいて、専門的実践力と生徒の成長度を測定される。教員評価の半分は、専門的実践力として、教科の専門知識、教室環境（classroom environment）の整備、学習の促進、実践に対する省察（reflect on practice）、リーダーシップ力（demonstrate leadership）の五つの領域に基づくものとされた。評価の残りの半分は、生徒の学力向上度に基づくものであり、帰属するチームの生徒の向上度と個々の教員の担当する生徒の向上度を含むものである。また、能力スタンダードによる評価は最終的に、「きわめて効果的」「効果的」「部分的に効果的」「非効果的」の4段階評定に変換される。

　このように、コロラド州では、テニュアの有無にかかわらず全教員と校長に対する年1回の評価の要求、教員の評価指標としてその50％を生徒の学力向上度に基づく測定が求められている。さらに、テニュアは連続した3年間の能力評価結果によって提供され、テニュア取得後も、2年間評価結果が良好でなければ、その身分保障を失う可能性もあることが示された。また、特定の学校における教員の配置に関して、学校と教員の互いの合意が求められることも規定された。さらに整理解雇実施の判断材料として教員評価結果の活用が可能であるとされた。つまり、SB10-191法案の可決は、教員のテニュア取得要件や教員の身分保障に関する重要事項や、教員の異動などに関する雇用条件などの事項を含む抜本的な法改正であった。

　これら一連の教員政策に対し、コロラド教員団体（The Colorado Education Association：CEA）委員長のイングルは、SB10-191法案は教育者の能力や評価、テニュアなどの教員の身分保障に関する内容が含まれた重要な法案であるにも関わらず、十分な議論がなされていないことを痛烈に批判している[41]。一方、連邦政府は、「コロラド州は、新しい評価制度の導入に向けた準備の

ための技術的な支援や州全体でのトレーニングを提供し、第2回申請書に合わせた新しい教育者評価制度を学区が採用することを導く法案を通した。」として、新しい教育者評価制度法案の成立をめぐる同州の取り組みを高く評価した。

　このように、州が示した新しい教員評価モデルは、連邦政府の示した要件に基づき、生徒の学力成果を十分に反映させた教員の効果性の測定と教員能力スタンダードの共通指標の構築を目指すものであり、またそれらを教員の人事管理や雇用決定につなげることを明示し、そのアカウンタビリティを強く求めるものであった。

(2)デンバー学区における新しい教員評価制度の創設

　コロラド州のRTTT資金採択に基づく新しい教員評価政策の導入の影響を受け、デンバー学区においても教員評価制度の変更が求められた。能力報酬プログラムとしてProCompを実施してきたデンバー学区では、教員へのインセンティブの提供プログラムとしてProCompを継続する一方で、教員の指導改善に焦点化した新しい教員評価プログラムとして効果的で優れた教育実践評価とフィードバック（Leading Effective Academic Practice evaluation and feedback：LEAP）を導入することを決定した。

① LEAPに関するパイロットプログラム

　LEAP導入のためのパイロットプログラムとして、同僚教員支援（PAR）プログラムが2013年2月1日から2014年8月31日まで実施された。デンバー学区とデンバー学区教員団体で交わされたパイロットプログラムの覚書[42]によると、教員評価・報酬・免職法（the Teacher Evaluation, Compensation and Dismissal Act：TECDA）の中で規定されるプロセスの一つ（alternative）として、指導力不足教員（struggling teachers）へのより効率的で効果的な評価と支援の在り方を探ることを目的に、PARパイロットプログラムが実施され

た。その結果、デンバー学区とデンバー学区教員団体は、新しく以下の項目について合意した。

1. LEAPプログラムは、コロラド州法§22-9-106に規定される効果的な教員指標を示した効果的な教員能力指標（the Framework and Effective Teaching）を使って観察を受ける全教員を対象に、能力評価の手段として活用される。授業実践の観察や専門職性（professionalism）、生徒の認識データ（student perception data）、関連する生徒のデータなどが含まれるLEAPプログラムは、指導力不足教員へサポートを提供する際や不十分な能力を決定する際の枠組みとなる。さらに、LEAPプログラムは、コロラド州法§22-9-101に規定される教員評価要件を満たすものとする。
2. 校長は、LEAPプログラムや関連する生徒の成果データを通して入手されたデータに基づいて、能力改善プランの必要性のある教員を指名することができる。校長は能力改善プロセスを始める前に、教員の観察を実施しなければならない。（中略）
3. 能力改善プランは、30日から90日間続けなければならない。
4. 能力改善プランを実施する際、校長と同僚観察者（peer observer）は、能力改善プランで示される観察とフィードバック、能力期待値やスタンダードに対するコーチングやモデリングなどの多様な情報を活用しなければならない。

このように、PARをコアとするLEAPプログラムを、新しい教員評価プログラムとして実施することが示された。

② LEAPの概要

LEAPは、透明性の高い客観的で完全な評価を提供すること、同僚教員による観察や生徒の学力向上度データを含む多様な測定指標を活用すること、差別化された職能発達（differentiated professional development）とリンクさせることを企図したものであり、SB10-191とコロラド州教育委員会規則に基づいて作成された教員評価制度である。

LEAPの特徴の一つは、教員が職能成長プラン（Professional Growth Plan：

PGP)を作成し、そのプランに基づき教育実践を実施するところにある。学校管理職は教員と共同して、表4-3に示される効果的な教員能力指標（Framework for Effective Teaching：FET）に基づいて学校全体の焦点目標を決定し、学校や教員の効果性を高めるための職能開発プランを作成する。年度当初、教員は、学校焦点化目標と自身の職能成長目標を踏まえた職能成長プランを作成する。年間を通し、学校管理職やリーダーチーム[43]のサポートを受けながら、PGPに基づき教育実践を行う。

　教員実践力の評価指標は、専門職的実践力（Professional Practice）と生徒の成果（Student Perceptions）の2領域である。専門職的実践力は、①校長による観察、②同僚教員による観察、③専門職性（Professionalism）、④生徒の認識度（student perception survey：SPS）で構成される。これらの評価領域は、FETに基づいて評価される。FETでは、教員の能力指標として、学習環境、指導力、専門職性の3側面が設定されており、また、各指標は4ランク（not meeting, approaching, effective, distinguished）で表され具体的な達成行動が示されている。①②の校長や同僚教員による観察が対象とするのはFETの学習環境と指導力についてであり、主に教室内での教育実践に関わる能力である。校長や同僚教員は、教員の授業実践を観察し実践力を評価し、フィードバックを提供する。そして年度の終わりに、FETの達成行動に基づいて、最終スコアを導き出す。各授業観察者は年に2回以上、授業観察を実施する。評価を担う同僚教員（peer observer）は教科内容や指導力、生徒の成績やベストな指導に関し、経験と専門的知識を有すると認められる者である。①②の観察においてFETは建設的なフィードバックを提供するための「共通言語」となっており、重要なツールとして活用されている。教員は、校長や同僚教員から教育実践に関わる具体的なフィードバックを受け、継続的な職能開発を促すための組織文化の醸成が目指されている。

　③の専門職性は、学校内のチームに対する貢献度、データの活用や計画力、保護者との関わりや学校組織への影響度などの授業時間以外での行動を対象

表 4-3 効果的な教員枠組み

学習環境 (Learning Environment)	効果的な教室文化と環境	LE.1	質を高める方法で、多様な生徒のコミュニティと文化に対する知識や興味、尊敬を示している
		LE.2	モチベーションの高い、相互を尊重した教室環境を促進させる
	効果的な授業マネジメント	LE.3	生徒の行動と日常生活に関する高度で明確な期待値を達成する
		LE.4	生徒と生徒の学習をサポートする教室の資源と物理的環境
指導力 (Instruction)	熟練した教科内容の伝達 (Masterful Content Delivery)	I.1	授業におけるスタンダードに基づき教科内容に関する目的をはっきりと表現している。
		I.2	生徒の成功を保証するための適切な数値と他のサポートとともに、クリティカルシンキングを促す厳しいタスクを提供する
		I.3	教科内容を教えるために意図的に指導方法と進度を活用する
		I.4	全生徒の活動的で適切なアカデミック言語の使用を保障する
	影響力のある指導の動き (High-Impact Instructional Moves)	I.5	教科内容に関する目的の理解をチェックする
		I.6	生徒の指導上のニーズを解決するための差別化をはかり、教科内容の目的の達成をサポートする
		I.7	生徒に、教科内容の目的にそった学術的で記述的なフィードバックを提供する
		I.8	適切な数値と他のリソースを利用して生徒のコミュニケーションと共同性を促す
専門職性 (Professionalism)	生徒についての重要な知識とデータの利用	P.1	生徒の発達、ニーズ、関心、文化に対する知識を示し適用し、公平性を促進する
		P.2	生徒の作品とデータを利用し、個々の生徒に応じた指導を計画し調整する

効果的な共同と関与	P.3	学校内の教員（School Team）と共同し生徒の成果にポジティブな影響を与える
	P.4	生徒の成長を向上させるためのサポートのために、生徒と保護者、コミュニティを主導し関与させる
思慮に富んだリフレクションと学習と発達	P.5	自己の気づきを示すと共に実践について自身でまた他人とともに省察し、そのフィードバックに基づいて行動する
	P.6	専門的成長の機会を追求し、探求（inquiry）の文化を醸成する
熟練した教員のリーダーシップ	P.7	同僚間の能力を構築し、生徒や学校、学区、専門職への貢献（service）を実証する

出典：Denver Public Schools, Framework for Effective Teaching of LEAPより筆者作成

とする。管理職からの評価や教員自身の自己評価を通して4ランクで測定される。

　④の生徒認識度調査（SPS）は、生徒の声を教員評価に組み込もうとするデンバー学区独自のものである。教員は年に1回、生徒が教員や授業に対しどのように感じているか探り、フィードバックを得るための調査を実施する。なお、本調査の対象は3-12学年の生徒であり、2学年以下は実施しない。

③ LEAPにおける生徒の学力成長度

　50％の評価指標は、生徒の成果に焦点を当てたものである。デンバー学区では、州法規定に基づき、州内全ての学区は教員と校長の能力測定の50％として個別のそしてグループの生徒の成長度を組み込むこととされた。生徒の成長度の測定は、以下の3種類が活用される。

・州統一テスト（10％）

　各教員の担当する生徒の成長度を州統一の標準化テストに基づいて測定する。リーディング、ライティング、数学教科を担当する4-10年生を担当す

る教員が対象である。また、英語学習者習得テストも活用される。

・生徒の到達目標（30％）

教員が学校管理職や同僚教員と共同で作成した生徒の到達目標（Student Learning Objectives：SLOs）に対する達成度が、中間測定や能力タスク、単元評価などの広範なエビデンスに基づいて測定される。SLOs は、生徒の学習進捗状況に合わせて教員によって設定されたコースの学習目標である。コロラド学習コモンコア州スタンダード（the Colorado Academic and Common Core State Standards）に基づき意欲的で現実的な測定可能な目標に焦点をあてることを目的に設けられている。全教員に適用される。

・学校到達度（10％）

州の学区学力枠組み（the State's District Performance Framework）に基づく学校の学力到達度、州テストに基づいて、全生徒の成長度が適用される。

2013年度、LEAP が実際に実施された。しかし、生徒の学力向上度に関しては、ほとんどの教員に対して学校や学区全体のデータが活用され、各教員の成果としての指標は活用されなかった。生徒の学力向上度に対する各教員の成果を測定するには、詳細な分析が必要であると判断され、実施が見送られたのである[44]。

また、Senate Bill 14-165 法案が通過し、各学区に対して、2014年度については生徒の学力向上度の測定方法や比率について自由に決める裁量権が認められた。同法案の通過を受け、デンバー学区では、DCTA との共同のもと、2014年度については LEAP の測定に、生徒の学力成長度を含めないことを決定した。生徒の学力向上度に対する各教員の成果の測定については、妥当なデータを提供するための調査を引き続き行うことが決まった。特に、生徒の到達目標（SLOs）は、コモンコア・スタンダードの達成状況を確かめるのに有効であり、教員の職能開発に重要な役割を果たすと考えられ、SLOs の導入に向けたパイロットプログラムが実施されている。

第5節　小括－教員評価制度の今日的様相－

　オバマ政権発足以降、打ち出されたRTTT政策を初めとする一連の教育政策は、NCLB法の法的枠組みを前提として実施された。NCLB法において教育成果に見合った教員報酬制度改革が進められたのに対し、RTTT政策では、教員の教育成果の測定に焦点がおかれ、生徒の学力スコアを用いた評価指標の活用が義務づけられた。さらに、評価結果について、報酬や昇格などの処遇やテニュアの付与、解雇など人事管理や身分保障に関する事項に活用することが示された。つまり、教育改善に対する社会的期待が高まる中、個々の教員に対し学力という可視化された指標でアカウンタビリティを求める政策であった。

　一方で、連邦政府から教員評価制度の「アカウンタビリティモデル」が提案されたのに対して、専門職団体や研究者らの第三者組織から、「自律的専門職性を促す教員評価モデル」が提案された点は興味深い。教員評価制度に関わる改革は、連邦政策を踏まえて、各自治体が具体的な制度改革を進めている。これら専門職団体によって提案された教員評価モデルを参照に制度改革を進めるところも多く、専門職団体の示す教員評価モデルが実際の教員評価に与える影響も少なくない。連邦政府による教員評価政策の推進が、全米レベルでの教員評価制度に対する関心を高め、結果的に多様な議論が展開されるきっかけになったと言える。

　また、事例として取り上げたコロラド州デンバー学区の取り組みは、自律的専門職性を促す教員評価制度（ProComp）を実施していた同学区が「アカウンタビリティモデル」の導入を「強制」された際に、具体的にどのように制度改革を進めたのかを示す一例である。デンバー学区では、州法規定に基づき評価指標の変更が行われた。評価指標の50％は生徒の学力向上度を活用し、教員個人の貢献度や学校全体の学力測定を含む複合的な測定が要求され、

また、残りの50%については、教員の能力指標に基づく実践力や専門的力量の測定や、生徒の認識調査に基づく調査など複合的な指標によって、教員の能力測定が実施されている。ただ、生徒の学力向上度については、利用するデータの妥当性などが問題となり、導入延期を含め測定方法や比率について各学区に裁量権を認める法案が急遽成立され、2014年度には活用されていない。また、同僚教員評価の導入と教員個人の職能開発プランの作成、その際に活用される詳細な教員能力スタンダードの作成が行われた。年度当初に、達成すべき行動基準が示された能力スタンダードを用いて、焦点化する職能開発領域を決定し、同僚教員からのフィードバックに基づいて、自身の教育実践の高度化を図る仕組みが構築されている。特に、教員の職能開発の促進には同僚教員による評価が効果的であると考えられ、同僚教員による評価をベースに新しい教員評価制度が構築されているのは一つの特徴だと言える。ProCompの実施を通し、個人の職能成長を促進する個人型の職能開発プログラムを創設・展開してきたデンバー学区にとって、この教員評価制度改革は「同僚性」に基づく職能開発モデルを促すきっかけになった。連邦政策の影響を受けながらも、第三者組織を中心に提案された教員評価モデルの要素を取り入れられながら、新しい教員評価制度が創設された。ただ、RTTT政策において強く打ち出された生徒の学力成果に基づく教員の貢献度の測定については、導入が見送られるなど苦慮している様子が窺えた。RTTTによる教員政策は、成果として評価できる側面も一部あるものの、課題を含むものであったと言えよう。

1) 高橋哲「NCLB 法制下の連邦教育政策の教員の身分保障問題」『アメリカ教育改革の最前線―頂点への競争―』学術出版会, 2012年, 153頁。
2) その後、第2申請のファイナリストを対象に、第3申請が実施され、さらに7州が予算を獲得した。ただし、予算額は第2申請までと比べて、減額された。
3) 篠原岳司「「頂点への競争」の展開―ブッシュ政権の遺産とオバマ政権の教育政策」『アメリカ教育改革の最前線―頂点への競争―』学術出版会, 2012年, 61頁。
4) 1回目の申請時にメーン、メリーランド、ミシシッピ、モンタナ、ネバダ、ワシントンの6州は提出しなかったが、いずれも2回目で申請している。一方、アイダホ、インディアナ、カンザス、ミネソタ、オレゴン、サウスダコタ、ヴァージニア、ウェストヴァージニア、ワイオミングの9州は2回目の申請を取りやめた。
5) 高橋哲「米国連邦教育政策の新動向―NCLB 法の waiver 施策を中心に―」アメリカ教育史研究会発表資料, 2014年1月12日。
6) 例えばニュージャージ州では、指標に基づき学校を四つのカテゴリー（Priority Schools, Focus Schools, Reward Schools, All Other Schools）に分類し、各カテゴリーに応じた支援を提供する。
7) 高橋, 前掲論文, 2014年。
8) 高橋, 前掲書, 2012年。
9) 高橋, 前掲書, 2012年, 145頁。
10) U. S. Department of Education, *ELEMENTARY & SECONDARY EDUCATION, ESEA Flexibility*: http://www2.ed.gov/policy/elsec/guid/esea-flexibility/index.html
11) Ballou, Dale and Springer, Mattew G., Using Student Test Scores to Measure Teacher Performance: Some Problems in the Design and Implementation of Evaluation Systems, *Educational Researcher*, 2015 Mar. p. 77.
12) Goldring, E., Grissom, J. A., Rubin, M., Neumerski, C. M., Cannata, M., Drake, T., Schuermann, P., Make Room Value Added: Principals' Human Capital Decisions and the Emergence of Teacher Observation Data, *Educational Researcher*, Vol. 44, 2015 Mar. pp. 96-104.
13) Harris, D. N., Herrington, C.D., Editors' Introduction: The Use of Teacher Value Added Measures in Schools: New Evidence, Unanswered Questions, and Future Prospects, *Educational Researcher*, Vol. 44, 2015 Mar. pp. 71-76.
14) Goldhaber, Dan, Exploring the Potential of Value-Added Performance Measures

to Affect the Quality of the Teacher Workforce, *Educational Researcher*, Vol. 44, 2015 Mar. pp. 87-95.
15) Jiang, J. Y., Sporte, S.E., Luppescu, S., Teacher Perspectives on Evaluation Reform, *Educational Researcher*, Vol. 44, 2015 Mar. pp. 105-116.
16) Diane Ravitch, *The Death and Life of the Great American School System: How Testing and Choice Are Undermining Education*, Basic Books p1, 2011 Nov.
17) オバマ政権において、行政予算管理局の副長官を務めた人物である。
18) Ravitch, *op.cit.*, p. 270.
19) Fullan, Michael, and Hargreaves, Andy, *Professional Capital: Transforming Teaching in Every School*, Teachers College Press, 2012.
20) Linda Darling-Hammond, *Getting Teacher Evaluation Right: What really matters for effectiveness and improvement*, Teacher College Press, 2013.
21) ダニエルは Framework for Teaching を出版した。この枠組みは、20以上の州が教員評価モデルと採用しており、全米で"教員能力（teaching）"の定義として最も広く知られている。
22) Charlotte Danielson, *the Framework for Teaching: Evaluation Instrument 2013 edition*.
23) Nantional Council on Teacher Quality, *State of the States: Trends and Early Lessons on Teacher Evaluation and Effectiveness Policies*, 2011.
24) 高橋哲『現代米国の教員団体と教育労働法制改革』風間書房，2011年，193頁。
25) AFT, Statement by Randi Weingarten, President, American Federation of Teachers, On the 'Race to the Top' Grant Competition, *Press Release*, 2010 Jan., 19.
26) AFT Resolutions: Teacher Development and Evaluation, 2010.
27) Michele McNeil, Race to Top Buy-In Level Examined, *Education Week*, 2010 Jun. 14.
28) AFT, Statement by President Weingarten On Study on Benefits of Performance Pay Without Other Reforms, *Press Release*, 2010 Sep. 21.
29) AFT, Weingarten Proposes Aligning Evaluation and Due Process, *News and Publication*, 2011 Feb. 24.
30) 高橋，前掲書，2012年。
31) 高橋，前掲書，2012年，212頁。

32) NEA, NEA President Dennis Van Rocekel on Race to the Top final application, 2009 *News Release*, Nov.12.
33) Jehlem, Alain, NEA Urges Couse Correction Before "Race to the Top" Extension, *NEA Today News Articles*, 2010 Feb. 11.
34) Educators Approve Teacher Evaluation and Accountability Policy Statement, *2011 News Release*, July 4.
35) 大学や職業に対応できる人材育成を目指し、高校卒業時に大学入学や就業レベルに至る教育水準の保障と一貫性を求めて、州間の共通カリキュラムの構築を目指して開発されるスタンダードである。
36) 教員として知っておくべきことやできることに関する高度なスタンダードを作成し、これらのスタンダードを満たした教員の証明を行うために、学区や州のメンバーで組織される「全米教職専門基準委員会（National Board for Professional Teaching Standards：NBPTS）」が開発するスタンダード。
37) NEA, *Policy Statement on Teacher Evaluation and Accountability*, 2011.
38) Sawchuk, Stephen, NEA, AFT Choose Divergent Paths on Obama Goals, *Education Week*, v30 n1 p1, 18-19 2010 Aug.
39) Colorado, Delaware, the District of Columbia, Florida, Georgia, Illinois, Kentucky, Louisiana, Massachusetts, New York, North Carolina, Ohio, Pennsylvania, Rhode Island, South Carolinaの16州が選ばれた。U. S. Department of Education, *16 Finalists Announced in Phase 1 of Race to the Top Competition Finalists to Present in Mid-March; Winners Announced in Early April*, MARCH 4, 2010.（announcements）
40) Senate Sponsorship: Mike Johnston and Nancy Spence, House Sponsorship: Christine Scanlan,
41) EdNews Colorado, Apr 14th 2010, *CEA won't sign on for round 2 of R2T*.
42) Memorandum of understanding between the Denver public schools and the Denver classroom teachers association regarding the peer assistance and review pilot.
43) リード教員などの教員を支援する立場を担う同僚教員らの教員チーム
44) LEAP Handbookより。

第5章　教員評価制度をめぐる司法判断
——法的原理と運用実態——

　既述のように、米国の公教育は法理論上、合衆国憲法修正第10条を根拠として、その全権が各州政府に付与されている。教員評価は、州の規定する制定法や州や地方教育行政機関の定める規則に則っておこなわれており、具体的な行政手続きといった同制度の基本的枠組みを解明するためには、制定法や関連規則の分析が必要不可欠である。その一方で、米国は判例法主義をとる国であり、法の根幹的な部分の多くが、制定法によってではなく、判例法によって規定されている。そのため、教員評価制度に関する基本的法原理を解明するためには、制定法規定の分析のみならず、関係判例の分析が必要不可欠である。そこで本章では、教員評価制度をめぐる近年の訴訟事例を中心にそこで展開される法的原理を解明するとともに、これまで論究してきた米国教員評価制度の運用実態とその諸課題を、裁判事例を通して把握する。

第1節　教員評価制度をめぐる判例の従来動向

　教員評価が学区の裁量に委任された1970年代以前より、教員は不公平な解雇に対する異議申し立てを裁判所に行ってきた。その中で、教員のデュー・プロセス保護の権利や公平で透明性のある評価手続きの保証が構築されてきたと言える。また1970年以降、教員評価を実施する際に学区が準拠しなければならない最小限の要件が州法において規定され始めると、それに伴い、各州で教員評価をめぐる訴訟が展開されるようになった。また近年では、オバマ政権下における新しい教員評価法制の整備が進められるにつれ、新たな課題が訴訟に持ち込まれる事例が増加している。そこで、まず、1970年以降に

おけるこれまでの教員評価をめぐる判例動向を整理しておきたい。

(1)評価指標

1970年代以降、評価指標に関する訴訟では、主に教員評価時の教員能力テストの活用と生徒の学力テスト結果の活用が問題とされてきた。

①教員能力テスト

教員能力テストの活用に関する訴訟では、原告がマイノリティ教員である場合、しばしば教員能力テストの利用を棄却する判決が下されている。例えば、York v. Alabama State Board of Education (1983) 訴訟[1]では、非テニュア教員の継続雇用の要件として、全米教員試験 (National Teacher Examination：NTE) において500スコア以上の取得が要求された。その結果、マイノリティの非テニュア教員の66-67％が再雇用されない事態となった。裁判所は、これは平等保護の侵害にあたるとし、非更新の根拠としてNTEの結果の利用を認めない判決を下した。続く、Allen v. Alabama Board of Education (1987) 訴訟[2]においても、解雇の根拠としてNTEスコアを活用することを容認しない判決が下されている。また、Baker v. Columbus Municipal Separate School District (1972) 訴訟[3]では、雇用継続や教員免許付与の要件としてNTEにおいて1000スコア以上を取得することを全教員に求めた学区委員会に対し、修正第14条の平等保障の侵害にあたるとし、NTEの活用を容認しない判決が下された。このBaker訴訟後、教員免許の要件としてのNTEスコアの活用をめぐる訴訟では一貫して、NTEの利用が認められていない。

その一方で、上述の判決と異なる判決が下された事例もある。United States v. LULAC (1986) 訴訟[4]は、プレ専門職能力テスト (Pre-Professional Skills Test：PPST) において基準を満たしていないとの理由で教員養成プログラム (education course) への入学を許可しなかったテキサス教育省 (Texas

Education Agency) に対し、入学を認めるよう暫定的差止命令を出した連邦地方裁判所 (the United States District Court for the Eastern District of Texas) の判決を不服とし、連邦とテキサス州が連邦控訴裁判所 (United States Court of Appeals for the fifth circuit) に異議申し立てをおこなったものである。連邦控訴裁判所は、PPSTを実施することは人種差別廃止条項を侵すことにはならず、人種に関わらず教員養成プログラムへの参加の必要最低条件としてPPSTを活用することを認め、連邦地方裁判所の判決を差し戻した。また、Alba v. Los Angeles Unified School District (1983) 訴訟[5]は、原告である試用期間教員らは一年間の契約として学区当局に雇用された。次年度の雇用契約については、社会科の試験を受けて合格することを条件に更新が行われる予定であったが、テストで合格点をとることができなかったため、当該教員らに、契約が更新されない旨が通知された。これを不服として、原告らが学区当局を訴え、州の事実審裁判所 (the trial court) は原告側に有利な判決を下した。この判決に対し、学区や教育委員会が控訴裁判所に上訴を行った。上訴審では、裁判所は実施された社会科の試験は公平なものであるとし、学区に対し社会科の試験結果の活用を認めたうえで、事実審による判決を差し戻した。

②生徒の学力テスト等

契約の非更新を通告された教員が評価の妥当性をめぐり学区教育委員会を訴えた Spry v. Winston-Salem/Forsyth County Board of Education (1992) 訴訟[6]では、学区教育委員会は、当該教員や同僚教員へのインタビューによる主観的根拠に基づき契約非更新の判断を下した。これに対し裁判所は、学区教育委員会の示した判断は禁止された理由に基づくものではないとして支持する立場を示した。また、Sallee v. State Board of Education (1992) 訴訟[7]では、州法上で昇進など教員の人事に関する決定は、専門的能力や経験と共に、「事実 (facts)」に対する評価者の意見に基づいて判断することが求

められていると、評価者の評価結果を認める判決が下された。その際「専門家の間で意見の相違は常に存在するものであり、相違があることが、評価結果の客観性が担保されていないということを意味するものではない」とし、評価者による主観的評価を認める見解を示した。これまで教員評価指標の妥当性に関し、公正に行われたと判断できる主観的基準やデータに基づく評価を認めてきたと言える。

さらに、生徒の学力テストに基づく雇用決定の妥当性を問うた Scheelhaase v. Woodbury Central School District (1973) 訴訟[8]では、生徒の標準テスト結果を根拠に、非テニュア教員の契約の非更新を決定した学区の主張を支持する判決が下された。また、Fay v. Board of Directors (1980) 訴訟においても、解雇の判断材料としての生徒の学力テストの活用を認める判決が下されている。さらに、Johnson v. Francis Howell R-3 Board of Education (1994) 訴訟[9]では、学力テストにおいて生徒の学力向上が見られたにも関わらず、学区は教員の解雇を決定した。この決定に対し、裁判所は学区の決定を支持する判決を下した。つまり、生徒の能力テストの活用を含め教員評価指標については学区の自由裁量とし、行政判断を支持する傾向にあったと言える。

(2)評価結果の妥当性

教員評価を実施する際に問題となるのは、評価の妥当性である。これまで、裁判所で取り扱われた教員評価に関する主観的基準・データによる評価の妥当性をめぐる訴訟は少なくない。これら一連の判決事例の中で、裁判所は、主観的基準やデータに基づく人事雇用決定を一貫して支持する姿勢を示してきた。

例えば、前述の教員の契約非更新をめぐる Spry v. Winston-Salem/Forsyth County Board of Education (1992) 訴訟[10]では、学区教育委員会が、当該教員や他の教員へのインタビューを行い、それらを十分に検討したうえで、

教員の契約非更新を決定した。これに対し、裁判所は、学区教育委員会の示した主観的判断は、人事決定の提唱を行ううえで、十分な根拠として利用できるとの判断を下している。また、Sallee v. State Board of Education (1992) 訴訟[11]では、州法上で、教員の人事決定に関する評価は"客観的"評価であることが要求されているにもかかわらず、評価者の主観的評価を認める判決を下した。

つまり、州法上では、評価の客観性が求められる一方で、司法上では、公正に行われたと判断できる主観的基準やデータに基づく評価が認められてきたと言える。

また、評価結果の妥当性をめぐり、観察手法として利用されたビデオテープの活用をめぐる訴訟も存在する。例えば、Roberts v. Houston Independent School District (1990) 訴訟[12]では、解雇を勧告された教員が、根拠理由であるビデオテープ記録は選択の余地なく行われた授業撮影記録であり、この行為はプライバシーの権利の侵害にあたるとし、解雇取り消しを求める訴えを起こした。これに対し、裁判所は、ビデオ撮影はプライバシー権利の侵害にあたらないと判断し教員の主張を却下した。また、その後のJohnson v. Francis Howell R-3 Board of Education (1993) 訴訟[13]においても、同様な判決が下されており、これまで評価手法として、ビデオテープを使用した授業観察の記録は認められている。

(3)改善プラン

デュー・プロセス保障の観点から、州法上で不十分な評価結果を示された教員に対し、その改善機会の提供を要求する州は少なくない。ワシントン州では、「学区の評価基準に達していないとみなされた被用者は、10月15日以降、不十分とみなされた具体的な分野について、改善プランと共に、報告を受けるものとする。」(§28A.405.100.) ことが州法上、規定されている。また、カリフォルニア州では、「被用者の職務遂行支援のため、被用者の職務実践

に対する改善点について特別勧告をおこなうための協議の場を設けなければならない。」(44664.(b))とされる。さらに、同州では、「雇用当局が必要と判断する場合、被用者の職務実践を改善し、生徒の到達度を高め、雇用当局の教育目標を促進するために企図されたプログラムへの参加を有資格被用者に要求しなければならない。」(44664.(c))と、改善プランについて、より詳細な規定をおこなっている。

一方、司法上においても、改善のための具体的な指示と十分な時間は、教員解雇につながる教員評価において重要な要素であるとし、改善プランの提供が要求されてきた。改善機会の提供をめぐる最初の訴訟に、イリノイ州でのPaprocki v. Board of Education (1975) 訴訟[14]があげられる。本訴訟では、教員の解雇を提言する前に、教員に十分な期間の改善機会を提供することが要求された。また、イリノイ州では後に、州法上の教員評価に関する項目に、改善機会提供のための詳細な規定を加えている[15]。さらに、アイダホ[16]、カリフォルニア[17]、アーカンソー[18]、アリゾナ[19]、ニュージャージ[20]、サウスカロライナ[21]、ウェストバージニア[22]、ミネソタ[23]といった多数の州でも、課題を有する教員の解雇の前には、改善期間の提供を要求する判決が下されている。また、ワシントン[24]、ミズーリ[25]、ルイジアナ[26]、オハイオ[27]、カンザス[28]、ネブラスカ[29]、ユタ[30]、ミシガン[31]の8州では、教員評価プロセスの中で、改善の機会を提供することを要求する判決が下されている。

また、教員への改善機会の提供に関する訴訟の中で争点とされたのは、問題となる教員の能力が改善可能かどうかであった。その中で、イリノイ州裁判所は、Aulwurn v. Board of Education (1977) 訴訟[32]において、解雇の原因とされる要素の改善可能性を検討することは司法の管轄権であるとの姿勢を示した上で、改善の見込みがないと判断された場合は、改善期間を提供せずに当該教員を解雇することができ、改善見込みがあると判断された場合、解雇手続きをとる前に改善機会を提供する必要があるとの見解を示した。また、Squrger v. School Board (1993) 訴訟[33]では、不十分とみなされた要素

が多数あり、その中の一部に関しては改善可能であり、他の要素に関しては改善見込みなしと判断された教員の場合、学区教育委員会に改善の手続きを踏むことは要求されていないとの見解が示された。

このように、裁判所は、学区教育委員会に対し、改善機会を提供する前に課題を有する教員の能力について、改善見込みを把握し、見込みがあると判断した場合のみ、改善機会の提供が求められることを示してきた。しかし、生徒への不適切行為、窃盗、カンニングのような反道徳的行為については、検討するまでもなく改善の見込みのない行為であるとみなされている。また、Dudley v. Board of Education（1994）訴訟[34]では、教員の暴力行為についても、非道徳的行為とみなし、教員の資質能力として、改善の見込みがないと判断した学区の決定を支持している。

(4)手続き保障

手続き保障制度[35]として、「デュー・プロセス」の法制化が進む米国では、教育行政過程においてもデュー・プロセス保障が強く求められている。教員評価においてもこの流れを受けており、評価プロセスに関する判決事例は、そのほとんどがデュー・プロセス保障をめぐるものである。評価プロセスに関する判決事例は、その内容から二つのケースに大別される。一つは、州の求める規定に基づく手続きを踏んで教員評価が行なわれているかという手続き問題（procedural matters）に関わるもの、もう一つは、評価結果が十分な根拠に基づいて判断されたものであるかといった実体的問題（substantive matters）に関わるものである。

①手続き上のデュー・プロセス

裁判所は、一般的に、学区が州法上で求められる手続き上のデュー・プロセスを踏まずに雇用に関する決定を行った場合、その決定を取り消す判決を下している。Kruse v. Board of Directors（1973）訴訟[36]では、テニュアを有

しない教員（非テニュア教員）に、契約非更新の決定をおこなった行政当局に対し、裁判所は、手続き上のデュー・プロセスを踏まなかったとして、行政当局の決定を棄却する判決を下している。後に続く判決事例[37]においても、同様の判決が下されている。その一方で、反対の判決を下す事例も見られる。たとえば、Thomas v. Board of Education（1994）訴訟[38]を見てみると、オハイオ州では、法律上、具体的な改善プランと支援の手段について、書面による教員への通知が要求されている。州最高裁判所は、書面通知の際に必要な手続きを踏んでいないという教員の主張に対し、教育委員会の非テニュア教員の契約非更新の決定を支持する判決を下した。裁判所は、2回行われた評価の中で、1回目の通知において、具体的な改善プランと支援の手段が提示されていたと判断したためである。また、State ex rel. Maritnes v. Cleveland City School District Board of Education（1994）訴訟[39]では、教員への契約非更新の通知時期が遅れたが、これはデュー・プロセス権の侵害にあたらないと判断され、教育委員会の決定を支持する判決が下されている。

基本的に、教員の雇用に関する決定を行う場合、手続き上のデュー・プロセスを踏まえることが要求されてきたが、非テニュア教員に対しては、手続き上のデュー・プロセスが厳格に守られていない場合でも、デュー・プロセス権の侵害には当たらないと判断されてきたと言える。

②実体上のデュー・プロセス

裁判所には"教育への不干渉"という長い伝統が浸透しており、特に、契約非更新や解雇のような学区の人事雇用に関する決定に関しては、評価者が十分な知識を有しているかどうか、あるいは提示された証拠が学区の人事決定を支持するものであるかといった判断を下すのみに留まっている。例えば、教員の契約非更新をめぐり行われた Beauchamp v. Davis（1977）訴訟[40]では、学区教育委員会の提示した証拠が、十分に教員の契約非更新の根拠となりうると裁判所が判断し、学区の判断が支持された。また、校長の解雇をめぐる

Briggs v. Board of Directors（1979）訴訟[41]では、学区の示す証拠は十分な解雇理由になりうると判断し、さらに、学区が不正な決定を行ったという証拠を校長が提示しなかったため、学区の判断が認められた。他の訴訟においても、同様の判断が下されており、教員評価における実体上のデュー・プロセスに関しては、これまで、教育行政当局の判断を支持する判決が下されてきた。しかし、例外もなかったわけではない。例えばSanders v. Board of Education（1978）訴訟[42]では、教員であるサンダース（Sanders）が契約を更新されなかったことを不服とし学区教育委員会を訴えた。サンダースの訴えに対し裁判所は、学区による判断は十分な根拠に基づいておこなわれたものではなく恣意的なものであったことを認め、教員の主張を受け入れる判決を下した。

　実体上のデュー・プロセスについては、Sanders訴訟のように教員の主張を認める例外的ケースもあるが、教員に手続上のデュー・プロセスの機会が保障されている限り、教員評価結果は学区の自由裁量とし学区の行政判断が認められてきたと言える。

(5)評価結果の公開

　いくつかの州では、政府の関連文書は情報公開が義務づけられており、教員評価においても、その情報公開が原則適応されてきた州もある。一方で、アラスカ、カリフォルニア、コネティカットなどの州では、教員評価に関する情報は、情報公開義務から免除することが規定されている[43]。

　教育における情報公開に関する訴訟では、控訴裁判所は、教員の苦情申し立て記録、勤務簿、大学の成績証明書、個人ファイル、部外秘情報、他の記録を情報公開することを義務とする判断を下している。教員評価の情報公開を直接の争点とする判決事例は少数であるが存在している。Ottochian v. Freedom of Information Commission（1992）訴訟[44]は、教員評価に関わる記録について、どの情報が公開義務の免除規定に該当するかが問われたもので

あった。コネティカット州では、州法（Conn. Gen. Stat. Sec. 10-151c）10-151 c条項において、教員の能力や評価の記録は公的記録ではないことが規定されている。高校のフットボールのコーチであったオットチャン（Ottochian, P.）が、コネティカット州インターハイ大会協議（Interscholastic Athletic Conference）規則違反に関するやり取りを記した文書の公開を、情報公開委員会（Freedom of Information Commission：FOIA）が Wallingford 公立学校へ命じたことに対し、その決定を不服として FOIA を訴えた。控訴裁判所は、州法10-151c条項は、たとえ教員の能力や評価の内容を含める部分が除外されたとしても、非評価的（nonevaluative）な情報に関する文書の一部は適用されないことを示し、規則違反のやり取りは非評価的な情報であるため、オットチャンの訴えを棄却した。公開を認めた Brown v. Seattle Public School (1993) 訴訟[45]においても、Ottochian 訴訟と同様、教員評価に関わる情報の公開を認める判決が下された。Brown 訴訟は、Rainier View 小学校の校長であったブラウン（Brown, Lillie M.）の個人記録の一部の公開をめぐって起こされた訴訟であった。公開が求められた記録は校長としての責務に対するブラウンの能力に関わるものも含まれていたが、控訴裁判所は公開を認める判決を下している。

一方で、Ollie v. Highland School District (1993) 訴訟[46]では、校長の教員評価結果の公開について棄却する判決を下している。また、続く、Elentuck v. Green (1994) 訴訟[47]において、教員評価の公開は公的文書に含まれないとの判決が下されている。評価結果の公開に関しては、ケースによってその判断は分かれており、統一的な原理は見て取れない。

(6) 教員評価制度をめぐる判例動向

一般的に裁判所は、教員にデュー・プロセスの機会を保障し、教員評価手続きを遵守している限り、教員の解雇や契約の非更新については行政判断に委ねる姿勢を示してきた。一方で、雇用判断としての教員能力テスト結果の

活用が平等保障の観点から認められていない点や、教員の雇用決定に際してデュー・プロセスの機会を保障することが求められている点から、教員に対し、比較的手厚い権利保障が認められていると判断できる。しかし、これは教員評価が単純な時代に展開されたものであり、今日の教員評価は極めて複雑なものになってきている。もはや、行政官や教員が独自の教員評価方針や手続きを策定しているわけではなく、立法府（legislators）、州教育行政当局、さらには、統計専門家や業者（vendors）などに代表される第三者によって策定されている。立法府が多様な評価基準の比重を決定し、州教育行政当局がそれらの基準を容認する時代である。統計専門家は、難解で複雑な付加価値評価方程式を提唱し、それらによって給与や雇用継続、教員の能力が決定される。このような時代状況が、法的訴訟にどのような異変をもたらすかどうかは不透明なところが大きい。実際、オバマ政権による強力なイニシアティブの下、各州で学力テストを活用した教員評価制度の整備が急速に実施される中、新しい教員評価制度をめぐる訴訟が展開されている。そこで次節より、現在展開されている教員評価制度をめぐる訴訟を取り上げその分析を通し、今何が争点とされどのような論理が展開されているのかを明らかにするとともに、教員評価法制の抱える今日的課題に迫りたい。

第2節　教員評価指標の妥当性をめぐる訴訟

　教員評価指標をめぐる訴訟が、これまでも行われてきたことはすでに述べたとおりである。本節で取り上げる Cook v. Stewart 訴訟[48]も、教員評価指標の妥当性をめぐるものである。今日、オバマ政権下において連邦レベルで教員評価政策が展開される中、教員評価におけるテストスコアの活用は最も重要な政策として掲げられ、その制度整備が各州に要求されている。そのような中、本訴訟において初めて、非テスト教科担当の教員の評価におけるテストスコア活用の妥当性が問われた。連邦政府の強力なイニシアティブの下、

全教員のテストスコアの評価への反映を要求する学力至上主義なシステムが構築される中、連邦裁判所の判断が注目された。

(1)訴訟の概要

Cook v. Stewart 判決は教員評価指標の妥当性をめぐり、合衆国地方裁判所（The district court of the United States for the Northern District of Florida, Gainesville Division）で行われた訴訟であり、生徒の学力テストスコア向上に特化した教員法制改革が米国全土で急速に展開される中、初めて連邦裁判所で審理された訴訟であった。本件では、子どもサクセス法[49](Student Success Act) に基づき学区が作成した教員評価政策が合衆国憲法で保障される法の下の平等（Equal Protection）と実体的デュー・プロセス（Substantive Due Process）を侵害するものではないかという点が争われた。訴訟の詳細を見ていくこととする。

原告はアラチュア（Alachua）、エスカンビア（Escambia）、ヘルナンド（Hernando）郡学区の7人の教員とフロリダ州教員団体（Hernando Classroom Teachers Association, Escambia Education Association）であった。2011年3月に成立した教員関連法は、学区に対し学校管理職やスーパーヴァイザーも含む全教育職員を対象とする年1回の能力評価を義務づけている（1012.34(3)(a)）。教育指導者には教科担当教員も教室外で教育指導を行う教員も含まれている。既述の通り、能力評価の50％は年1回実施されるFCATsで測定される生徒の学力成長度に基づくことが法定され、現在、同州が利用しているFCATsはリーディング（the FCAT 2.0 Reading Tests）と数学（the FCAT 2.0 Math Tests）の2教科を対象とするものである。リーディングテストは140分間の多項選択方式を採用し、毎年4月に実施される。対象は3から10学年である。数学テストも同様であるが、3から8学年を対象とする。つまり、州が承認した生徒の成長度を測定する計算式は、リーディングと数学の統一テストにおける特定の学年の生徒を対象とする成長度のみを測定するものであ

り、州内の教員の過半数はFCATsでは測定されない学年や教科を教えていることになる。そこで、当初の予測をはるかに超えて、州が承認するFCATsに基づく生徒の成長度の測定方式を拡大利用することが認められた。つまり、FCATsの対象とする学年や教科を担当しない教員も、FCATsの結果に基づいて評価されることが承認されたのである。上述の教育関連法では、FCATsの対象としない教科や学年に対しては学区独自に測定方式を作成することを許可しているが（1012.34(3)(a)）、十分な財源や経験を有していない学区が独自に測定方式を作成することは事実上、困難な状況にあった。

　原告7人の教員は、FCATsの対象としない教科や学年を担当しており、教えていない教科や生徒のテストスコアに基づき判定される能力評価は公正性に欠け、憲法修正第14条の法の下の平等と実体的デュー・プロセスの権利を侵害するものであると主張し、連邦地方裁判所[50]に提訴した。訴訟の目的は、法律の施行の一時的な中止と教員評価制度の改定であった。

　原告の一人であるクック（Cook, K.）はアラチュア郡学区の就学前から2学年までの児童が在籍するイルビー小学校（Irby Elementary）に1年生の担当教員として2011-2012年に雇用された。クックは英語学習者にリーディングとライティングを教える22年間の教員経験を有するベテラン教員であった。また、多言語・多文化教育の修士号を有し、2012-2013年にはイルビー小学校の最優秀教員（Teacher of the year at Irby Elementary）として表彰されていた。2学年までの児童しか在籍しないイルビー小学校の教員は、アラチュア郡学区の教員評価方針の下、同学区内のアラチュア小学校に在籍する4学年と5学年の児童全体のリーディングテスト結果に基づき、能力評価を受けることとされた。この評価方針の下、2011年度からイルビー小学校に雇用され、1学年の担当となったクックは、能力評価の40％を担当したことのないアラチュア小学校の児童のテストスコアに基づき評価されたのである。2012-2013年におけるアラチュア小学校の4、5学年のリーディングテストスコアは成長度の測定方式で予測されるほど向上せず、低いスコア結果となった。

この結果がイルビー小学校の教員に適用された。テストスコアに基づく結果は能力評価の40-50％を占めるため、イルビー小学校の95％の教員は「不十分」あるいは「要改善」との判定を受けた。クックにとっては、最優秀教員として表彰された年度に「不十分」との判定が下され、また州法規定に基づき保護者にその評価結果が公表された。

州法は、学区に教育指導者のかなりの部分を生徒の学力成長度データに基づき評価し、学力テストによる成長度データを入手できない教育指導者であっても適用することを命じており、同規定は恣意的で違法であると主張した[51]。

以上の判決の要旨に見られるように、Cook v. Stewart 判決は、教育指導者の評価において、評価実施年度に直接指導を行っていない学年や教科のテストスコアが主要な評価指標として利用され、その評価結果が報酬や身分保障の判断材料とされることが、法の下の平等と実体的デュー・プロセスの侵害にあたるかが争われた。

(2)訴訟の論点

①デュー・プロセス条項の侵害

憲法修正第14条のデュー・プロセス条項は、「州はいかなる者の生命、自由または財産を、適正手続なしに奪うことはできない」ことを規定しており、個人の有する根本的な自由の利益を保障するとの解釈に基づいて、責任を有していないあるいは統制できない行動に対し、罰や法的責任を個人に課すことはできないとされる。合衆国憲法上におけるデュー・プロセスは、手続きの適正（手続上のデュー・プロセス）だけでなく、法の内容（実体）も適性であること（実体上のデュー・プロセス）を要求する[52]。ここでは、後者である法の実体上の適正さが問われた。

州法では、教員の能力評価に基づいて報酬や契約の更新、解雇、人員整理や他の雇用決定を行うことが義務付けられている。さらに、各教員の能力は、

当該教員が実際に教える生徒の学力データが入手できるかどうかに関わらず、また当該教員が担当する教科と関連する生徒のデータが入手できるかどうかに関わらず、生徒の成長度測定式（student growth formula）によって評価される。当該教員と関連する学力データを入手できない教員の多くは当該教員が教えていない生徒のテストスコアや教えていない教科のテストスコアの向上度に基づいて評価され、その評価結果が報酬や身分保障へ反映される恐れがあり、これが実体上のデュー・プロセス違反にあたると原告側は主張した。この点について、当該裁判では、実体上のデュー・プロセスの適用可能性が検討された上で、論争中の政策が合法的根拠を有するかどうかが争点とされた[53]。裁判所は、「論争中の政策が州議会ではなく、学区によって作成され州教育庁による承認を通して制定されたものであっても、州議会で制定されたものと同等なものとして扱い、政策が憲法上の欠陥を課すものではない[54]」ことを示し、学区教育政策に適用される合法的根拠はすでに実施される子どもサクセス法の合法的根拠と同じであるとみなし、州議会が子どもサクセス法において達成しようとする合法的行政目的を確認した。その上で、学区が作成した政策に、州議会が想定した目的を発展させようとする合法的根拠が存在するかどうかのみが問われた。つまり本件に照らして考えると、タイプB[55]の教員にとって争点となったのは、州教育庁と学区が、当該学区の評価政策が生徒の学力向上という州議会の目的を発展させるものであると考えていたかどうかであった。

　裁判所は以下の理由により、合法的根拠の存在を認めた。「第1に、教員が異なる教科を教えていたとしても州統一テストにおける生徒の学力の改善に寄与することができると考えることは理に適っていると判断できる。第2に、教員を評価する時点での生徒の成長度を考慮することは理に適っていると判断できる。第3に、このような改善を考慮に入れた能力評価が教育の質改善への動機を与え、学力向上という州の利益を向上させると考えることは、理に適うものと言える[56]。」つまり、子どもサクセス法に基づく学区教員評

価政策は合法的根拠を有しており、実体上のデュー・プロセス違反には当たらないと判断したうえで、教員の教育力は教える教科のみの学力に限定されるものではなく、子どもの学力全般に寄与するものであると考えることは妥当であることが示された。

②法の下の平等条項の侵害

　憲法修正第14条の法の下の平等条項は、「各州に対しては、その司法権の範囲内で全ての人に対する法の下の平等保護を求めている。」原告側は、州法及び被告の学区における評価政策は、フロリダ州内の教員を教員が担当する生徒や教える教科の成長度データに基づいて評価を受けるタイプA教員と担当していない教科や学年の生徒の成長度データに基づいて評価を受けるタイプB、タイプC教員の2種類に分けるものであり、これが法の下の平等条項に違反すると主張した。さらに、当該年度に担当していない生徒のテストスコアの成長度や当該教員が教える教科と全く関連のない教科のテストスコアの成長度に基づいて1年間の能力を評価する合法的権限は存在しないと主張した。

　これに対し裁判所は、「本件における分離は、人種や性別、国籍などの疑わしい分類が含まれるわけではないので合理的根拠規準[57] (rational basic review) が適用される[58]」ことを示した。合理的根拠規準のもとでは、手段が目的と合理的関連性を持たない場合のみ、州議会による分類が平等権を侵害したことになる。本件の場合、「被告が訴えた分類は不公平な差別を有するものではなく、全教科、全学年を対象とする生徒の学力成長度を測る際に利用可能な統一的な測定が存在しないことから生じた実質的な結果（practical consequence）である[59]」と述べた。当該学区は、同等な測定がタイプB、Cの教員に利用できないため、そこで提供される生徒の成長度データが当該教員を評価する際に非常に限定的な価値しか有さないものであっても、一時的な測定として、学区教育委員会がタイプB、C教員の評価の際にFCATsテ

ストを採用したと考えられることが示された。ただし、「全教員に同等な方法で生徒の成長度を測定するための、全教科、全学年対象のテストが利用可能になるまで、教員評価は延期するべきであると強く主張する[60]」としたうえで、法の下の平等条項の下、州は生徒の学力向上における差し迫った必要性として認識される課題を解決するための教員評価政策の実施を禁止されないと判示した。

③結論

本訴訟は、事実審理に進む前に、被告による事実審理省略判決（summary judgment）の申し立てが認められ、事実審理をせずに決着がつけられた。裁判所は「本法廷では、実施される教員評価制度の不公平さが負けたわけではない。我々は、本来なら各教員の個々の効果性を測定する教員評価制度を有するべきであり、原告が示すように、評価基準には有意差が存在する[61]」と、原告側の訴えに対する一定の理解を示した。その上で、「本件は評価制度の公平性を問うものではない。判断の基準は、評価政策の是非を問うものではなく、評価政策が法の下、合法であるかどうかである。実体上のデュー・プロセス条項および法の下の平等条項における無効とする法的行為の基準は、それらをサポートする合法的根拠が考えられるかどうかである。先に説明してきたように、州は生徒の学力向上という州議会の利益を促進させるものとして、合法的に評価政策を制定したとし、違憲には当たらない[62]」との見解を示し、原告側の申し立てを棄却した。つまり、学力向上を至上命題とする教員評価制度を整備し推進する動きに法的問題がないことが示された。

(3)評価指標の妥当性

本稿で取り上げた Cook v. Stewart 訴訟は、Race to the Top（RTTT）政策下での新しい教員評価制度における評価指標の妥当性をめぐる初めての訴訟であった。学力テストスコアの反映を全教員の評価に求める強引な教員政

策に対し、非テスト科目・非該当学年担当の教員へのテストスコア活用をめぐり、その妥当性が問われた点が本訴訟の特徴であった。本件に対する裁判所の判決は、新制度下における非テスト科目・非該当学年担当の教員への学力テスト活用は、実体上のデュー・プロセスを侵害するものではなく、また平等保護の侵害にも当たらないというものであった。West Coast Hotel Co. v. Parrish 判決[63]以降、裁判所は経済的自由の規制に対する実体上のデュー・プロセス違反は認めておらず、本件においても同様の判決が下された。また、これまで、教員に手続き上のデュー・プロセスの機会が保障される場合、学力テストの活用を含めた評価指標に基づく評価結果は学区の自由裁量とし、学区の行政判断を認めてきたが、本訴訟でも同様であったといえる。Cook v. Stewart 訴訟において、学力向上を至上命題とする教員評価制度を整備し推進する今日の動きに何の法的問題もないと、裁判所が示した意味は大きい。

一方で、Cook v. Stewart 訴訟において、憲法上の違法性は指摘されなかったものの、評価基準の有意差が存在すると指摘された点も大きい。教員評価における学力テスト結果の活用に関しては、当初より、制度上の不整備が指摘されてきた。フロリダ州においても、州統一テストは限られた領域、学年の生徒にしか実施されておらず、対象外の生徒を担当する教員への学力テスト結果の活用は問題視されてきた。実際、州法上では、各学区に当該教員に対する学力テストの作成を許可しており、評価方法に関してはその権限を各学区に委任している。しかし実際は、財政的側面などを理由に各学区が独自に学力テストを開発することは難しく、全教員の評価に州統一テスト結果を強引に活用している実態が明らかにされた。このような現状に対し、「憲法上の権利の侵害は見られないものの、評価制度の公平性に問題があることは明らかであり、全教員に同等な方法で評価するシステムが整備されるまで、教員評価を延期するべきであると強く主張する」との見解が裁判所より示された点は重要である。早急な法改正を断行した結果、現行教員評価法制の有

第3節　教員の身分保障制度の合憲性をめぐる訴訟

　前節で述べたフロリダ州の訴訟のように、デュー・プロセスなどの権利保障をめぐり教員が訴訟を起こすケースは、他の州においても広がっている[64]。これまで教員法制改革をめぐる訴訟は、教員の権利と雇用者である行政当局の利益をめぐる衝突から生じたものであり、教員団体と行政当局の間で展開されてきた。その一方で、教員の身分保障制度をめぐり、教育の受益者である子どもと保護者が訴訟を起こす新たな動きも見られる。そこで、本節では、身分保障をめぐる新しいアクター間の対立に着目し、連邦教員政策の展開状況を明らかにする。

(1)教員の身分保障制度をめぐる連邦政策

　No Child Left Behind Act of 2001 (NCLB) 法以降、アカウンタビリティ・システム構築における教員政策の争点は教員の身分保障の問題であった。米国では、教員の身分保障に関わる重要な法律として、「テニュア法」が各州において整備されてきた。入江によると、教員テニュア法は、「一般的に教育委員会による専制的で不合理な恣意的な行為、詐欺、背徳、抑圧などの不当な行動をとるというような裁量権の乱用から教員を守るために制定」されてきたものである[65]。テニュアとは、一定の試用期間を経た教員に対し、継続的にあるいは永続的に雇用される権利を与えるものであるが、テニュアを所有する教員であっても、整理解雇や明示された解雇事由により、正当な手続きに基づき解雇される場合がある。ただ、教員テニュア法によって、具体的な解雇事由を法的に明示し、さらに通知や聴聞の機会を提供するなどの手続きを示すことによって、手続き的側面から解雇を制限している。つまり、「法に規定された解雇事由に該当しかつ通知や聴聞といった手続きを経て初

めて教員を解雇することができる」ため、教員テニュア法は教員の権利を守り教育の自由を保障するためのものであるとされる。このような教員解雇における手続き保障は、教育委員会による教員解雇の自由を統制するものとして制定され、教員が教育の自由を享受し専門職としての特性を得るために生まれてきた制度である[66]。このような教員解雇における手続き保障に対し批判する声は当初から上がっていたが、全州で教員解雇における手続き保障が制度化され、教員解雇をめぐる訴訟においても教員テニュア法に依拠することが明示されてきた。入江は、解雇の際の手続き保障に対する賛否両論がある中、教員テニュア法の成立が全米に広がってきたことを指摘し、「これが教員解雇における手続き保障に対する批判への歴史的な解答である」と述べている[67]。

　教員の身分保障制度として各州で「教員テニュア法」が成立、実施されてきた中で、NCLB法制定以降、その転換を強いる教員政策が連邦レベルで展開されている。既述のようにNCLB法は、各州に達成すべき学力スタンダードの設定を義務づけ、州統一テストによってその達成度を測定し、目標に到達できなかった学校に「サンクション」を与えることによって子どもの学力格差の是正を図ろうとする点に特徴を有する。この「サンクション」の内容として、要改善とみなされた学校に対し公立のチャータースクールとしての再開、教職員の入れ替えなど当該学校の再編成が要求されることとなった。つまり、学力結果に基づいて要改善と判断されれば、教員の強制異動や整理解雇を実施することが義務付けられたのである[68]。しかし、教育に関する権限は合衆国憲法修正第10条より各州に所在すると解釈され、教員の身分保障や労働条件に関する事項は州法で定められており、この州法規定が「壁」となりNCLB法の実施が阻まれるという状況が起こっていた。このような状況打破に着手したのが、オバマ政権下における教育政策[69]の一つの特徴であった。

　RTTTプログラムは、競争的連邦補助金の獲得を目指し、連邦教育省の

作成する「選考基準」に基づき各州が独自に改革プランを作成し、基準に応じてポイントが加算され、各州はその獲得数を競い合う仕組みとなっている。つまり、選考基準に忠実なプランを作成した州ほど、競争的資金獲得に有利となる。ここで教員政策に着目すると、「もっとも必要とされる場所に有能な教員と校長を採用し、研修を与え、継続雇用し、報酬を与える」ことを目指し、生徒の成長度に基づく教員・校長の教育効果の正確な測定とその測定結果の効果的な活用を可能とするシステムづくりを各州に要求するものであった。さらに、資金獲得の前提条件として、同システム創設時に障壁となる身分保障に関する州法改正を各州に要求した。このようにRTTTプログラム以降、ほとんどの州で、教員の身分保障制度をめぐり、法改正を含む大きな方向転換が図られている。

(2) 教員の身分保障制度の合憲性をめぐる訴訟

上述するように教員テニュア法は、教育委員会の教員解雇の自由を統制するものであり、教員の専門職としての尊重を守るために成立されてきた。この身分保障制度に対する改革が連邦レベルで進められる中、一つの訴訟が話題に上った。具体的には、2012年5月にカリフォルニア州内公立学校に通う9人の生徒が、教員テニュア法に基づく教員の身分保障制度が子どもの平等に教育を受ける権利を侵害しているとして州当局を訴えた Vergara v. California 訴訟[70]である。これは、教員の身分保障の根幹となるテニュア法に対し、その正当性が問われる教員にとって重要な訴訟であった。

① Vergara v. California 訴訟の概要

2012年5月、カリフォルニア州内公立学校に通う7歳から16歳までの9人の生徒が、州教育法（Education Code）における五つの条項（44929.21b（永年雇用法：Permanent Employment Statute），44934, 44938b(1)(2), 44944（免職法：collectively Dismissal Statutes），44955（後入先出法：Last In, First Out：LIFO））がカ

リフォルニア州憲法で保障される法の平等保護条項に違反するとして、訴訟を起こした。原告は、申し立てられた州法（the Challenged Statutes）は教育する立場に立つべきでない極めて無力（ineffective）な教員を雇用し保有することを保障するものであり、その結果、生徒の有する教育の機会均等における基本的権利を侵害している、と主張するものであった。このような極めて無力な教員が担当する生徒は、実質上、長期にわたる深刻な害をもたらす二流の教育を受けることになると訴えた。

この申し立てに対し、被告であるカリフォルニア州[71]と学区[72]は以下の理由により、裁判所に異議を申し立てた。被告らは、原告が憲法訴訟の裁判権を有していないこと、またカリフォルニア州内公立学校における極めて無力な教員の数は相対的に低いため、これらの教員の影響は少ないことから、憲法違反にはあたらないと主張した。これに対し、判事であるトロイ（Treu, R. M.）は、以下の理由により被告らの申し立てを却下し、裁判の手続きを進めた[73]。①原告の中には極めて無力な教員が担任する子どもが含まれており、申し立てられた州法が、その状況下におかれた子どもに不公平な教育の機会をもたらしていることを主張するに十分な証拠が示されている。②学区における整理解雇が生じる際、マイノリティや経済的に恵まれない子どもが最も多く在籍する学校は年功制に基づき教員を手放すことになるが、極めて無力な教員は免職法に従って、解雇されるよりも他の学校に異動させられるため、これらの学校に配属されることがしばしば起こっている。この現状は、申し立てられた州法が教育の機会均等を否定する根拠となっているとの主張に、十分な確証を与えている。③原告は教員のデュー・プロセス権利を非難しているわけではない。問題のある州法規定が教員のデュー・プロセスの権利に準拠したものであるかどうかは、生徒の平等保障の権利に準拠しているかどうかとは別の異なる審理である。以上の理由により、被告の異議が却下され、州と学区に対し、2012年11月29日までに訴えに応答することが命じられた。

本件において、裁判所は2段階審理方式を採用した。第1段階において、

原告側が証拠の優越（preponderance of the evidence）[74]により、(a) 申し立てられた州法が生徒の教育を受ける基本的権利に相当程度の実際の影響を与えていること、また (b) 申し立てられた州法が貧困層のマイノリティの生徒に不均衡な負担を課していることを証明しているかどうかを裁判所が決定する。その際、(a) (b) のどちらか一方でも証明されたと判断する場合、裁判所は「厳格な審査」（strict scrutiny）手続きに進む。第2段階の厳格審査では、被告である州が申し立てられた州法を正当化する「強い公共利益」（compelling state interests）が存在すること、法によって引かれる区別は目的を促進するために必要であることを立証する責任を負う。本件では、原告側より十分な確証が示されたと判断されたため、厳格審査手続きが適用され、被告である州に立証する責任が課せられた。厳格な審査基準が適用されると、州にはるかに困難な課題が課されることになり、通常原告が勝訴する。本件においても、原告側の言い分が認められ、申し立てられた州法の違憲判決が下された。以下において、原告側による訴訟事由を整理する。

②訴訟事由と判決

ⅰ 教育の質的側面における平等保障

第1に、有能な教員へのアクセスの機会が平等でないことは、教育の平等保障に反するのではないかというものである。教育の平等保障をめぐる訴訟は、これまでにも蓄積がある。周知のとおり、1964年に下されたブラウン判決[75]（Brown v. Board of Education）において、人種による公教育機関の分離は、本質的に不平等であり、このような条件下の子どもは合衆国憲法修正第14条で保障される平等保障を侵害されているとの判決が、連邦最高裁判所より下された。また、セラノ判決[76]（Serrano v. Priest）では、子どもの受ける教育の質が学区の有する財産課税評価額の大小によって左右されることが、教育の機会均等の原則に反するかどうかが問われ、カリフォルニア州最高裁は、教育は「基本的利益[77]」であると見なし、当時存在していた学校財政制度がカ

リフォルニア州憲法で規定される平等保障に違反しており無効であるとの結論を下した。この判決により、教育における経済的差別が違憲となりうることが示された。また、バット判決[78]（Butt v. State of California）では、財源不足による学区の6週間繰り上げての学期修了は生徒の有する教育の平等保障の侵害に当たるかどうかが問われ、カリフォルニア州最高裁判所より違憲判決が出された。当該判決では、特定学区の生徒の基本的な教育の平等保障が侵害される方法で、州が公立学校システムを管理、実施することをカリフォルニア州憲法は禁止しているとの解釈が示された。このように、三つの判決は、人種による学校の分離、財源の格差、学期間の格差はいずれも憲法に違反するものであり、これらにより生徒の有する教育の平等保障の基本的権利が損なわれることは認められていない点が示された。一方、上述の訴訟が具体的で物理的な事由に基づく教育の平等性の欠如が争点であったのに対し、本件は憲法に基づく教育の平等保障の原則が教育の質的側面に適用されるかどうかをめぐるものとして、注目された。

　本件では、原告側に申し立てられた州法が子どもの教育経験にどれほど影響を与えるか直接算定し、さらに、申し立てられた州法が、カリフォルニア州の全生徒、あるいはマイノリティや低所得家庭の生徒が、極めて無力な教員に理不尽にさらされる（exposure）原因である確証を示すことが要求された。

　原告側は、ロサンゼルス統一学区（LAUSD）における有能な教員と無能な教員の格差は相当であり、極めて無能な教員に教えられる生徒は他のクラスの同級生よりも学習進度がはるかに遅れており、無能な教員が生徒の将来を損なうほどの重大な被害を与えていることを示した。その際、証拠として、アメリカ経済雑誌（American Economic Journal）に発表されたチェティ（Chetty, R.）による教員の影響力に関する研究が提示された[79]。彼の研究は、20年以上にわたり250万人の生徒の学校と税金に関する膨大な記録を分析したものであり、生徒の社会的成功（life outcome）は教員の質の相違に左右される

ことを証明した。教員の効果性は大学進学率や収入、10代の妊娠率などの多様な指標によって測定され、その結果、教員は生徒の長期的な成功に深刻な影響力を有していることが示された。また、無能な教員との1年間は、生徒の生涯賃金の140万ドルを失わせることが証明され、チェティは、有能な教員と接することは、子どもの将来（outcome）の可能性を大いに広げ、反対に無能な教員に接することは子どもに深刻な害を与える、と述べた。

　さらにケイン（Kane, T.）は、ゲーツ基金に基づく効果的な教育測定プロジェクト（Measures of Effective Teaching Project：METプロジェクト）と呼ばれる4年間の研究プロジェクトを実施し、教員の効果性の構造的な測定は実施可能であり、授業観察や統計調査、生徒の成績向上度を組み合わせた方法で有能な教員と無能な教員の判別が可能であることを示した。その上で、生徒と教員のデータ分析を通して、申し立てられた州法規定に縛られた結果、LAUSDにおける教員の効果性の差異は他の学区の2倍近くに広がっており、さらに下位5％の教員が担当するLAUSDの生徒は、平均的な教員が担当する他の生徒と比べて9から12か月の学習の機会を失っていることが示された。これらを受け裁判所は、「証拠の優越」の基準に基づき、原告は、申し立てられた州法が生徒の有する教育の平等保障の権利に現実に相当の影響を強いていること、またそれらが貧困層やマイノリティの生徒に不均衡な負担を課していることを証明していると判断した。

　これに対し被告側は、極めて無能な教員が生徒にとって害であることを認めた上で、生徒の学力に影響を与える要因は、貧困や安全性など学校外の要素も含まれることを主張した。また、極めて無能は教員の数は決して大きいものではなく、その被害も深刻ではないと反論した。しかし、生徒の学力に影響を与える他の要因の存在が、教員の重要性を否定するものではない点、またカリフォルニア州内に解雇されない極めて無能な教員数がたとえ1人であったとしても、その無能な教員が数百人もの生徒に害を与えていることは否定できない点、さらに、無能な教員が1から3％程度であるとしても、州

内の教員数27.5万人の1から3％は2,750人から8,250人であり少なくない点が指摘され、極めて無力な教員の生徒に与える影響は相当なものであることは否定されないと判断された。

ii 申し立てられた州法規定の違憲性

　第2に、原告は、永年雇用法（44929.21b）、免職法（44934, 44938b(1)(2), 44944）、LIFO法（44955）における各法規定が、カリフォルニア州憲法で保障される法の平等保護条項に反しているとその違憲性を訴えた。

・永年雇用法（Permanent Employment Statute）の妥当性
　原告は、永年雇用法は学区が十分な情報に基づいて教員の効果性を評価する機会を有する前に、教員のテニュア授与の決定を要求するものであり、生徒に害を与えるものであると主張した。カリフォルニア州法では、2年の試用期間を経て、永年雇用の権利を有することが示されているが、原告は、"2年"規定は誤記でありテニュア授与の決定を下す前に十分な期間が設定されていないとする。州法規定によると、再任しない場合の決定は、契約2年目の3月15日までに、教員と正式な話し合いの場を設けた上でおこなわなければならない。この期限は2年間よりもさらに2, 3か月早い時期であり、3月15日の期限までに決定するためには、実際はそれより先に再任の提言をおこなわなければならない。つまり、新任教員の入職プログラムの有益な効果を踏まえて再任の決定をするには、十分な期間が設定されていないことになる。原告は、他の32州が3年間の試用期間、9州が4, 5年間の試用期間を設定していることを示し、同州の永久雇用法がテニュア決定の際に詳細な情報を得た上で決断するための十分な時間が提供されておらず、プロセスに十分な時間が提供されないまま教員が再任されている現状を指摘した。さらに、LAUSDを含むいくつかの学区では、時間的制約の結果として、"何らかの疑い"に基づいて再任の阻止が実施されており、教員から能力を証明する適切な機会を十分に提供することなく、生徒から有能な教員が奪われてい

ることを主張した。原告側の証言者であるオークランド統一学区（OUSD）人事部副責任者であるマーシャル（Marshall, B.）は、テニュア授与の決定は十分な根拠に基づいたものではないことを示した。

これらの証言を受け、裁判所は、現行の永久雇用法は、生徒と教員双方にとって、不平等で不必要な不利益を被るものであると述べ、永久雇用法がカリフォルニア州憲法で保障される平等保障を侵害しているという原告側の言い分を認め、違憲判決を下した。

・免職法（Dismissal Statute）規定の妥当性

原告は、免職法（Dismissal Statutes）によって規定される極めて無力な教員を学区から排除するための免職手続きの実施が、非経済的で非効率的であると主張した。原告が示した証拠によると、免職法に基づき教員の免職が決定されるまでに、およそ2年から10年必要とされ、5万ドルから45万ドルあるいはそれ以上費用がかかる。このような事実により学区当局がこれらの費用や時間を費やすことを望まず、極めて無力な教員が教室に取り残されていることが明らかにされた。また、原告側の証言者は、管理者が現行システムにおいてテニュア教員を解雇することは不可能であると考えているため、カリフォルニア州において教員が免職されることは極めてまれであると証言した。

一方、被告である州は、教員はデュー・プロセスの権利を有しており、免職法はこれを保障するものであることを主張した。デュー・プロセスは教員の権利を守り教育の自由を保障するための身分保障であり、被用者に懲罰を課すまえに手続き保障を提供することを命じている。免職を決定する際には、事前予防手段として、該当する行為とその理由、それらの行為の原因となる責務や資料の写しの通知と、懲戒を実施する当局に対して口頭あるいは書面による反論の機会を含めることが要求されている。さらに行政機関のヒアリングを受けて、被用者は事案の決定が十分な証拠に裏付けられるか判断するための上告のプロセスの権利を有しており、免職法はこれに準ずるものであ

る。

　本件において裁判所は、憲法で保障される生徒の教育の平等保障と同様に、教員の合理的なデュー・プロセスの権利もまた保障されるべきことは認めており、免職が要求される際、教員が合理的なデュー・プロセスを提供されることに疑問が呈されているわけではないと判示した。その上で、ここで争点とされているのは、免職法によって要求される現行の制度が複雑で時間と費用の消費を伴うものであり、無能な教員に対する効果的で有効なさらに平等な解雇手続きが実施されていない点であることを指摘した。これらの理由により裁判所は、免職法が教育の平等保障の点から違憲であるとする原告側の主張を認めた。

・LIFO法規定の妥当性

　後入先出法と呼ばれるLIFO法規定は、学区に対し整理解雇の必要性が起こった際、生徒の利益を考慮せず、年功制に基づき若手教員から整理解雇の対象を選抜するプロセスを要求するものである。つまり、LIFO法の下では、どれほど有能な若手教員であっても、また逆に無能なシニア教員であっても、教員の効果性が考慮されることなく、整理解雇が実施される。原告は、このLIFO法が教育の平等保障に反するとして違憲性を訴えた。LIFO法の下では、生徒にとってプラスの影響を与える有能な若手教員は生徒と引き離されることになり、生徒にとって害をおよぼす無能なシニア教員をその場に留まらせる現状が引き起こされることになると述べた。

　さらに原告は、免職法と同様、カリフォルニア州におけるLIFO法が他の州と比較しても極めて稀な規定であることを示している。例えば、整理解雇を実施する際の基準について他の州の規定を見ると、20州が年功制と他の要素を基準とすることを示しており、さらに、ワシントンD.C.を含む19州が整理解雇の基準の設定を学区の裁量に委任し、2州が年功制を考慮しないことを示している。一方で、年功制を単一の基準とするあるいは必ず考慮しなければならないと示しているのがカリフォルニア州を含む10州であり、カリ

フォルニア州における LIFO 法規定が特異であることを主張した。

これに対し、被告である州は、年功制に基づく整理解雇システムによって解雇された教員は、全体的な教員の能力と比較してもその平均より有能でない教員が中心であると反論した。また、州は整理解雇を実施する際に教員の効果性を考慮することは教員間の共同性を破壊し生徒に害を与える危険性があると主張した。しかし、原告の証言者であるゴールドハバー（Goldhaber, D.）は、自身の研究において、LIFO 法のもと解雇した教員の48％はロサンゼルス学区の教員の平均より有能であることが示されたこと、さらに効果性に基づく解雇システムを適用した場合、LIFO 法のもと解雇された教員のわずか16％の教員しか該当がいなかったことを提示し、被告の主張を反証した。

これらの証言を受け裁判所は、LIFO 法がカリフォルニア州憲法における平等保護規定に反しており、違憲であるとの判決を下した。

ⅲ 申し立てられた州法のマイノリティの子どもへの弊害

原告は、申し立てられた州法による弊害は、カリフォルニア州内のすべての子どもの中でも最も弱い立場の子ども―与えられるべき教育の最も必要な貧困層やマイノリティの子ども―に拡大されていると主張した。低所得家庭の生徒と富裕層の生徒の間に明白な学力格差があることは疑う余地がないが、原告は、申し立てられた州法が学力格差を悪化させる要因の一つであると主張した。LAUSD の校長であるカッペンハーゲン（Kappenhagen, B.）は富裕層の生徒は他の豊富な学習資源を有しているため、たとえ無能な教員が担任になったとしても、その影響を緩和させる機会が与えられるが、低所得家庭の生徒はそのような機会を有していないため、無能な教員から受ける影響は直接的であり大きい。そのため、低所得家庭の生徒が無能な教員から教育を受けると、人生の軌道（trajectory）を停留あるいは後退させられることになると主張する。

さらに、時期尚早なテニュアの決定や煩雑な解雇決定、無能な教員の蓄積

などの申し立てられた州法の抱える課題は互いに関連していると主張する。有能な教員はスキルアップするにつれより裕福な学区へ異動する一方で、無能な教員は貧困層学区に留まることになる。また、富裕層学区でキャリアをスタートさせた無能な教員は、解雇できないため、優先的配置（priority placement）リストに加えられ、最終的に貧困層学区の学校に異動させられる。さらに、教員の解雇は実行可能な選択でないため、自校の円滑な学校運営を求める校長は無能な教員を他校へ異動させようとする。この異動先となる学校は、常に欠員を有する貧困層学区の学校である。原告が提示した証拠によると、LASUDのアフリカ系アメリカンやラテン系の生徒の占める割合は全体の43％にのぼり、そのうち68％の生徒が下位5％の教員に担当されている。この割合は、富裕層の生徒に対するそれよりも2倍近く多いことが示された。

　また、貧困層学区における若手教員の在籍する割合は高いため、LIFO法規定のもとでは、貧困層学区の学校に集中して整理雇用を強要することになる。これは、貧困層学区に、継続的な教員の入れ替えを求めることになり、多い場合、ニーズの高い学校では1年間に60％以上の教員の解雇が強要されている。さらにこの状況は、常に欠員状態にあるニーズの高い学校には行き場のない無能な教員や若手教員が補充されるという悪循環を起こしていることが訴えられた。

　対して被告は、申し立てられた州法による弊害は、有能な教員やベテラン教員を貧困層学区に配置することで改善可能であると反論したが、このような教員異動が実現可能な解決策であると実証するに十分な証拠は提示されなかった。

　以上より、裁判所は、原告が提示した証拠は、申し立てられた州法規定が偏って、マイノリティのあるいは貧困層の生徒に影響を与えるものであることをはっきりと示していると判断し、申し立てられた州法は違憲であると結論づけ、係争中の再審理の差し止め命令を下した。その際、申し立てられた州法規定の無効化は、カリフォルニア州内の他の公務員が有するのと同様に

教員の有するデュー・プロセスの権利を損なうものではないこと、さらに、教員が正当な理由で解雇される前には、通知とヒアリングの機会を保障されることが確認された。申し立てられた州法はデュー・プロセスの要件を越えて必要以上の不要な保護を提供するものであり、それが生徒にとって損失であることを主張するものであると結論付けた。

　第1審での判決を受け、連邦教育省長官であるダンカン（Duncan, A.）は、裁判所の判決を支持する立場を表明している[80]。

> 　カリフォルニアや他の州の生徒にとって、教育の機会均等には優秀な教員に教えられる公平な機会が含まれなければならない。本件の原告である生徒は、有能な教員をサポートし、最も必要な生徒へ割り当てることができていない現行の法やシステムによって損害を受けているアメリカ全土の何百万にもいる生徒の中のたった9人である。今日の裁判所の判決はこれらの課題の改善を命じるものである。同時に、我々は公教育に対する信頼を取り戻すために努力しなければならない。本決定は、進歩的な州（progressive state）に、教員に支援と尊敬を提供しキャリアに見合った報酬を与える一方で、子どもの教育の機会均等の権利を保障する教職（teaching profession）の新しい枠組みを構築する革新の伝統（tradition of innovation）の機会を与えるものである。
> 　全ての州や学区が同様の議論を有する必要がある。連邦レベルにおいて、州と連携を取りながら、このような対話を奨励しサポートすることに尽力を尽くす。

　このように、ダンカンは、Vergara v. California訴訟における裁判所の判断を支持し、他の州においても同様な動きが広まるように、連邦レベルにおいてもサポートする姿勢を表した。

　一方で、NEA（National Education Association）の代表であるロッケル（Roekel, D. V.）は、本判決が教室内に有能な教員を保有することをさらに困難にすると述べ、判決に対する不満を表した。また、本訴訟が生徒と行政当局の二つの利害関係者による単純な2項対立ではない点に懸念を示した。本件の原告である9人の生徒はシリコンバレーの億万長者であるウェルチ（Welch, D.）が支援するStudent Matterと呼ばれる団体によって資金援助を

受ける形で訴訟を起こしており、原告側の背後には利益団体（corporate special interests）の存在がある。つまり、本訴訟は、生徒をサポートするものではなく、公教育を私営化し教職を弱大化させイデオロギー的意図を公立学校や教員に押し付けようとする富裕層（millionaires）や法人の利益団体による企てであると批判している。同様に、教育学者であるラヴィッチ（Ravitch, D.）は、本判決は長年、教育におけるペットプロジェクト（Pet Project）に投資してきた裕福な博愛主義者たちの勝利を表すものであると批判した[81]。

③Vergara v. California 訴訟の影響

　カリフォルニア州の Vergara v. California 訴訟において下された、教員の身分保障に関する州法規定は子どもの有する教育の機会均等を侵害するものであり、違憲であるとの判決は全米に大きな衝撃を与えるものであった。この判決は他の州においても同様の動きを促進させるものであり、例えば、ニューヨーク州では、2014年7月に教員の身分保障制度が生徒の教育の機会均等を侵害しているとして、二つの裁判が相次いで起こされた。一つ目の訴訟は7月上旬の Davids v. New York 訴訟[82]であり、NYC 保護者団体（NYC Parents Union）が支援した。二つ目の訴訟は、7月下旬の Wright v. New York 訴訟[83]であり、Partnership's for Education Justice がスポンサーとなっている。二つの団体はニューヨーク州を中心に公立学校改革に向けて活動する組織である。二つの訴訟における申し立ては微細な相違はあるもののほぼ同様であり、州教育法のいくつかの条項が無能な公立学校教員の解雇を困難にし、影響を受ける公立学校で教育の質が保障されていない事態を招いており、州憲法で保障される全ての子どもが持つ確かな教育の機会保障を侵害するものであるとの主張であった。これらの訴訟は、8月7日に州司法長官により訴訟の統合（consolidation）の申し立てが行われ、承諾された。合憲性を問われているのは、テニュア（Education law, sec. 3012）、懲戒手順と罰則（disciplinary procedures and penalties, sec. 3020(a)）、年功制（Seniority, sec. 3012

に関する法規定であった。被告による棄却の申し立てが否決され、現在も係争中である。

また、ワシントン D. C. の前教育長であるリー（Rhee, M.）が運営する国内の活動的なロビー団体で知られる Student First は、本件の結果を受け同様の法的戦術を利用し、他州のテニュア制度を廃止するための強硬な改革を進める動きを見せている。

(3) 教員の身分保障と教育の平等保障

連邦政府による強力なイニシアティブのもと、教員の身分保障制度をなし崩しにする改革が半ば強制的に誘導されてきたことは、これまでの研究において明らかである。そのような中で、Vergara v. California 訴訟において、生徒の権利保障という新たな視点から教員の身分保障制度の妥当性が問われた意味は大きい。これまで、テニュア法を中心とする教員の身分保障制度は、行政当局からの教員解雇の自由を制限し、教員が教育の自由を享受し専門職としての特性を得るために生まれてきたものとして捉えられてきた。しかし、この教員の身分保障制度が生徒の教育の平等保障を侵害するものであると判断し、教育の平等保障を質的な側面から担保する必要性を認めた本判決は、これまでの教育の平等保障に対する概念や教員の専門性や資質能力概念を問い直す大きな転換点となるであろう。

また、教育を受ける立場である生徒や保護者が州当局を訴えるという構図も注目される。一連の教員法制改革は連邦政府主導によるトップダウンで進められてきたが、先に述べたように、教育に関する権限は各州に所在するため、改革内容や程度は州の判断に委ねられる。実際、テニュア法の改正を行っていない州[84]も未だ存在する。ところが、本訴訟において、教育を受ける立場の生徒から教員テニュア法の改変が求められた点からは、草の根運動に教員法制改革が突き動かされるという新たな展開が見て取れる。さらに、懸念すべき事項として、利益団体の存在も無視できない。Vergara v. California訴訟においても、利益団体からの全面的なサポートが背景にあり、原告側の勝利は利益団体の存在無くしては達成できなかったと言っても過言ではない。また本訴訟を受け、Student Firstのようなロビー団体が中心となってテニュア法の改革に着手する動きも指摘されており、その存在は今後も注視する必要がある。NEAの代表であるロッケルは、これらの利益団体が教職を弱体化させ公教育の私営化を企てていると懸念しているが、利益団体を教育ガバナンスにおける新たなアクターの存在として捉えるならば、新しい教育ガバナンス体制の再構築を考えていく必要があるだろう。

第4節　教員評価結果の公表をめぐる訴訟

　RTTT政策下において新しい教員評価制度が創設・実施される中で、評価結果の公表をめぐり訴訟が展開されている。教員評価公表の動きは、2010年にロサンゼルスタイムズが、LAUSD学区の何千人もの初等学校教員を対象に、生徒の標準テストスコアに基づく「付加価値評価」による教員評価結果を、ウェブ上で公表したことに端を発する。この評価結果公開の動きは、示されるスコアは未完全なものであり、教員の効果性概念に誤解を与えるものであると主張する教員や教員団体から即時の反発を引き起こした。

　多くの州では、立法府が情報公開から教員評価を保護するための法案を通過させ、法整備を進める中で、いくつかの州では保護者に情報を得る権利を認めたところもある。以下では、ニューヨーク州、フロリダ州で展開された教員の評価結果に関する情報公開をめぐる訴訟を取り上げ、その概要と論点を整理する。

(1) Mulgrew v. Board of the city school dist. of the City of New York 訴訟[85]

①訴訟の概要

　ニューヨーク州教育委員会は、「情報公開法（Freedom of Information Law）」

に基づき、仲裁人である報道機関による教員の氏名を含む教員データリポート（teacher data reports：TDRs）の情報公開の要求に応じることを決定した。申立人である教員団体は、州教育委員会に対し、情報公開法のもと公表される教員データリポート上の教員の氏名を機密扱いにすることを要求した。裁判所は、行政判断が悪影響を引き起こす可能性があり、教員の氏名が情報公開法で保護される利害の範囲に該当することが認められれば、教員団体は州教育委員会の決定に異議を申し立てる資格を有することを認めた。本件では、州教育委員会の決定における見識を批判しているわけではなく、教員の名前を公表する形式で教員データリポートを公開するとした州教育委員会による決定が合理的基準に基づかず、恣意的に宣告されたものではないかという法的問題のみが争点とされた。

関連する出来事は以下のとおりである。2007-2008年の初めに、州教育委員会は、州統一テストにおける生徒の予測値と実績の比較に基づき教育効果を測定するパイロットプログラムを立ち上げた。この州統一テストのスコアは、教員の付加価値評価を決定する際の指標として利用された。2010年8月16日から2010年10月27日の間、報道機関は情報公開法に基づき、個別に9回、教員の氏名公表を含む教員データリポートの公開を州教育委員会に要求した。旧情報公開法のもとでの教員データリポートの公開要求では、教員の氏名についてははっきりと要求されていなかったため、州教育委員会は、教員の氏名を除いた編集された教員データリポートを公表する形で、要求に応じていた。しかし、情報公開法が改正されたため、改正法に基づき、州教育委員会が教員の名前を公表する形式で情報公開要求に応じる決定をしたため、それを知った原告である教員団体が即時の異議申し立てを行った。

②訴訟の論点

裁判所は、行政判断が悪影響を引き起こす可能性があり、教員団体が申し立ての手続きを取る資格を有することを認めた。つまり、教員の氏名が情報

公開法で保護される利害の範囲に該当することを示すことができれば、教員団体による州教育委員会の決定に対する異議申し立てが認められることを示した。情報公開法は政府による公的情報の公表を促進するものである一方で、該当記録が情報公開法において一覧で示される適用除外項目の一つにあてはまる場合、このような公表によって害を受ける当事者の利益を保護することも企図されている。教員団体は、教員氏名を公表することを決定した行政行為が悪影響をもたらす可能性を有しており、改正法で保護される利害項目に該当することを立証することが求められた。

　上述したように、個々の教員の氏名は情報公開法における適用除外項目に該当しない。そのため、本件での争点は、教員の氏名が編集されていない教員データリポートそのものを公表することが決定された際に、州教育委員会が信頼に足る根拠がないにも関わらず、事実を確認せずに、公表の決定を下していないかどうかについてのみ判断される。つまり、立証責任を有する教員団体に、記録を公表するとした機関決定が恣意的なものであったかどうかを証明することが要求された。

　情報公開法は、記録が適用除外項目に該当しない限り、当局（agency）による公的記録の公開を命じるものである。当局は、適用除外項目以外の記録の公表が義務付けられている一方で、適用除外項目に該当する記録を差し控えるかどうかは当局の裁量に委任されている。情報公開法のもと、適用除外項目に該当する記録には、統計に基づく実際の集計でない情報や、公務員法において公表すれば個人のプライバシーを侵害する情報などがあげられている。つまり、州教育委員会は、教員の氏名が先に述べた適用除外項目に該当しないと判断し氏名の公表を決めたと主張した。

　対して教員団体は、州教育委員会が教員データリポートは機密情報であり、情報公開法のもとでは公表されないと教員に断言してきたことを主張し、反論した。2008年10月1日に、AFT（American Federation of Teachers）代表のワインガーテン（Weingarten, R.）は州教育委員会の副教育長（deputy chancellor）であったカーフ（Cerf, C.）と教員データリポートをめぐる文書を交わしていた。その内容は、教員データリポートに対し情報公開要求があった場合、州教育委員会が教員団体とともに、それらの資料が適用除外に当てはまる効能が得られるように、最適な法的主張を行うために働きかけることを約束するというものであった。教員団体はまた、教員や校長に与えられる教員データリポートの情報の扱いについて、これまで教員に内密にすることが保障されており、校長は結果を当該教員以外と共有しないように指示されてきた。教員団体は、これらの事実が、教員データリポートが機密情報であると州が認識していたことを示していると主張した。

③裁判所の判決

裁判所は、教員の氏名は前述の適用除外項目には含まれないとの州教育委員会の決定は恣意的な判断ではなく、教員の氏名が、公表されなければならない統計に基づき集計されたデータに該当することが合理的に決定されたとの見解を示した。教員団体は、教員データリポートは不備を有する信頼性にかけた主観的なものであるため、教員データリポートに反映されるデータは公表すべきでないと主張していたが、Gould 訴訟[86]の判決に基づき、教員団体の主張は認められなかった。Gould 訴訟では、目撃者の説明が実際に信頼できるかどうかに関わらず、それらが目撃者の観察による事実に基づく説明を具体化している場合、情報公開法に基づき目撃者の証言（witness statements）を公表しなければならないことが示されていた。ゆえに、本件においても、それらがどの程度信頼性に足るかどうか、あるいは欠陥を有するかどうかに関わらず、編集されない教員データリポートは公表してよいと判断された。

一方、教員団体は、授業観察記録が適用除外項目と認められた Mattter of Elentuck v. Green 訴訟[87]の判決を示し、主張の正当性を示した。同訴訟では、授業観察記録は単に副校長によるアドバイスや批評、評価やアドバイスなど

を内容とする統計に基づく実施の集計でないデータであり、適用除外項目に該当するとの判決が下された。しかし、Elentuck訴訟とは異なり、本件で対象とされる編集されない教員データリポートは教員の授業に対する個々の意見である授業観察レポートではなく生徒の学力に関するデータを編集したものである。そのため、教員データリポートが統計的データであるとの州教育委員会による決定は合理的基準に基づくものとみなされた。

さらに、裁判所は、教員の氏名を公表することはプライバシーの侵害ではないと判断した州教育委員会の決定は、合理的に判断し下されたものであることも認めた。公務員法（89(2)(b)）では、不当なプライバシーの侵害にあたる項目として、雇用、病歴、クレジット記録、勧誘や資金集めの際に利用される情報、経済的困難や苦境を引き起こす情報、関連性のない個人情報などの六つの項目で説明されるデータが示されているが、その一方で、上述のリストが包括的でないことを州法上において明確に示している。上訴裁判所[88] (the court of appeals) では、一覧表にあるリストに当てはまらない記録の公開が不当なプライバシーの侵害に当たるかどうかを決定するための適格性試験 (proper test) を適用し、情報公開によって晒されるプライバシーの利害が情報を公開することによる公共の利益と釣り合いが取れるかを測るバランス審査 (balancing test) が行われた[89]。

これまで上訴審は、誕生日や州機関被用者のEmailアドレスなどの個人的な情報の公開は不当なプライバシーの侵害にあたるとの判決を示す[90]一方で、たとえ不品行などの否定的な情報であったとしても、職能に関連する情報の公開は不当なプライバシーの侵害には当たらないことを繰り返し支持してきた[91]。本件では、州教育委員会は、係争中のデータが教員の職業や能力に関連しており、また市当局での雇用と密接に関わるものであり、個人の私的な生活に関わるものでないため、編集されない教員データリポートの公表は不当なプライバシーの侵害にあたらないとした。公共は、特に教育領域においては、公的被用者の能力に対する直接の利害を有しており、標準化テス

トの価値や客観的な教員の能力評価などを含む教育課題は、政策決定者や公共の利害とみなすことができる。つまり、当該情報は保護者、生徒、納税者、市民の利害であり、教員も不備のある内密な統計データの公表による私的な利害を有するものの、教員の私的な利害よりも公的な利害が上回ると州教育委員会が判断したことは恣意的な行為とはみなされないと、裁判所は判断したのである。

また、教員団体が主張するカーフとの覚書の存在やこれまでの教員データリポートの学校での扱いに基づく反論は認められず、カーフとの覚書に拘束力があるかどうかに関わらず、州教育委員会は公共の公的記録へアクセスする権利から逃れることはできないとの見解が示された。

以上のように、裁判所は、これらの州教育委員会の判断は合理的に下されたものであり、申し立てられた教員データリポートには保障されるべき機密事項が含まれるという教員団体の主張を認めなかった。教員データリポートは、情報公開の除外対象として公的記録にアクセスする公的な権利から逃れる権利を有していないことが判示され、教員団体の申し立ては棄却された。

(2) Morris Publishing Group, LLC, v. Florida Department of Education 訴訟[92]

①訴訟の概要

本訴訟は、モリス出版社が付加価値測定データの情報公開を求め、フロリダ州教育委員会を訴えたものである。その概要は以下のとおりである。フロリダ州法1012.34(3)では、生徒のフロリダ州統一テスト（FCAT）スコアの期待値と生徒が獲得したテストスコアの実際値の差を測定する付加価値測定を用いて教員を査定することを州教育委員会に義務付けている。フロリダ州における教員の付加価値測定は、州教育委員会によって文書で記録され、州法1012.34に基づき学区教育委員会によって年次評価に活用されている。

2012年10月、モリス出版社が所有する新聞フロリダタイムズユニオンの記者が、州教育委員会に対し、付加価値測定データを含む公的記録の情報公開

を要求した。具体的に、過去2年間の教員の付加価値測定データの公開を要求した。後にこの要求は、3年間の記録公開の要求に修正された。州制定法では、付加価値測定データは"教員評価が実施された直後の年度の終わり"に公開され、年度途中には公開されないことが示されているが、タイムズユニオンはデータの早急の公開を求めた。そこで同規定に基づき、州教育委員会は、タイムズユニオンへの付加価値測定データ記録の提供を拒否した。これに対し、タイムズユニオンの所有者であるモリス出版社が、Leon County 巡回裁判所に職務執行令状の緊急の申し立てあるいは宣言的救済を求める申し立てを行った。後に、フロリダ州教員団体（Florida Education Association）もモリス出版社への異議を求めて介入することが認められた。

　第1審では、州法1012.31(3)において教員評価は公的記録公開を免除されることが規定されていることを踏まえ、巡回裁判所は、付加価値測定データも教員評価と見なすことができるため、同様に情報公開義務が免除されるとの見解を示した。付加価値測定データは州教育委員会によって収集され、各学校に配布され教員評価の際に活用される。つまり、付加価値測定データは教員の最終評価ではない。立法府が情報公開の免除項目を最終評価結果のみに限定していたならば、その旨を州法に規定していたはずであり、付加価値測定データの公表が課されれば、州法1012.31(3)において規定される免除規定が意味をなさくなる。このような理由により、巡回裁判所は、付加価値測定データは教員評価が実施された年度の直後から年度の終わりまで、公的記録から免除されるとし、原告の主張を棄却した。モリス出版社は、第1審判決を不服とし、上訴した。

②裁判所による判決

　裁判所はまず、フロリダ州憲法 I-24(a)条項は、全ての人物に州における公的な組織、職員、被用者の公的な仕事と関連する公的な記録を調査し、複写する権利を提供している。憲法上の規定に基づくと、公的記録法（Florida's Public Records Law）は、開かれた政府という州の政策意図を支持して解釈されるべきであり、ある事柄が公表を課される公的記録に当たるかどうかとの疑念がある場合、その疑念は公表を支持する立場を前提として解決すべきである、と公的記録法を規定した立法府の意図を明確にし、その方針に則って解釈するべきことを示した。つまり本件において、要求される資料が公表から免除される州法上の要件を満たすことの立証責任は州が有するとした上で、本件の場合、州法1012.31(3)(a)2において、公的な学校教員の評価は公的記録法に基づき公開する項目に含まれていないが、評価の際に利用されるいかなる情報やデータが同様に適用されないことを指示しているわけではない。つまり、評価の際に利用する他の情報やデータも除外項目に適用されるとの判断は、立法府の意図を越えて公的記録法の解釈を広げることになり、そのような判断はなされるべきではないと述べた。

　さらに、州教育委員会によって収集され、照合された付加価値評価データはデータが各学校に送付されるまで、実施される教員評価データの一部ではないこと、州法1012.34(3)(a)において教員評価は年1回以上実施されなければならないことが示されていること、さらに、評価における指標が教員の指導技術やリーダーシップ性、専門職的責任感等も含めることが義務付けられていることを示し、付加価値測定データは教員評価の多様な評価指標の一部と捉えることができ、それだけをもって被用者の評価と見なされるわけではないと判示した。さらに、もし立法府が教員評価の際の重要な情報も公開の適用除外項目に含むことを意図していれば、教員の個人ファイル全体を適用除外項目と明示していたはずであるが、州法では、公立学校教員の個人ファイルは一般的に公開が課されており、被用者の評価結果のみが除外対象とされ、フロリダ州における公的政策は州憲法119.07(1)条項のもと、公的記録公開を推進する方向で進められていると考えられることを示した。このような理由により、モリス出版社が情報公開を要求する記録には公開の免除規定が適用されないと解釈されるため、第1審の判決を破棄する判決が下され

た。

(3)教員評価結果の公表をめぐって

　教員評価結果に関するデータの公表をめぐっては、いずれの訴訟においても付加価値評価データの公表を認める判決が下されており、学区教育委員会は要求に応じて各教員のデータを公表しなければならない。Mulgrew v. Board of the city school dist. of the City of New York 訴訟[93]において、不完全なデータ公表によって教員が受ける私的な利害よりも公共の公的な利害が上回ることが判示されたように、たとえ、教員の効果性を示す一つの指標であっても、学区教育委員会は保護者に公開する義務を有すると判断されたといえる。

　また注目されるのが、これらの動きはいずれもメディアからの公表要求が発端になっている点である。先にも述べたように、今日、立法府（legislators）や州教育行政当局、統計専門家に加え、利益団体などの第三者による政策形成過程への介入が拡大している。Morris Publishing Group, LLC, v. Florida Department of Education 訴訟では、公表を求める出版社がその要求に応じなかった学区教育委員会を訴える形で訴訟が持ち込まれている。一方、Mulgrew v. Board of the city school dist. of the City of New York 訴訟は、メディアの要求に応じて教員データを公表した学区教育委員会を教員が訴えたケースである。訴訟があったニューヨーク州とフロリダ州では、教員データの公表をめぐる学区教育委員会の対応は二分されたが、教員評価結果に関するデータの公表については、州法で公表除外項目に該当することを規定するなど、慎重な州がほとんどである。しかし、今回二つの訴訟において、教員評価に関するデータの公表を合憲とする判決が出されたことによって、他州へ公表の動きがどこまで波及するのか、その影響を注視する必要があるだろう。

第5節　小括―教員評価制度の法的原理と運用実態―

　1970年代以降、一般的に裁判所は、教員にデュー・プロセスの機会を保障し教員評価手続きを遵守している限り、教員の解雇や契約の非更新については行政判断に委ねる姿勢を示してきた。しかし、これは教員評価プロセスが単純な時代に展開されたものであり、現在そのプロセスは、極めて複雑である。本章ではこのような状況下において、法的訴訟にどのような変化がもたらされたのか、訴訟事例を取り上げその特徴を分析すると共に、運用の実態と内包する課題を検討してきた。

　本章で取り上げた Cook v. Stewart. 訴訟では、学力テストスコアの反映を全教員の評価に求める教員政策に対し、非テスト科目・非該当学年担当の教員へのテストスコア活用の妥当性が問われた。本件に対する裁判所の判決は、新制度下における非テスト科目・非該当学年担当の教員への学力テスト活用は、実体的デュー・プロセスを侵害するものではなく、また平等保護の侵害も見当たらないというものであった。学力向上を至上命題とする教員評価制度を整備し推進する今日の動きに法的問題はないと裁判所が示した意味は大きい。その一方で、憲法上の違法性はなかったものの、評価基準の有意差が存在すると指摘された点は注目される。州法上では、各学区に当該教員に対する学力テストの作成を許可しており、評価方法に関してはその権限を各学区に委任している。しかし実際は、財政的側面などを理由に各学区が独自に学力テストを開発することは難しく、全教員の評価に州統一テスト結果を強引に活用している実態が明らかにされた。このような現状に対し、全教員に同等な方法で評価するシステムを整えるべきであると裁判所が指摘した点からは、現行教員評価法制の有する未熟さが浮き彫りにされたと言える。

　また、Vergara v. California 訴訟では、生徒の権利保障という新たな視点から教員の身分保障制度の妥当性が問われた。教員の身分保障制度が生徒の

教育の平等保障を侵害するものであると判断し、教育の平等保障を質的な側面から担保する必要性を認めた本判決は、これまでの教育の平等保障に対する概念を問い直す大きな転換点となるであろう。さらに、教育を受ける立場である生徒や保護者が州当局を訴えるという構図も注目される。一連の教員法制改革は連邦政府主導によるトップダウンで進められてきたが、教育を受ける立場の生徒から教員テニュア法の改正を求められた点からは、草の根運動に教員法制改革が突き動かされるという新たな展開が見て取れる。さらに、懸念すべき事項として、利益団体の存在も無視できない。Vergara v. California 訴訟においても、利益団体からの全面的なサポートが背景にあり、原告側の勝利は利益団体の存在無くしては達成できなかったと言っても過言ではない。また本訴訟を受け、Student First のようなロビー団体が中心となってテニュア法の改革に着手する動きも指摘されており、その存在は注目される。NEA の代表であるロッケルが、これらの利益団体は教職を弱体化させ公教育の私営化を企てていると懸念しているが、利益団体を教育ガバナンスにおける新たなアクターの存在として捉え、新しい教育ガバナンス体制の再構築を考えていく必要があるだろう。

　教員評価の公表をめぐる訴訟では、情報公開法に基づき、学力テストスコアの公表を認める判決が下されている。市民（Public）は、教員の能力に対する直接の利害を有していると考えられ、標準化テストの価値や客観的な教員の能力評価などを含む教育課題は、政策決定者や公共の利害とみなすことができるため、教員の能力評価に関する情報は公開されるべきであるとの見解が示された。また、その際、不備のある内密な統計データの公表により教員が私的な利害を有すると考えられるが、それよりも公的な利害が上回るとの州教育委員会の判断は妥当であるとされた。教員評価に関する情報公開を積極的に進めようとする州はいまだ少数ではあるが、裁判所において法的に公開が認められた以上、他州においても同様の動きが広がる可能性はある。教員評価結果が公表されることにより、どのような影響があるか注視する必

要があるだろう。また、注目されるのが、これらの動きはいずれもメディアからの公表要求が発端になっている点である。Morris Publishing Group, LLC, v. Florida Department of Education 訴訟では、公表を求めるメディアがその要求に応じなかった学区教育委員会を訴える形で訴訟が持ち込まれている。一方、Mulgrew v. Board of the city school dist. of the City of New York 訴訟は、メディアの要求に応じて教員データを公表した学区教育委員会を教員が訴えたものである。Vergara v. California 訴訟においても、利益団体の関わりが指摘されたが、教育の直接の利害関係者以外の組織が教育法制改革を進めていく動きがここでも看取される。

　これまで見てきたように、学力向上を至上命題とするオバマ政権下による教員評価政策に対し、全体的にこれを支持する立場を示した司法判断は、結果として、教職の専門職性の伸長を阻害するものであったと言える。教育政策の複雑化により新たな教育アクターが登場し、教育ガバナンス体制が複雑化する中で、教員の身分保障よりも生徒の学力保証を第一優先とする姿勢が浮き彫りになった。

---

1) York v. Alabama State Board of Education, 581 F. Supp. 779 (M. D. Ala. 1983)
2) Allen v. Alabama Board of Education, 816 F. 2d 575 (11th Cir. 1987)
3) Baker v. Columbus Municipal Separate School District, 462 F. 2d 1112 (5th Cir. 1972)
4) United States v. LULAC, 793 F. 2d 636 (5th Cir. 1986)
5) Alba v. Los Angeles Unified School District, 189 Cal. Rptr. 897 (Ct. App. 1983)
6) Spry v. Winston-Salem/Forsyth County Board of Education, 483 N. W. 2d 687 (N. C. 1992)
7) Sallee v. State Board of Education, 828 S. W. 2d 742 (Tenn. Ct. App. 1992)
8) Scheelhaase v. Woodbury Central School District, 488 F. 2d 237, (8 th Cir. 1973)
9) Johnson v. Francis Howell R-3 Board of Education, 868 S. W. 2d 191 (Mo. Ct.

App. 1994)
10) Spry v. Winston-Salem/Forsyth County Board of Education, 483 N. W. 2d 687 (N. C. 1992)
11) Sallee v. State Board of Education, 828 S. W. 2d 742 (Tenn. Ct. App. 1992)
12) Roberts v. Houston Independent School District, 788 S. W. 2d 107 (Tex. Ct. App. 1990)
13) Johnson v. Francis Howell R-3 Board of Education, 868 S. W. 2d 191 (Mo. Ct. App. 1990)
14) Paprocki v. Board of Education, 334 N. E. 2d 841 (Ill. App. 1975)
15) 105 Ill. Comp. Stat. §24A-5.
16) Gunter v. Board of Trustees, 854 P. 2d 253, (Idaho 1993)
17) Blake v. Commn. on Prof.l Competence, 260 Cal. Rptr. 690 (Cal. App. 1990)
18) Scoggins v. Board of Education, 853 F. 2d 1472, (8 th Cir. 1988)
19) Roberts v. Unified School District, 778 P. 2d 1294 (Ariz. App. 1989)
20) Rowely v. Board of Education, 500 A. 2d 37 (N. J. Super. App. Div. 1985)
21) Hall v. Board of Trustees, 499 S. E. 2d 216 (S. C. App. 1998)
22) Mullins v. Kiser, 331 S. E. 2d 494 (W. Va. 1985)
23) Kroll v. Independent School District. No. 593, 304 N. W. 2d 338 (Minn. 1981)
24) Wojt v. Chimacum School District 49 P. 2d 1099 (Wash. App. 1973)
25) Hanlon v. Board of Education, 695 S. W. 2d 930 (Mo. App. 1985)
26) McKenzie v. School Board, 653 So. 2d 215 (La. App. 1995)
27) Farmer v. Board of Education, 594 N. E. 2d 204 (Ohio Com. Pl. 1992)
28) Marais Des Cygnes Valley Teachers Association v. Board of Education, 954 P. 2d 1096 (Kan. 1998)
29) Cox v. School District No. 083, 560 N. W. 2d 138 (Neb. 1997)
30) Broadbent v. Board of Education, 910 P. 2d 1274 (Utah App. 1996)
31) VanGessel v. Lakewood Public School, 558 N. W. 2d 248 (Mich. App. 1996)
32) Aulwurn v. Board of Education, 367 N. E. 2d 1337 (Ill. 1977)
33) Spurger v. School Board, 628 So. 2d 1317 (La. App. 1993)
34) Dudley v. Board of Education, 632 N. E. 2d 94 (Ill. App. Ct. 1994)
35) 教員処分をめぐる手続き制度に関しては、入江彰著『教員の処分と手続き制度』の中で、詳述されている。
36) Kruse v. Board of Directors, 231 N. W. 2d 626 (Iowa 1973)

37) Orth v. Phoenix Union High School System, 613 P. 2d 311（Ariz. Ct. App. 1980），Wigenstein v. School Board, 347 So. 2d 1069（Fla. Dist. Ct. App. 1977）
38) Thomas v. Board of Education, 643 N. E. 2d 131（Ohio 1994）
39) State ex rel. Maritnes v. Cleveland City School District Board of Education, 502 N. E. 2d 80（Ohio 1994）
40) Beauchamp v. Davis, 550 F. 2d 959, (4th Cir. 1977)
41) Briggs v. Board of Directors, 282 N. W. 2d 740（Iowa 1979）
42) Sanders v. Board of Education, 263 N. W. 2d 461（Neb. 1978）
43) Perry A. Zirkel, The Law of Teacher Evaluation: the case law updates, *Journal of Personnel Evaluation in Education*, 11 pp. 367-380, 1998.
44) Ottochian v. Freedom of Information Commission, 604 A. 2d 351（Conn. 1992）
45) Brown v. Seattle Public School, 860 P. 2d 1059（Wash. Ct. App. 1993）
46) Ollie v. Highland School District, 749 P. 2d 757（Wash. Ct. App. 1993）
47) Elentuck v. Green, 608 N. Y. S. 2d 701（App. Div. 1994）
48) Cook v. Stewart, 28 F. Supp. 3d 1207（2014 U. S. Dist.）
49) 本法では、教育指導者や管理職の評価に関連する項目を規定している。州教育省（the Department of Education）が各学区の教育者評価制度を承認し、教育長官（the Commissioner of Education）が選択あるいは採用し、州教育事務局（the State Board of Education）が生徒の学力成長度を測定する際に各学区が利用する計算式を採用することなどが求められている。
50) The district court of the United States for the Northern District of Florida, Gainesville Division
51) この主張は、事実審理省略判決（Summary judgment）の反対申し立てにおいてすでに、裁判所によって、訴訟事由として認めない判断が下されたため、学区規則の違法性に焦点があてられた。
52) 樋口範雄『はじめてのアメリカ法補訂版』有斐閣，2013年，248-251頁。
53) West Coast Hotel Co. v. Parrish 判決（300U. S. 379, 57S. Ct. 578, 81 L. Ed. 703 (1937)）において、「修正第14条で保障される自由は、人々の健康、安全、道徳、福祉を脅かす害悪に対して法的保護を要求するような社会組織のなかの自由であり、その規制目的と合理的関連性を有し、共同体の利益のために採択される規則は、デュー・プロセスに則ったものと言える」ことが示された。また、「自由とは恣意的制約の不存在を意味し、共同体の利益のために課される合理的な規制および禁止からの免除を意味するものでない」とされた。この判決以降、経済的自由の規制につ

いて実体上のデュー・プロセス違反とされた例はない。(『アメリカ法判例百選』94-95頁、『はじめてのアメリカ法』253頁。) 本件においても、厳格審査 (strict scrutiny) は適用されず、合理的審査が行われた。

54) Cook v. Stewart at II-A. Snowden v. Hughes 判決 (321 U. S. 1.11.64 S. Ct. 397, 402, 88 L.) に準拠する。

55) 裁判資料において、フロリダ州内の教員を教員が担当する生徒や教える教科の成長度データに基づいて評価を受ける教員をタイプA、直接担当していない教科の成長度データに基づいて評価を受ける教員をタイプB、担当しない学年の生徒の成長度データに基づいて評価を受ける教員をタイプCと表記される。

56) Cook v. Stewart at II-A.

57) 平等権の制約に対する違憲審査基準は、①「厳格審査基準」、②「厳格な合理性の基準」、③「合理的根拠の基準」と三つのレベルに分けられる。中でも、③は立法の目的が正当なものであり、かつ目的と規制手段との間に目的達成のための合理的関連性があれば当該立法は合憲だとするもの。

58) Cook v. Stewart at II-B. Doe v. Moore, 410 F3d 1337, 1345-46 (11th Cir. 2005) 判決に準拠する。

59) *Ibid*. at II-B.

60) *Ibid*. at V.

61) *Ibid*. at V.

62) *Ibid*. at V.

63) West Coast Hotel Co. v. Parris, 300 U. S. 379, 57 S. Ct. 578, 81 L. Ed. 703 (1937)

64) ヴァージニア州やテキサス州でも教員のデュー・プロセス権の侵害をめぐり訴訟が行われている。

65) 入江彰『教員の処分と手続制度―アメリカ合衆国の教員解雇における手続保障の法制度に関する研究―』多賀出版，2005年，14頁。

66) 入江，前掲書，11-17頁。

67) 入江，前掲書，16頁。

68) 高橋哲「NCLB法制下の連邦教育政策の教員の身分保障問題」『アメリカ教育改革の最前線―頂点への競争―』学術出版会，2012年，153頁。

69) オバマ政権下による教育政策は、代表的なものとして、RTTTの他にNCLB法義務遂行免責 (NCLB waiver) があげられる。これは、NCLB法において各州に課されていた「すべての生徒が2013－2014年度までに、3段階によるスタンダードの到達度レベルの2レベルに達している」という義務の免責を提供するものであっ

た。各州は連邦の示す条件を満たす場合、NCLB法の準拠規定の免責を申請することができる。この免責を求め、ほとんどの州が連邦教育省の示す方針に従うことにより、RTTTプログラムでは参加しなかった州も取りこぼすことなく、連邦政策へと誘導することを可能とした。

70) Vergara v. California - Judgment (Superior Court of the State of California, County of Los Angeles August 27, 2014)
71) 被告として訴えられたのは、カリフォルニア州、州知事である Edmund G. Brown, Jr、カリフォルニア州教育庁長官である Tom Torkalson、州教育庁であった。
72) Los Angeles United School District (LAUSD), Oakland Unified School District (OUSD), the Sequoia Union High School District, Alum Rock Union School District (ARUSD), and the Pasadena Unified School District
73) Vergara v. California-Tentative Decision (Superior Court of the State of California, County of Los Angeles June 10, 2014)
74) 民事事件で用いられる証明の基準は「証拠の優越」であり、疑いや憶測を克服するに足る十分な証拠があることを意味する。刑事事件で用いられる厳しい基準ではない。
75) 74 S. Ct. 686; 98 L. Ed. 873; 1954 U. S. LEXIS 2094; 53 Ohio Op. 326; 38 A. L. R. 2d 1180
76) 5 Cal. 3d 584
77) 「基本的利益」(fundamental interest) とは、言論の自由、信教の自由など憲法に定めをもち、特別の保護を必要とする利益を意味する。この基準が適用されると、州裁判所による厳重審査テスト (strict scrutiny test) を受けることになる。
78) 4 Cal. 4th 668, 15 Cal. Rptr. 2d 480; 842 P. 2d 1240
79) Chetty, Raj; Friedman, John N.; Rockoff, Jonah (September 2014). "Measuring the Impacts of Teachers II: Teacher value-added and the student outcomes in adulthood". *The American Economic Review* (American Economic Association).
80) Valerie Strauss (June 12, 2014) "*AFT's Weingarten smacks Arne Duncan about his praise for Vergara decision*" the Washington Post
81) Valerie Strauss (June 11, 2014) "*Is this beginning of the end of teacher tenure?*" the Washington Post.
82) Davids v. State, No. 101105/2014, N. Y. Sup. Ct. July 24, 2014.

83) Wright v. State, No. A00641/2014, N. Y. Sup. Ct. July 28, 2014.
84) 例えばミネソタ州はRTTTで求められるテニュア法に関わる改正を行っていない。
85) Mulgrew v. Board of the city school dist. of the City of New York, 906 N. Y. S. 2d 9 (N. Y. A. D. 1 Dept. 2010)
86) Matter of Gould v. New York City Police Dept., 89 NY2d 267, 276-277 (1996)
87) Mattter of Elentuck v. Green, 202 AD 2d 425 (2d Dept 1994)
88) ニューヨーク州は三審制をとり、The court of Appealsが最上級審である。
89) Matter of New York Times Co. v. City of New York Fire Deot., 4 NY3d 477, 485, 829 NE2d 266, 796 NYS2d 302 (2005)
90) Matter of Hearst Corp v. State of New York, 24 Misc 3d 611, 627-628, 882 NYS2d 862 (Sup Ct, Albany County 1988)
91) Matter of Faulkner v. Del Giacco, 139 Misc 2d 790, 529 NYS 2d 255 (Sup Ct, Albany County 1988)
92) Morris Publishing Group, LLC, v. Florida Department of Education, 157 So. 3d 1046 (Fla. 2014)
93) Mulgrew v. Board of the city school dist. of the City of New York, 906 N. Y. S. 2d 9 (N. Y. A. D. 1 Dept. 2010)

第6章　ミネソタ州における教員評価制度の改革と運用実態

本章では、オバマ政権下によるアカウンタビリティ政策が進む中、自律的専門職性を促す教員評価モデルを導入し実践しているミネソタ州の事例を取り上げ、同州における制度改革と運用実態を明らかにする。

第1節　新しい教員評価制度の導入背景

ミネソタ州も他の州と同様、Race to the Top (RTTT) プログラムに参加し第1回時に申請を行った。申請に際し、連邦の示すガイドラインに基づき教育改革プランを計画し、さらに資金獲得の前提条件であった生徒の学力成長度と教員評価を結びつけたシステム創設のための法整備を行った。具体的に、教員評価に関する項目（Minnesota Statutes, 122A.40）に、新たに「継続契約教員に対する同僚コーチング」(Subd. 8 "Peer coaching continuing contract teachers") が新設され、教員評価における学力テストの活用が義務付けられた。さらに、試用期間教員 (probationary teachers) の研修プログラムや教員の身分保障に関する項目なども修正された。ところが、第1回申請では同州の教育改革プランは採用に至らず、結局、第2回申請以降、ミネソタ州は不参加を決定した。しかし、第1回申請の際に行った法整備は、その後も同州の教員評価制度に影響を与えることになった。また、No Child Left Behind Act of 2001（NCLB）法の免除施策については、ミネソタ州も緩和を受けることが認められたため、NCLB免除施策の条件である①継続的な能力改善への活用、②3段階以上の能力区分の設置、③能力レベルを決定する際の多様な評価尺度の活用、④校長の定期的な評価、⑤改善点や力量形成のための

指針などに関する明確で適切なフィードバックの提供、⑥人事管理への活用の6項目を満たす教員評価プログラムの創設が求められた。

　一方で同州は、第3章で取り上げたように、教員の力量形成を目指した教員報酬プログラムであるQ Compを実施しており、これが新しい教員評価制度創設にあたる素地になったと考えられる。これまで、Q Compは従来の教員評価制度と併存する形で導入されており、力量形成を目指す「協働性」を保証する教員評価報酬プログラムの導入がすすめられてきた。同プログラムは職務に基づいた職能開発を通して教員の力量形成と生徒の学力向上を目指したプログラムであり、教員観察や職能成長、教員の力量と生徒の向上などを全て結びつけた教員評価報酬プログラムである。学区単位で導入することとなっており、同プログラムの創設以来、各学区内でのプログラムの導入が広がっていた。

　このように、RTTT参加の際に改正された州法規定による縛りやNCLB法免除施策の条項などの連邦政府による教員評価政策を一部踏まえながらも、これまでの独自の教員評価報酬プログラム実施によって培われた成果を背景に、同州は専門職化を目指した独自の教員評価制度創設を目指し、州法規定が改正されたと考えられる。具体的に、RTTT資金獲得に向け、2011年に教員評価に関するHF945法案とHF1173法案の二つの法案が提出され、州法改正が進められた。結果的に、HF945法案が廃案となりHF1173法案が法制化に至った。

第2節　新しい教員評価法案の審議過程と成立

(1)教員評価制度に関わる法案の提出

　2011年の第87議会において、教員評価制度に関わる法案（HF945、SF636）が3月7日に上下両院に提出された。HF945法案（教員と校長の評価とテニュ

ア修正法案：Teacher and principal evaluations and tenure modified.）は、ピーターソン（Peterson, B.）議員をはじめ5人の議員により作成された[1]。

　同法案は、目に見える成果を追求し成果を評価や給与に反映させるなど、教員評価制度とテニュアシステムの抜本的な改革を求める内容であった。具体的には、①教員評価と力量形成、②教員の雇用、の二つに分けて規定された。①教員評価と力量形成においては、教員と校長の評価と力量形成のための州全体の仕組みを創設すること、評価の50％は生徒の学力成果を根拠とすること、教員を五つの要素で測定し4段階の能力レベルで決定すること、また学力テスト結果に基づく力量形成プランを作成することなどが提案された。さらに、②教員雇用については、試用期間教員は毎年評価を受け、3年間の雇用期間終了時に評価結果に基づいて雇用の継続が決定されること、3年間の試用期間を修了した教員は更新可能な5年間契約で雇用されること、継続契約教員は、教員評価結果を根拠に解雇されることを可能とすること、さらに、評価結果に基づいて報酬を提供することなどが示された。また、州が教員評価制度を創設する際に助言を与えるための諮問委員会の設置が提言され、そのメンバーには、校長や教員団体のメンバーだけでなく、ミネソタ商工会議所、ミネソタビジネスパートナーシップなどの民間メンバーも加えられた[2]。

　このように、HF945法案は、連邦政府が推進するように、生徒の学力成果に示される教育成果を重要視し、またその成果に基づき教員の給与や雇用が決定される仕組みづくりを促す、ビジネス資本アプローチに基づく教員評価制度を提案するものであった。これは、ピーターソン議員をはじめとする法案作成に関与した6人の議員が経済界や産業界出身者である点を見れば納得できる。さらに、ピーターソン議員は、法案作成時に、教育長や学校長の意見を参考にしながらもミネソタ商工会議所やミネソタビジネスパートナーシップのメンバーの協力のもと法案を作成しており、同法案が教育界からのニーズというよりもビジネス界の意見に基づいて作成されたものであったと

予測できる。

HF945法案は、下院の教育改革委員会に付託され、同時に、SF636法案として上院においても提出され、教育専門委員会に付託された[3]。

(2)HF945法案の教育改革委員会での議論

2011年3月14日、下院教育改革委員会が開かれ、HF945法案に関する審議が行われた。委員会では、ピーターソン（Petersen, B）議員よりHF945法案の概要が説明され、同法案を指示する立場、反対する立場、専門的な立場からそれぞれ証言が行われた。同法案を指示する立場からは6人が証言を行った。証言者の詳細は以下に示す[4]。

支持する立場
コンコーディア創造学習アカデミー（Concordia Creative Learning Academy：CCLA）
　校長（Director）：Mary Donaldson
　教員（3年担当）：Leah Jones
　教員（4年担当）：LeAnn Moore
ホワイトベアレイク学区（White Bear Lake Area Schools）
　教員：Ananth Pai
州教育委員会（Minnesota Board of Teaching）
　部長（Executive Director）：Karen Balmer
Data Quality Campaign[5]（DQC）
　事務局長（Executive Director）：Aimee Guidera

反対する立場
オロノ学区（Orono Schools）
　教員：Mary Bischoff
　教員：Paul Hamilton
教員団体オセオ学区（Education Minnesota-Osseo）
　代表者＆教員：Jay Anderson
ミネソタ州教員組合（Education Minnesota）

ロビイスト：Jan Alswager

専門的立場
ブッシュ財団
　理事（President）：Peter Hutchinson
ミネソタ州教育委員会
　管理関係責任者（Director of Government Relations）：Brian Shekleton

①**法案を支持する立場の主張**

　チャータースクールであるCCLAは、すでに生徒の学力テストを年に3回実施し、それに基づき教員の力量改善に役立てる取り組みを積極的に実施する学校である。校長であるドナルドソン（Donaldson, M.）は、30年間の教員経験と学校管理職としての経験を有し、自身も教員評価を受けてきた立場から、教員評価における生徒の学力データの活用の重要性を主張した。具体的に、生徒の学力データは教員の教育活動の一部であり、データに基づいて教員間のコミュニケーションを促し、さらに教員の力量形成を促進することができると述べた。

　続いて証言を行ったジョーンズ（Jones, L.）はCCLAの教員であり、チャータースクールだけでなく、公立学校や私立学校などでの教員経験も有する9年目教員である。CCLAでは、教員は担当する生徒を自身の生徒であると認識し、生徒の学力向上に対する責任を有する立場であると自覚している。また、生徒の学力テストの結果の活用は、自身の能力改善に有効であると主張した。

　ホワイトベアレイク学区の教員であるパイ（Pai, A.）は、教員評価における生徒の学力成果活用の重要性を強く主張した。パイは教員経験4年目であるが、インドやシンガポール、米国などの民間セクターでの勤務経験を有するユニークな経歴を有していた。民間組織の勤務経験から、組織における目標の焦点化の重要性を主張し、州教育委員会長官や学校管理職に対し学校単

位での学力到達度を示すことの意義を唱えている。さらに、その組織目標達成に対する組織の一員である教員の貢献度を明確にし、評価へ反映することを支持している。また、評価者の評価力量についても言及する。「無能な校長は大きなリスクを与えるものであり、主観的に実施されやすい校長による評価より、客観的データである生徒の学力向上度に基づく教員評価を支持」するとし、学力テストの示す客観的データの信頼性を高く評価する立場を示した。

DQC事務局長であるガーデラ（Guidera, A.）は、全米の生徒の学力データに関する政策に携わる立場から、ミネソタ州の現行の学力データシステムの整備状況と、新しい教員評価制度に対する実行可能性を示した。ガーデラによると、ミネソタ州の学力データシステムは信頼性が高く有効な情報を提供しうると評価した。ただし、教員評価制度を創設するにあたり、学区や学校に基づくシステムの重要性を指摘し、新システムにおいては、助言委員会を設置し、利害関係者と共同で改革を進めることを提案した。

以上のように、法案を支持する証言者は、学力テストによる生徒の学力データは教員の効果を正確に測定することが可能であり、また教員の能力改善においても有効であると、生徒の学力データ活用の重要性を指摘した。

②**法案に反対する立場の主張**

2007年度よりQ Compを実施するオロノ学区において教員の評価者として活躍するビスチョフ（Bischoff, M.）はQ Compプログラムにおける教員評価の実態を報告した。ビスチョフは教員評価におけるパートタイムの評価者として評価を実施しており、評価を担当する教員は38人である。年間に、面談を各教員につき3回以上実施しており、多くの時間を評価者としての活動に費やさなければならない。本法案では、学校管理者が評価者と想定されており、評価者として役割を果たすための十分な時間の確保は困難であると指摘する。また、評価者はデータを扱うための知識を有する専門家でなければ

ならず、評価者の評価能力の保証という点においても疑問が残ると述べている。このように、自身の経験から本法案における新しい教員評価制度の実行可能性を疑問視している。対して、現在実施するQ Compは効果的で内省的な評価モデルであり、教員の力量形成や生徒の学力向上に貢献するものであると、Q Compの有効性を主張した。

オロノ学区のハミルトン（Hamilton, P.）は7年生を担当する科学の教員であり、Q Compプログラムにおけるリーダー教員である。教員の評価者や支援者としての立場から、Q Compプログラムは教員に適確なフィードバックと専門的力量形成に従事する機会を提供し、教員間の共同性や専門的力量形成に焦点を当てたものであると、Q Compプログラムの重要性を述べた。

オセオ学区は他の学区同様Q Compプログラムを導入する学区であり、その包括的交渉代表者であるアンダーソン（Anderson, J.）は、リーダー教員（instructional coach）であり、さらに学区におけるカリキュラムの専門家でもあった。彼は、Q Compプログラムでの成果をそのまま維持できる内容を法案に盛り込むこと、また学区主導による教員評価の実施を保証することを要求した。

さらに、ミネソタ教員団体[6]（Education Minnesota）のメンバーであるアイスワーガー（Aiswager, J.）は、学力テストに基づく教員評価の信頼性を疑問視する。「生徒の学力テストスコアは評価の多様な要素の一つであり、この評価指標のみに重点をおくべきではない。また、教員評価研究の専門家であるダーリング・ハモンドらは、教員評価は教員団体との連携、教員への支援が必要であり、また学区レベルで教員と共同で創設するものであると主張しており、このような研究成果に基づいて設計されるべきだ」と法案を批判した。

このように、法案に反対する証言者は、Q Compプログラムを実施してきた経験から、法案における教員評価制度は教員の力量形成を真に促すものではないと批判し、Q Compでの実践を踏まえた評価制度を創設するべきだ

と主張した。

専門的な立場からブッシュ財団（Bush Foundation）のハチンストン（Hutchiston, P.）が証言を行った。ブッシュ財団では、教員の効果は生徒の学力格差の是正に非常に有効であるという点から、教員効果に関する研究が進められている。中でも、付加価値測定による生徒の学力データの活用を積極的にすすめ、ウィスコンシン大学の付加価値評価研究センターによる研究成果は参照できるとすすめる。これまでの研究において、K-12教育機関において、教員の効果を保証するために重要なことは、初任者教員への5年間のサポートを提供することであり、そのために、教員の効果に関するデータに基づく包括的な支援システムの創設を求めた。

③議論の争点

上述の証言者による発言を受け、議員からは、同法案作成にどのような利害関係者が携わっていたのか、特に教員関係者は関与しているのかという本法案作成にいたる経緯が問われた。また、質問が相次いだのは教員の教育成果の測定に関してであった。ピーターソン（Peterson, S.）議員は、学力テストはどのテストを活用するのか、生徒の成長度（student growth）とは何を指しているのか、生徒の成長度に対する不確定な要素を指摘した。また、評価の50％を付加価値評価モデルによる生徒の成長度で測定することに対し、教員の力量形成につながるものなのかと疑問を投じた。一方で、ダニエルソンによる評価モデルは、教員へのフィードバックの提供や同僚性を重要視する非常に有効なものであり、同モデルに基づく力量形成を重要視した教員評価制度の在り方を求めた。マリアーニ（Mariani, C.）議員も教員に対する正確な評価方法が確立されていないと評価手法の妥当性を疑問視した。学力テストに基づく教育成果に比重をおいた教員評価制度が、教員自身の文化的多様性を考慮したものではないと批判する者もおり、同システムの導入が、教員の人種間の格差を広げるものになるのではないかと懸念している。

一方で、議員や証言者は概ね、HF945法案における教員評価の理念には賛同すると同法案の意義を認めていた。また、学校の序列化が固定化される中で、各学校の成果を標準化された指標で目に見える成果を測定する仕組みは、各学校における改革の動機づけにつながるとして、付加価値評価モデルの活用を推進する者もいた。学力テストの活用や処遇への反映など具体的な評価方法や制度設計においてはさらなる議論が必要であるとしたうえで、本教育改革委員会において、HF945法案は修正つきで通過した。あわせて、教育財政委員会に付託することも承認された。また、教員の力量形成に関してはその重要性が認識され、別法案として作成することがエリクソン（Erickson, S.）議長より提案され、これも承認された。別法案の作成はブリナート（Brynaert, B.）議員に依頼され、2011年3月16日にHF1173法案として下院に提出された。

(3) HF945法案の教育財政委員会への付託

教育財政委員会が、2011年3月16日に開かれた。教育改革委員会議長であるエリクソン議員より、HF945法案が提案され、13名が証言を行った。13名のうち7名は教育改革委員会と同じ証言者であった。証言者の詳細は以下に示す[7]。

 オロノ学区
  教員：Mary Bischoff
  教員：Paul Hamilton
 ムース・レイク学区（Moose Lake Schools）
  教員：Lee Stephenson
 ロビンスデール・アームストロング高校（Robbinsdale-Armstrong High School）
  教員：Tony Nelson
 ロビンスデール学区
  保護者：Ron Stoffel
 コンコーディア創造学習アカデミー

校長：Mary Donaldson
ホワイトベアレイク学区（White Bear Lake Area Schools）
教員：Ananth Pai
州教育委員会（Minnesota Board of Teaching）
部長（Executive Director）：Karen Balmer
保護者：Rick Heller
ミネソタ州教員組合（Education Minnesota）
代表者（Chief Lobbyist）：Jan Alswager
ミネアポリス退職教員（Minneapolis Retired and Inactive Teachers）
Louise Sundon
ミネソタチャータースクール団体（Minnesota Association of Charter Schools）
事務局長：Eugene Piccolo
初等中等学校長団体（Elementary and Secondary Principals Association）
Roger Aronson

①提言内容

　高校の社会科の教員であるステファンソン（Stephenson, L.）は、生徒の学力測定システムが十分に整備されないまま、測定結果を教員評価へ活用する点について、評価の正当性という点で疑問を投げかけた。また、教育効果を示した"優秀"な教員への報酬に対し、その財源をどのように確保するのか、他の教員に対する財源を活用し教員間に序列化を招くことにならないか懸念を示した。さらに、自身が属する学区では社会的困難を抱えた様々な生徒がいるが、生徒が学校外でどのような困難を抱えているのかなど生徒の特性を考慮せずに、どのように教員の教育成果を図ることができるのかと、懸念を示した。また、27年間の教員経験を有するネルソン（Nelson, T.）も、学力テストのスコアでは教員の教育成果を正確に測定することは難しいと述べ、教員をよく知るレベルで教員評価を創設するべきであると、教員評価制度の創設を学区教育委員会（school board）に委任するよう求めた。

　一方、学区内の生徒の保護者であるストッフェル（Stoffel, R.）は、全ての教員、管理職に評価は必要であり、とりわけ教員の仕事は教育することであ

るため、教育成果を期待すると述べた。また、チャータースクール団体の事務局長のピッコロ（Piccolo, E.）は、年に1回以上の評価を要求する点や試用期間教員が継続契約に切り替わるまでのプロセスを明確にしている点で本法案を評価し、支持する立場を示した。ブッシュ財団のメンバーであるヒーガード（Heegaard, S.）は、ブッシュ財団だけでなく、ゲイツ財団（Bill and Melinda Gates Foundation）がサポートするMETプロジェクトなどの非営利団体において、教員の効果に関する研究がすすめられており、その研究成果を参照にすることを提案した。

②議論の争点

　教育財政委員会においても、議論の争点は教育改革委員会での議論と類似していた。ブリナート議員は、教員評価指標における学力テスト結果の50％の比重について、どのような根拠に基づいて設定しているのか、学力テスト活用の比重における正当性を問うた。また、ダヴニー（Davnie, J.）議員も、生徒の学力測定にどのテストを活用するのかなど、測定方法が十分に検討されていないと指摘した。また、ローン（Loon, J.）議員は生徒の学力データがどのように教員の力量形成につながるのかそのプロセスが不明瞭であると、生徒の学力データの教員評価への安易な活用を否定した。

　さらに、ブリナート議員は、教員の雇用に関して、試用期間教員の雇用決定やテニュアシステムの再構築に関する構造が教員評価結果とどのように関連付けられるのか不明瞭であると、教員評価の雇用決定への活用についても再検討を求めた。

　このように、主に学力テストの活用に関し議論が集中した一方で、クアム（Quam, D.）議員の「本法案は完全ではないが教員の力量形成を促すものである」との言葉に代表されるように、ほとんどの議員が教員評価制度の導入についてはその意義を認めた。

　HF945法案は、ピーターソン議員より、教育財政一括法案（HF934法案）

に包括することが提案され了承された。

(4)HF934法案の提出と廃案

①HF934法案の概要と議会の通過

　先に述べたように、HF945法案は教育財政一括法案（Omnibus education finance bill）であるHF934法案に盛り込まれた[8]。同法案は大別して4領域で構成され、その一つである「教育の質向上（Education Excellence）」条項において、教員の評価と雇用に関する項目が取り上げられた[9]。

　同法案は、2011年3月7日にガロファロ議員によって下院に提出され、教育財政委員会に付託されたものである。本法案は下院において6時間の議論の末、68対59で通過した[10]。下院通過後、上院に提出されたが、上院での議論を踏まえ修正付きで下院に戻された。下院では、上院の要求を拒否する声が上がったため、下院と上院の合同協議委員会が設置され、内容の調整が図られた。合同協議委員会での議論を踏まえた報告書が提出され、これを踏まえ修正された法案がようやく、上院、下院の両院において通過した。そして、2011年5月20日にデイトン知事に提出された[11]。

②知事による拒否権の発動

　2011年5月20日に提出されたHF934法案に対し、デイトン知事は以下のコメントを発表した[12]。

　　　残念なことに、教育財政法案（Education Finance Bill）は生徒や教員、学校に悪影響を与える。私は生徒間や学区間を争わせる本教育財政法案に署名しない。（中略）また、本法案はさらに学校の格付けや団体交渉への制限や、教員評価、コモンコア・スタンダード[13]の制限などの論争的政策を含んでいる。

　デイトン知事も述べているように、教育財政法案は、教員の団体交渉に対する権限を一部禁止する項目が含まれていた。さらに、州の生徒ひとり当た

りの教育費を増加するために、経済格差の広がる自治体の統合支援や特別支援教育への予算を凍結するものであった。さらに、教育効果が学術的に認められていないバウチャー制度の導入を推進する項目も含まれていた。そのためデイトン知事は、教育財政法案には、重要な教育政策に関する事項を組み入れるべきではないと、法案を通過させるために教育財政法案の中に多様な政策案を盛り込もうとする共和党の戦略を痛烈に批判した。また、共和党のリーダーに対し、調整された予算計画を提出しない限り、全ての法案に拒否権を発動すると述べ、実際に拒否権が発動された。

　2011年、州議会において予算の合意が得られず、知事による拒否権の発動を受け、6年ぶりに州議会が閉鎖された。議会の閉鎖後、早急の議会再開に向け、非公式にデイトン知事と両院の共和党リーダーによる会合が開かれた。知事と州議会との最大の争点は、50億ドルの赤字をどう補填するかという点にあった。民主党であるデイトン知事は、富裕層に対する税金を増やすことで費用を捻出することを提案した。それに対し、共和党員が過半数を占める州議会は、教育費をはじめ、各領域から平等に費用をカットすることで財源を確保することを主張した。この提案に対し、デイトン知事は、貧困層に大きな打撃を与えるものであると反対していた。議論の末、教育予算として136億ドルが計上され、不足額については支払いを遅らせる措置をとることで合意が図られた。これには、学校予算7億ドルも含まれていた。

　州議会の閉鎖後、特別議会が開かれ、新たに法案が作成され、教育に関する法案は特別議会教育法案（HF26法案）として提出された。同法案は、両院を通過しデイトン知事に提出され、州議会閉鎖から20日後の2011年7月20日承認された[14]。のちに詳述するように、HF934法案の一部はHF26法案に盛り込まれた。

(5) HF1173法案から HF26法案へ

①HF1173法案の概要

　一方、先に述べたように教育改革委員会での提案を受け、力量形成に焦点をあてた教員評価法案がブリナート議員を中心に12人の議員で作成され、HF1173法案（試用期間や継続契約教員の力量形成・評価の要求法案：Probationary and continuing contract teachers professional development and evaluation requirements further clarified）として提出された[15]。

　法案の概要は、以下の通りである[16]。まず、教員評価プロセスの作成は、学区と学区の排他的代表者の合意に基づき作成されるものとし、合意に至らない場合、州教育委員会が作成する評価プロセスに基づいて学区は評価プランを作成しなければならないとされ、評価プロセス作成における学区の裁量権が認められた。また、訓練を受けた観察者が同僚教員のコーチングを務め、教員は力量形成を促すためのコミュニティ活動に参加することとされた。また、同僚教員による評価や教員のコミュニティへの参加のための十分な時間を確保することが求められた。

　さらに、これらの教員評価には、以下の事項を含めることが要求された。全教員に対し、年1回以上、教員評価を実施しなければならない。また、教員評価プロセスは3年間を一つのサイクルとして創設され、教員は個々に力量形成プランを作成し、同僚教員による評価、力量形成コミュニティへの参加を通し、力量形成に努める。そして、最終的に訓練された学校管理職による総括的評価を受ける。これらの評価プロセスは、教員の専門職スタンダードに基づくものとされる。また、教員は自身の教育成果を示すポートフォリオを作成することができ、総括的評価の資料として自己評価や活動のビデオ記録などを提供することが認められている。また、評価指標として、生徒の学力向上度に関する長期的な測定データに加え、生徒の出席状況や学習態度、他の測定結果の活用を認めている。また、総括的評価は、訓練を受けた学校

管理職によって実施される。このように、3年間の評価サイクルには、同僚教員による形成的評価の実施やコミュニティの形成が内包されており、教員の力量形成を促す評価の実施が求められているといえる。また、これらの評価プロセスはQ Compの理念に基づくものであり、いわば、これまで一部の学区で実施されていたQ Compの導入を全学区に義務づけるものであると考えられよう。また、HF945法案の際に議論の争点となった学力テストについて、他の評価指標の一つとして捉えることが明示された点は注目される。

また教員の雇用に関しては、専門職スタンダードあるいは他の能力基準を満たしていない教員については、能力改善プロセスを通して改善するための充分なサポートを提供したうえで、それでもなお十分な改善を示さない教員については、最終通知、解雇、降格、非更新、学校管理職が適当とみなす他の処分、配置換え、能力改善のための休職などの処分（discipline）を課すことが示された。

また州教育委員会は、教員養成部局（Board of teaching）、学校管理職団体（the Minnesota association of school administrators）、ミネソタ学区教育委員会組合（the Minnesota school board association）、ミネソタ初等中等学校長団体（the Minnesota elementary and secondary principals association）、ミネソタ州教員組合（Education Minnesota）、ミネソタ評価グループ（Minnesota Assessment Group）、ミネソタ中等後教育機関（Minnesota Postsecondary institutions）、教員評価の専門家らと共同して、上述の事項を含めた教員評価プロセスモデルを創設するものとされ、団体交渉権が適用されることが示された。

このように、教員の力量形成を主眼とするHF1173法案は、HF945法案の教育改革委員会での議論を踏まえ、Q Compの理念を引き継ぐ支援的な教員評価プロセスの創設を提案する内容であったといえる。HF1173法案は2011年3月16日に下院に提出され可決された。さらに、同法案は下院通過後の2011年3月23日、上院を通過し、最終的に特別議会教育法案（HF26）に盛

り込まれ、法制化された[17]。

②HF26法案の概要

上述のとおり、HF26法案に盛り込まれた教員評価に関する事項は、基本的にHF1173法案に基づく内容であり、教員の力量形成を促す教員評価制度の創設を求めるものであった[18]。加えて、学力テストの活用を含む生徒の学力向上度について、利用可能な教科、領域に関しては付加価値評価モデルを利用することが義務付けられた。またその際、評価指標の35％を学力向上度で測定することが明記された。既述のように、学力テストの活用に関しては、HF945法案において50％以上の活用が要求されており、学力テストスコアの妥当性や、評価比重の偏重を理由に批判する声も多く聞かれた。それらの議論を踏まえ、HF26法案では、付加価値評価モデルの導入や、評価の50％から35％の活用に修正された点は注目される。さらに、教員の処分についても、教員評価プロセスにおいて十分な効果を示さなかった教員に対し、その対象となることが明示された点も看過できない。

第3節 新しい教員評価制度の概要

(1)教員評価と団体交渉

教員評価に関する事項は、ミネソタ州法（Minn. Statutes 2011）122A.40, 122A.41に規定される。同州では、公務員労働関係法（Public Employment Labor Relations Act of 1971）において、公務員の団体交渉権が認められており、本条項は教員にも適用され、教員身分に関する事項、教員報酬に関する事項は、団体交渉によって決定される項目に含まれる（179A.06）。また、州法122A.40 Subd.8において、試用期間教員と継続契約教員の教員評価・同僚評価（peer review）プロセスは、学区教育委員会と教員の排他的代表者の共

同的合意のもと創設することが示されている。その一方で、学区教育委員会と排他的代表者が教員評価・同僚評価プロセスについて合意に達しなかった場合、各学区は、州法規定に基づき州教育委員会が作成した評価モデルを導入することが義務付けられており、学区の管理権限が強められたとみることができる。これは、法改正を受けて新しく規定された事項であり、ミネソタ州教員組合（Education Minnesota）は、各学区教育委員会との団体交渉が合意に達するように、具体的な指針を示している。

(2)教員評価に関わる具体的事項

学区教育委員会と排他的代表者が作成する各学区の教員評価プロセスについて、州法では具体的に以下の事項に言及する。訓練を受けた観察者を同僚支援者（ピアコーチ）として取り入れ、教員が専門職学習コミュニティ（professional learning community：PLC）に参加すること（Subd.8a）、評価プロセスは3年間を一つの評価サイクルとし、各教員の職能開発プラン、ピアレビュー（peer review）プロセス、PLCへの参加の機会、学校管理職からの1回以上の総括的評価を含めること（Subd.8b(2)）、専門職スタンダードに準拠すること、評価プロセスと評価結果に合わせて職能開発活動をコーディネートすること（Subd.8b(3)(4)）が義務づけられている。また、ピアコーチングや教員との共同的な活動の時間を学期内に設定すること、新任教員へのメンタリングプログラムを含めることを認めている（Subd.8b(5)(7)）。さらに、総括的評価について、教員自身の能力を示すポートフォリオの作成、ビデオ記録などの自己評価に関する他の資料の提出を許可することを義務付けている（Subd.8b(8)）。また、評価指標については、州と学区の教育スタンダードに準拠した妥当性と信頼性の高いアセスメントによるデータを活用すること、付加価値測定モデル（Value Added Model：VAM）や生徒の学習目標（student learning goals）を含む州と学区の生徒の成長度測定を活用すること、それらは教員の評価結果の35％の根拠とする（Subd.8b(9)）ことが規定され、生徒の

関与や積極性、生徒との関わりに関するデータやカリキュラムの達成度を示す調査結果を活用する（Subd.8b10）ことが示された。さらに、学校管理職などの資格を有する訓練を受けた者が総括的評価を実施すること、学区は教員の職能開発・評価に特化した効果的な評価者訓練を提供することが義務付けられた（Subd.8b11）。

　2013年州議会において、いくつかの変更が加えられた。その変更のポイントは、生徒の成長度測定の際に、テストデータが入手可能な教員に対し、VAM測定の活用が義務付けられていたが、その文言が削除された点にある。さらに州統一テストスコアを用いる代わりに、生徒の成長度を示す他のデータの活用が認められた。また、2014年州議会では、教員の職能開発評価と代替の教員の専門職的報酬システム（Q Comp）の二つのプログラムに関わって、変更が加えられた。さらに、Q Compを導入していない学区やチャータースクールに対し、教員の職能開発評価を実施するための資金として、1000万ドルが支給された。

(3)教員評価結果の活用について

　一連の評価プロセスを通して専門職スタンダードを満たしていないと判断された教員には、改善プロセスを通してサポートが提供されなければならず（Subd.8b11）、それでも改善されない場合、契約終了（termination）、解雇（discharge）、非更新（nonrenewal）、他の部署への移動、休職などの適切な処分を与えることとされた（Subd.8b12）。

　継続契約教員に対し、継続的免許（continuing license）を更新する際には、十分な能力（satisfactory）を示すことが求められており、継続契約教員に対し、以下の事由に基づき解雇（termination）することができるとされる（Subd.9）。①Subd.8で示す評価に基づき、教育指導においてあるいは学校経営に関して非効果的であると判断された場合、②職務怠慢あるいは学校法、法令、規則、指示の違反、③教育効果を著しく損なう教員としてふさわしく

ない行動、④教育義務を果たすのに適さないことを示す他の十分な根拠、の4点である。また、不満（complaints）の詳細に関する通知と改善するための十分な時間を与えた上で欠点が改善されなかった場合を除き、これらの事由のうち、一つの事由によって解雇することは認められていない。

　試用期間教員に対しては、3年間の雇用期間終了時に、評価結果に基づき雇用契約の継続が判断される（122A.41.Subd.2）。

(4)新しい教員評価モデル

①教員評価モデルの概要

　ミネソタ州では、教員評価ワーキンググループによる新しい教員評価モデル（the Teacher Collaboration, Growth, and Evaluation Model）が創設され、団体交渉の結果、合意に達しなかった学区に対し、同評価モデルに基づく教員評価制度の実施を義務づけている。州教員評価モデルは、教員の実践力（teacher practice）、生徒の関与（student engagement）、生徒の学力到達度（student learning and achievement）の三つの要素で構成される複合的なプログラムである。

　教員の実践力とは、知識やスキル、専門職としての責任（professional responsibilities）などを示している。これは、ミネソタ州教員能力スタンダード（Minnesota Performance Standards for Teachers）に基づいて、立案力（planning）、指導力（instruction）、環境づくり（environment）、専門職性（professionalism）の4領域に区分される。

　次に、生徒の関与とは、学習や行動、感情的側面などを含む教育環境などに対する生徒への影響などを示すものである。教員の教育実践に対し、生徒がどのように感じているか、わかりやすさや興味深さなど、生徒からの評価視点を、教員評価の重要な要素の一つとして加えられた。生徒の関与には、生徒に対するアンケート調査などのサーベイ調査が主に用いられる。また、授業観察や教員自身の評価なども考慮される。

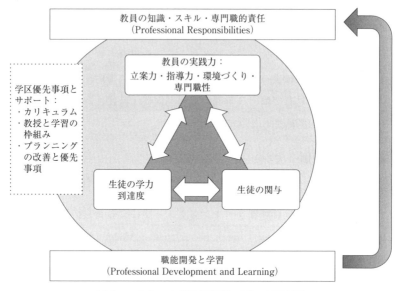

図 6-1　ミネソタ州教員評価モデルの概念図
出典：The Teacher Development, Evaluation, and Peer Support Model: Implementation Handbook p.7 より

　生徒の学力到達度は、教員の実践力、生徒の積極的参加と密接に関連する。図6-1は、これら三つの要素の関係性を示したものである。それぞれが相互作用しながら、教員の専門的能力につながるという構図が描かれていることが分かる。

　連邦政策において、教員評価の際に学力テストに基づく生徒の成長度の活用が強調され、主要な評価要素として生徒の成長度を活用することが求められているが、学力テストを活用した生徒の成長度の測定は評価の妥当性という点で課題が指摘されている。そこで新制度では、生徒の学力到達度だけでなく、教員の実践力、生徒の関与を加えた多面的な評価が実施されている点は注目される。

②教員評価における職能開発の仕組み

　教員は3年間の教員評価サイクル（professional review cycle）に従って評価される。各教員は、3年間の初めに、自己の職能開発プラン（Individual Growth and Development Plan）を作成し、年間を通してプランを実行する。各年度の終わりに、自己評価と同僚評価（peer review）がおこなわれ、それらの評価結果を踏まえて、次年度に向けた自己プランの修正を行う。また3年間サイクルの最後には、評価者による総括的評価が実施され、3年間の取り組みを踏まえ総括的な能力評定が決定され、4段階で格付けされる。総括的評価の結果は、次の3年間の評価サイクルにおける自己プランの作成に反映される。

i　関わりの機会（Points of Contact）

　3年間の教員評価サイクルにおいて、関わりの機会（Points of Contact：POS）が提供される。POSとは「総括的評価の評価者や同僚評価者が評価のための情報（evidence）を集め、教員の力量形成を促すフィードバックを提供するために定義づけられた機会」とされる。これは3年間の評価サイクルや自己の成長プランの実施にあたり、重要な活動となる。具体的な活動として、次頁表6-1で示したものがあげられる。

　POSは、フィードバックを教員に提供する機会であり、授業観察やその他の教員の成長をサポートする他の活動なども含んでいる。3年間の評価サイクルでは、自己の職能開発プランを通して、毎年、教員に対する多様なPOSが実施される。その際、全てのPOSは、面談形式で実施され、記録が残される。また、それらは教員の自己プランと教員能力スタンダード（the Performance Standards for Teacher Practices）に基づき実施されることが求められる。

表6-1 POSの具体的内容

活動	内容	評価領域
形式的な観察サイクル	同じ授業に関し連続で実施される事前協議、通知される広範な授業観察、事後協議などの一連	立案、指導力、環境づくり、専門性
広範な授業観察	授業観察 ―通知あるいは非通知での実施 ―40-45分の1クラスの授業観察 ―教員のあらゆる領域の実践や生徒の成長度における影響に関する情報収集やフィードバックの提供	環境づくり、指導力
一連のインフォーマルな授業観察	3から5回の授業観察 ―通知あるいは非通知での実施 ―1時間ではなく10-20分程度 ―教員の1、2領域における教育実践と生徒の成長度への影響に対する情報収集とフィードバックの提供	環境づくり、指導力
事前協議（Planning Conference）	観察を受ける授業とその実践についての事前協議（teacher planning questionnaire）	立案力、専門性
事後協議（Post-lesson Conference）	授業実践のあとの振り返りのための協議（teacher reflection questionnaire）	専門性
カリキュラム評価（Curriculum Review）	カリキュラム、ユニットプラン、レッスンプランの評価と、作成されたカリキュラムや生徒の到達度、教材などに関する話し合い	立案力
生徒調査の分析（Review Student Survey Data）	生徒調査結果の分析と、生徒の教育実践の効果と生徒の積極的参加に対する学力の影響についての話し合い	環境づくり
生徒の学力データ（Review of Student Learning Data）	生徒の学力評価（student assessment）結果、教員の付加価値評価、生徒の目標到達度に関する分析、生徒の学力到達度に対する教員の実践力と生徒の積極的関与の影響についての話し合い	立案力、指導力
観察と話し合い（Prodessionalism Observation/	専門性に対する観察と話し合い ―教員が実施するミーティングの円滑度 ―力量形成のための取り組み	専門性

Conference)	―教員のリーダーシップ性 ―専門的学習共同体における活動 ―教員スタンダードに基づく他の実践力	
ビデオ記録の評価 (Video Lesson Review)	授業のビデオ記録に対する話し合い	環境づくり、指導力

出典：The Teacher Development, Evaluation, and Peer Support Model: Implementation Handbook より

ii　自己の職能開発プラン（Individual Growth and Development Plan：IGDP）

　自己の職能開発プランとは、教員が力量形成の目標を設定し、その達成に向けた系統立てた計画である。同プランでは、以下の点が意図されている。

- ・3年間の評価サイクルを通して個々の学習活動と同僚評価を実施する
- ・教員自身が職能開発のための計画を作成する
- ・教員の力量形成を、生徒の学習活動や積極的関与と関連する成果に基づく目標に焦点づけする

　職能開発プランは3年間の評価サイクルの初めに作成し、毎年修正する。教員は、プランの作成時や修正時に同僚評価者（peer reviewer）に助言を求める。総括的評価者は、毎年、プランや修正を承認し、またフィードバックを提供する。教員は、同僚評価者、総括的評価者と共同して、自己の成長プランの実施に当たる。同僚評価者と総括的評価者は、適切なフィードバックを提供するために、職能開発プランに示されたPOSを実施する。各年度末には、教員は同僚評価者と共同して自己評価を実施し、教員の実践や生徒の成果に関する同僚評価にも関与する。自己評価と同僚評価の結果は職能開発プランに反映させる。

　教員は、職能開発プランの中で、POSの実施回数や内容の計画をたてる。試用期間教員に対しては、入職プログラムとして実施されるため、継続契約教員やテニュア取得教員と比べて、総括的評価者による評価の実施やそのた

めのPOSの実施回数などが多く取り入れることが求められる。その際、入職して90日以内に、形式的な観察サイクルを実施することが義務付けられている。

この総括的評価は教員評価モデルの「教員の実践力」評価として活用される。ここで注目されるのは、「教員の実践力」をスタンダードに基づいて評価するだけでなく、どのような情報を用いて、どのような手法で評価するのか、詳細に規定されている点である。（表6-1参照）加えて、3年間の成長を踏まえたうえで、多面的に評価される。

③教員評価モデルにおける生徒の学力成果

生徒の学力成果は、効果的な教員の実践を考えるうえで重要な要素である。ミネソタ州では、州法において教員評価の35％は生徒の到達度データ（student achievement data）に基づくことが要求されている。

教員評価モデルでは、3種類の測定手法が用いられている。①州の付加価値モデル（state value-added model）、②付加価値モデルの適用されない学年や教科領域[19]の生徒の学力成長度を測定するための生徒の目標到達度（student learning goals）、③全ての教員に適用される共通の目標到達度（shared performance goal）の三つである。

・州の付加価値モデル

教育領域における付加価値とは、教員あるいは学校の生徒の成長に対する貢献度を示している。付加価値測定は、生徒の以前の到達度やテストスコアに影響を与える諸特性を考慮した測定モデルである。たとえば、4年次の生徒の成長度を測定する際、同一の特性を有する4年次の生徒のスコアが同生徒の2年次のスコアから予測された期待値と比べて、どの程度の成長が見られるか、その成長度を分析する。

・生徒の目標到達度

生徒の目標到達度とは、教員が年度の初めに設定する測定可能な全生徒に

対する長期的成長目標である。与えられた指導期間における生徒の学力に対する影響度を測定するものである。

・共通の目標到達度

　学校管理職によって、全教員に対する共通の能力目標が設定される。学校やプログラムの全生徒の成果を測定するものである。

　生徒の学力成果の測定では、この三つの測定手法を教員の教科領域や担当学年に応じて、組み合わせて測定する。

④総括的評価

　3年の評価サイクルにおいて1回以上、教員は、評価者から総括的評価を受けなければならない。総括的評価は、3年の評価サイクルを通して得られた全ての情報に基づいて実施される。その際、評価モデルの三つの要素は、要素ごとに4段階のスコアがつけられる。それらは、教員の実践力45％、生徒の積極的参加20％、生徒の学力到達度35％の重み付けで換算され、その合計スコアに基づき、総括として以下に示す4段階の評定が決定される。総括的評価は、教員に評定結果と共に具体的なフィードバックを提供し、次の3年間のサイクルでの自己の成長プランに反映される。

　このように、ミネソタ州の教員評価モデルは、他の州と同様、連邦教育省の示す条件を取り入れて、アカウンタビリティ・システムの一つとして位置づけられている。また、生徒の成長度データの活用方法や4段階評価の導入など、その詳細が示されている点は注目される。州の教員評価モデルは、学区と教員団体との交渉が合意に達しなかった際に、学区による一方的な教員評価制度の導入を避けるために創設されたものであり、教員の職能開発に重点が置かれている点からは、支援的な教員評価制度創設の意図が窺える[20]。

第4節 ミネソタ州教員組合(Education Minnesota)と教員評価

(1)教員組合の示す教員評価に関わる方針

　教員評価に関わる事項は、州法規定に基づき、学区レベルで学区教育委員会と教員の排他的代表者との合意のもと、規定することが義務付けられている。州法規定が改正され、新しい教員評価の方針が示されことに対応し、2010年にミネソタ州教員組合は、教員評価に関する組織方針を作成すること、各学区の団体交渉を支援することを目的に、専門職支援委員会（Professional Advocacy Committee）を設置した。専門職支援委員会が提示した教員評価制度の方針によると、教員評価制度の前提として、教育の成功に必要な教授学習活動の状況認識を促すものでなければならないことが示された。さらに、教員評価制度が生徒にとって有益なものであり、教員にとって公平な方法で創設され、実施するものであることが明示された。また、評価制度の具体的な手続きについて、教員の効果性の測定に多様な評価方法を活用すること（評価方法）、評価者や観察者は十分な訓練を受けた者であること、評価者／観察者は団体交渉に基づいて学校管理職、メンター教員、ピアコーチを含めてもよいこと（評価者）、評価プロセスは評価者と被評価者の双方向的なものであること（評価プロセス）が示された。

　以下に示すように、教員の職能開発的側面については、教員評価と生徒のデータに基づく学習目標との一貫性があることや、教育業務に組み込まれる継続的な専門職的学習であることが提案されている。また、その内容として、最も効果の高い教員能力（talent）を活用し最も効果の高い教育実践を他の教員と共有することが構想された。さらに、コーチングや教員の協働的学習のための時間に関する条項も規定することや、これらには十分な財政支援が保証されることが示された。

・教員の職能開発システムは学校日の中でコーチングや教員のコラボレーションのための時間に関する条項を含まなければならない。
・教員の職能開発評価システムは改善プロセスを含まなければならない。スタンダードを満たしていない教員には改善のための十分なサポートと時間、機会が提供される。
・教員の職能開発評価システムには、十分な財源が適切に提供されなければらない。
・学校は、生徒の学習に関わる教授と学習活動を指揮しなければならない。教員の職能開発評価システム（Teacher development and evaluation system）は、教員と生徒の成功に必要な教授と学習状況について認識するものでなければならない。
・システムは、生徒にとって有益であり、教員にとって公平な方法で創設、実施されなければならない。
・システムは、教員の効果性を決める際に、多様な測定方法の活用を含めなければならない。教員評価システムは、多様な生徒の能力測定を用い、交渉プロセスを必要とする。ただ一つの指標は、生徒の学習測定の主要な測定方法とはならない。
・評価システムは、訓練を受けた熟練した評価者／観察者によって実施されなければならない。評価者／観察者は団体交渉に基づいて教授と学習を理解している管理職やメンター、ピア／コーチを含めてもよい。評価プロセスは教員と評価者が共同で行わなければならない。
・教員の職能開発評価システムは、教員の職能開発に関する州法122A.60, 122A.61に規定される枠組みによって、サポートされる。
・職能成長は、教員評価システムとデータに基づく生徒の学習目標に合わせ、統一されていなければならない。教員の職能成長は、継続的で業務に組み込まれた専門職的学習でなければならず、教員実践評価の目的は、教授と生徒の学習に関わる継続的な改善を確認することである。
・専門職的成長（professional development）は評価結果によって導かれなければならない。教員の職能開発評価システムは、最も効果的な教員の能力（talent）を活用し、最も効果的な実践を他の教員と共有し、多くの生徒にポジティブな影響を与えなければならない。
・評価プロセスは、教員キャリアの各ステージに応じた支援を提供しなければならない。

・教員の職能開発システムは質の高いメンタリング・インダクションプログラム（初任者教員研修）から始めなければならない。
・教員の職能開発システムはコーチングや教員のコラボレーションのための学校日の中での時間に関する条項を含まなければならない。
・教員の職能開発評価システムは改善プロセスを含まなければならない。スタンダードを満たしていない教員には改善のための十分なサポートと時間、機会が提供される。
・教員の職能開発評価システムには十分な財源が適切に提供されなければならない。

(2)州の教員評価モデルとの相違点

　ミネソタ州教員組合は、各学区での団体交渉への支援として、教員評価制度の方針とは別に、団体交渉の際の考慮すべき事項を提示している。

　評価指標の重み付けについて、州法規定では、生徒の成長度を評価指標の35％とすることが示されているが、他の指標に関してはその重み付けについて触れられていない。つまり、評価指標の65％については各学区で決定することができる。

　総括的評価について、州法規定では「資格を有する訓練を受けた評価者」が実施することが示されており、校長だけでなく、訓練を受けた者であれば学校管理職から同僚教員まで評価者として含めることができる。ただし、総括的評価者として同僚教員を指名する場合、これらの総括的評価者の責任権限や評価に関わるデータをどのように保存し共有するか、雇用に関わる決定に誰が関与するかなど具体的な文言で明記することを推奨している。州の示す教員評価モデルでは、総括的評価として表6-2で示した4段階による能力レベルの測定（exemplary, effective, development needed, unsatisfactory）が含まれているが、能力レベルの決定は州法規定では要求されておらず、各学区の裁量に委任される。また、能力レベル測定を規定する際、各能力レベルの教員数は公的なデータとして各学区に開示請求されることが可能であることを

表6-2 4段階の評定基準

模範的（Exemplary）	非常に優れた能力を有する。教員は能力スタンダードを上回り、リーダーシップ性、行動力を有しており、模範やメンターとなる能力を有する。
良好（Effective）	高い能力を有する。教員は総合的な知識を有し、共同的であり、継続して能力スタンダードを満たす。
改善の余地（Development Needed）	限定的、良好な能力を有する。改善を要する能力を有する。改善が期待される。
要改善（Unsatisfactory）	絶えず能力がスタンダードを下回る。支援と抜本的な改善を要する。

出典：The Teacher Development, Evaluation, and Peer Support Model: Implementation Handbook より

踏まえることが言及されている。

　評価指標の一つとして示される生徒の関与（student engagement）について、州法規定ではその活用は義務付けられていない。州の教員評価モデルでは、観察による情報データや自己評価や同僚教員評価（peer review）に加えて、生徒の関与に関する長期的なデータを含めることが要求されており、生徒へのサーベイ調査が企図されている。この点は、参考とすべきであり、各学区で同様のプランを検討する価値があると推奨する。

　生徒の成長度について、州法規定の変更により、データが入手できる領域の教員の評価にVAMを活用することを義務付ける規定が削除された。つまり、生徒の成長度の測定に関して、各学区に柔軟性が認められ、州統一テストや学区レベルの測定、学習共同体（PLC）に基づく評価、教員が作成するルーブリックなど多様なアプローチを利用することができる。また、学校カウンセラーや養護教諭、学校心理士などの授業などで直接指導を担当しない教諭に対する生徒の成長度の評価の活用は容易ではない。ミネソタ州教員組合は、35％の成長度データとして、関わりのある生徒の出席率、遅刻の状況、ある行動の頻出度などの授業での成績以外のデータの活用を推奨している。

　また、これまでQ Compを導入している学区に対し、新しい教員評価制

度が求める項目は、Q Compと重なる項目が多く、具体的な事項の変更は要求されていないとし、引き続き実施することを勧めている。

このように、ミネソタ州教員組合は、州の教員評価モデルを参考にしながら、各学区レベルで団体交渉することを推奨している。

第5節 ミネアポリス学区の団体交渉

(1)団体交渉の開始

州内各学区教育委員会は、教員団体の代表者と共同し、州法規定に基づく新しい教員評価制度を創設している。本節では、ミネアポリス学区を取り上げ、そこでどのような経緯のもと新しい教員評価制度が構築されたのか、教員団体との団体交渉の内容、合意に関わる覚書などを分析し、明らかにする。ミネアポリス学区は、36,817名の生徒が在籍するミネソタ州で2番目に大きい学区である。生徒の内訳は、図6-2に示す通り、白人が33％で有色人種が6割を超えており、64％の生徒が給食費の無償措置あるいは減額措置を受け

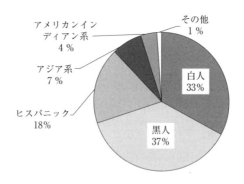

図6-2 ミネアポリス学区の生徒の内訳
出典：ミネアポリス学区教育委員会HPデータより筆者作成

ている貧困学区である（2016年度）。

　2015年度から2017年度の教員契約に関する団体交渉が、2015年6月18日から開始され、団体交渉に関わる規則や手続き、交渉する項目についての確認が行われた。ミネアポリス教員団体（MFT）は、主要な9項目の一つとして、「教員評価、効果的な指導スタンダード（Standard of Effective Instruction：SOEI）、職能開発学習コミュニティ[21]（Professional Development Professional Learning Community：PDPLC）、テニュアと同僚支援と評価の成果」をあげた。MFTはこれらのプロセスの目的が、ミネアポリスの教員の継続的な成長を支援すること、質の高い指導力を構築し保有することにあると主張する。SOEIは観察のツールとして利用されるが、教員の職能成長よりも、単に能力測定のために活用されており、教員にとって信頼性の低い罰則的なものとしての意味合いが強い。そこで、現行の教員評価プロセスを調査し変更を加え、何が作用し何が問題なのかを精査し、州教育委員会の期待する包括的で支援的な成長システムの構築を目指したいというのが、MFTの意図であった。

　一方、ミネアポリス学区教育委員会（MPS）は、優先事項として提案した中で、教員評価に関わる項目として以下の点を示した。優先事項①「各学校での教員の資質向上」において、訓練と職能開発、テニュアの到達、教員のメンタリングと同僚支援プロセス、優先事項③「教員の協働性のための時間」において、PDPLC、優先事項④「教員のリーダーシップとキャリアリーダーの促進」として、Q Compの継続、が提案された。

　上述のように、MFTとMPSは、互いに重要項目として教員評価や職能開発に関わる項目を挙げており、団体交渉は9月の合意を目指し10回の交渉が予定された。

(2)団体交渉の内容

①同僚教員支援評価(Peer Assistant Review:PAR)に関わる争点と交渉経緯
 i　PARプロセスについて(＊2015年7月29日／2015年8月4日)

　MPSは、7月29日の会合において、提案書(proposal)を配布しPARプロセスに関わる変更を提案した。PARプロセスの変更は、MPSがどのように教員を支援するかについての重要な変更を示すものであり、教員へのメンタリングの機会を拡大し、学校管理職の効果とアカウンタビリティを改善し、現在のPARプロセスが抱える課題を解決するものであることを強調した。MPSが示した変更点は主に以下の3点である。

　　・校長は教員の課題と思われる領域や可能性のある潜在的な力を通知し、教員の職能開発プランを作成する目的を通知する。
　　・校長はPARメンターからのフィードバックを考慮しながら、校長がプランの原案を示す。プランの最終的な決定は校長である。
　　・校長は45日間での成長を把握する際にプランの実践を通して収集した記録を活用し、プランの修正を行う。

　つまり、教員が実施する職能開発プランに関わって、校長が作成に関わる決定権限を有するというものであった。この提案に対しMFTは、職能開発プランが全体的に校長の手によって作成されることに懸念を表した。また、8月4日の会合において、MPSが示したPARプロセスの変更に対する返答書を提出し、反対の意を示した。その理由として、これまで時間をかけてPARに取り組んでおり、それなりに成果を感じていること、また従来のPARモデルは生徒への効果が示されている州の提示するモデルに則ったものであることをあげ、校長のリーダーシップを強化するような変更の必要性を疑問視した。また、プロセスの変更を求めるのであれば、一方的な変更の提案ではなく、事前に話し合う場としてのサブ委員会の設置を要望した。

　MFTの返答を受け、主に校長のリーダーシップに関して、以下のような

議論が展開された。MPS は、教員の PAR への積極的な参加には、校長のリーダーシップが必要であり、校長がイニシアティブを握ることが PAR の実施に効果的であるとの認識を示した。それに対し、MFT は、教員自身が他の教員を協議することの重要性と有益性を感じることができれば積極的な参加につながると考え、その PAR プロセスに向き合う時間がないことが問題であると主張した。また、校長はチームの一人であり、プロセスにおいて教員に教科知識や経験に基づきベストなサポートを提供する直接的な指導者である必要性はないと、校長に期待する役割を示した。PAR メンターが、チームからのインプットや多様なデータに基づいて、職能開発プランに対する具体的な提言を与えるべきであるとし、あくまでも教員間での共同性の構築に基づいて実施されるべきであるとの見解を示した。支援的なプロセスには、信頼できる文化や風土が重要であり、まずはオープンで包括的で信頼性のある文化を構築する必要があると述べた。

ii 職能開発学習コミュニティ（PDPLC）について

　PAR のプロセスとして提案される PDPLC について、MPS は2015年７月７日の会合で、PDPLC をさらに効果的に活用するために、PDPLC への指導者グループ[22]（Instructional Leadership Teams: ILTs）と学区のリーダーシップチーム[23]の関与を提案した。PDPLC とは、PAR プロセスで活用する個々の教員の職能開発プロセス（Professional Development Process：PDP）と SOEI に関わるフィードバックや生徒の学習に関わる支援など専門的な情報を提供する専門職学習コミュニティ（Professional Learning Community：PLC）を組み合わせたものとして提案された PDP の達成に合わせた学習コミュニティである。MPS は学校目標の達成に向け重要な役割を果たす主体である ILTs と PDPLC とのつながりに注目した。ILTs は職能開発に必要なものを決定し、学校改善目標（SIPs）の進捗度を確認しなければならず、PDPLC チームと連携することで職能開発に関わるニーズを明確に把握することができる、

とその連携を提案した。また MPS は、PDPLC を円滑に進めるためには形成的評価の構造と活用方法を教員に理解させるための補助的支援が必要であり、その支援者である PDPLC コーディネーターと PDPLC リード教員の存在の重要性を指摘している。

　MPS の提案に対して MFT は、プロセスにおいて専門職としての選択と自律性が後退していること、チーム内の専門家である教員よりも校長あるいは ILTs が PDPLC の活動を焦点化することにより、PDPLC による教員間の共同性が減退することを懸念している。MFT は、各教員や教員チームの専門職的自律を高め、教員らが認識するニーズに焦点を当て、そのプロセスの中で各教員や教員チームが強みや成長を共有し支援することに重要性を感じている。つまり MFT は、PDPLC プロセスが有意義なものであること、教員の自発性が確保されるものであることを要求した。

　さらに、MFT は、その後の会合において以下の点を考慮すべき事項として提案した。

・PDPLC ファシリテーターは全てにおいて教員と共同すること：独立した決定判断は行わないこと
・PDPLC は契約の一部として継続的な専門職的成長につながるものであること
・支援、成長、刷新、協働性、動機づけに基づくものであること
・プランのテンプレートを簡易化すること
・4 回のミーティング（1 回の計画ミーティングと 3 回の進捗度会議）
・生徒のニーズと学校改善目標（SIP）に基づいてチームと目的を選ぶこと
・プランは ILTs によって承認されない：学校のニーズを決定する際の情報として活用すること

　MPS の提案は、PAR と PDPLC に関わって、校長や学校指導者グループのイニシアティブのもと、教員の職能開発活動が展開されることを意図するものであった。それに対し、MFT は、PAR を中心とする教員の職能開発活動は、教員の自発性と協働性のもと実施することに意義があり、学校管理職

主導で実施されることに反対した。

②教員評価に関わる争点

　MFTは、2015年7月24日の会合において、教員評価プロセスに関わって以下に示す事項を示唆している。ただし、これらは正式な提案書として出されたわけではなく、議論の話題提供として提示されたものである。

1. SOEI観察の3年間サイクルの創設
   ①1年目：校長や有資格観察者によるフル観察あるいは焦点化された観察、加えて、ピアコーチあるいはサブ観察者による簡易な観察
   ②2、3年目：2回の短時間のピアコーチング観察（10月3週目と3月の終わり）
   ③PDPLCには、生徒のデータ、SIP、チームでの話し合い、他の関連する情報に加えて初めの簡易観察によるフィードバックを組み込むこと。3月に実施されるピアコーチング観察のデータは、PDPLCの進捗状況報告のデータとして活用されること。
2. ピアコーチング観察の際に活用できる教員評価プロセスに組み入れられる項目
   ①専門職ポートフォリオ（professional portfolio）
   ②ビデオコーチングプロセス
   ③生徒の作品や作成物の提示と話し合い
   ④アクションリサーチのプロセス
3. NBC（National Board Certification）の申請者への教員評価の一時保留
4. 職能開発機会の提供と増加、SOEIに則った指導方法に関わる支援
5. 労使委員会（labor management committee）の創設を通した教員評価観察の矛盾や結果に対する異議申し立てプロセスの設置
6. 教員がSOEIの要素を深く理解するための機会の提供
7. 教員評価スコアの非形式的な活用とデーターベースへの非記録
8. 専門職支援プラン（Professional Support Plan：PSP）は多様な測定に基づく能力の問題を解決するために活用されるメソッドの一つであること
9. 学年やキャリアレベルに応じたSOEIの差別化
10. ピアによる観察の選択

11. 実施の一貫性
12. リーダーシップに対する考え方を改めること
13. 教員評価モデルと PAR の統合
14. 教員評価指標として領域4（専門職性）の削除：スコアの一部としてではなく、話し合いの中で活用するものへとシフトすること

　MPS は、MFT の示した方針に理解を示した上で、SOEI に基づく教員の職能開発に関心を抱いていると伝えた。そこで、教員評価スコアを非公式に活用することが、州法で規定される「テストスコアに基づく35％の評価指標」にどのような影響を与えることになるのか尋ねた。それに対して MFT は、SOEI は職能開発プラン実施プロセスにおいて活用されることを想定したものであり、評価ツールとして開発されたものでないと述べ、サブ委員会ではこれを踏まえ、SOEI をどのように活用するか話し合いを展開して欲しいと伝えた。対して、MPS は、教員の具体的な評価方法については団体交渉の項目ではなく、交渉しない姿勢を明示した。

③団体交渉の継続

　MPS は、2015年9月1日の会合において、合意が目指された議題の多くは引き続き、別の機会での議論に委ねたいことを示した。また、教員評価については、教員評価に関する労使委員会（LMC）を設置し、教員評価制度の創設に関する話し合いを進めるために MFT と共同することが示された。さらに、2015年10月16日の会合で、PDPLC についても労使委員会を設置し、教員団体と共同して話し合いを継続することを示した。その際、PDPLC の詳細、PDP と PLC との関係性、教員の選択と専門職的自律の必要性と生徒のニーズに合わせた共同的な活動の必要性のバランスを図ることなどに焦点化することとされた。これは、MFT が述べているように、一方的にプロセスの変更を提案していた MPS の譲歩であったと言える。2015年度に実施された団体交渉の結果、労使委員会の設置のもと引き続き交渉を続けることを

前提に、以下に示す覚書が交わされた。

⑶**教員評価と PDPLC をめぐる合意に関わる覚書**

①**教員評価**（Teacher evaluation and observation cycle adjustments for 2015-2017）

- 教員の職能開発と評価は双方とも、州法の規定項目である。
- 校長は、法によって、テニュア教員に対する3年ごとに1回のフル観察の実施が義務付けられている。
- 校長は、法によって、試用期間教員に対する3年ごとに3回のフル観察の実施が義務付けられている。
- オフサイクル期間（形成的評価期間）での追加の観察はSOEI、同僚教員によるコーチング等に基づくことができ、また、州法における職能開発規定を満たすことができる。
- SOEIを用いた簡易（short）観察、認知コーチングモデルは、教員が同僚教員を観察しフィードバックを提供する有意義な機会を提供する。
  よって、以下のように決議する：学区と教員団体はここに以下の点に同意する。
- 2015年度において、義務付けられる簡易観察の回数は4回から2回に減らす。
- 2016年度以降について、テニュア教員に対する3年に1回のフル観察とピアコーチングを含む簡易観察の2回へと評価回数の軽減を求めて、労使委員会は教員評価の将来プランを話し合う。委員会は2016年4月1日から開催する。（ただし、試用期間教員は州法規定に従う）
- MPSとMFTは、労使委員会によって考案された教員評価・観察サイクルをレビューし、改善のための提言を行うための教員、校長、Human Capital Professionals[24)]による共同ワーキンググループを設置することに同意する。このワーキンググループは年に4回集まり、労使委員会にフィードバックを提供する。

　簡易観察の実施回数の削減は、MFTが議題として提案していた内容であり、その要望がMPSによって認められたと言える。2015年度に実施された団体交渉は、多くの議題が提案され、教員評価に関わっては具体的な交渉が進められたわけではない。議題としてあげられたその多くは、引き続き交渉を続けることで了承された。一方で、団体交渉に関わる方針として、評価指

標や総括的評価者、生徒の学力向上度測定などミネソタ州教員組合が示した項目については、交渉事項としてはあげられていない。ミネアポリス学区教育委員会の関係者へのインタビュー調査[25]によると、教員評価制度そのものは団体交渉の事項ではなく、具体的な評価プロセスについては、学区教育委員会に決定する権限がある。新しい教員評価制度の詳細は、基本的に学区教育委員会主導のもと規定されている。ただ、教員評価結果を教員の給与や雇用等の決定に活用する場合、団体交渉事項の対象となるため、授業観察結果や生徒の学力向上度を教員給与に連結させるなどの変更は、教員団体の合意なしには行われていない。実際、新しい教員評価制度創設の際に、以下の点が譲歩された。一つに、総括的評価の際にランク付けしないことである。州モデルで示されているように、総括的評価として、4段階で教員の能力レベルを提示することは行われていない。二つに、テストスコアを報酬や雇用決定に直接的に活用しないことである。テストスコアなどの生徒の学力向上度は、総括的評価の際に参考資料として提示されるのみであり、直接的に教員の教育効果の測定に活用されているわけではない。

　一方で、教員や教員団体と共同する重要性は認識されており、教員評価制度をより効果的なものに改変することを目的に、教員と教員団体の代表者と相談する場として共同ワーキンググループを創設し、改革を進めようとしているようである。

②PDP-PLC

- PDP（Professional Development Process）と PLC（Professional Learning Community）は、調査やアクションリサーチ、データ分析、プランニング、実施、省察、評価に従事しながら、生徒の成長に基づく目標に向けての継続的な職能開発のサイクルに適用されるものである。
- PDPとPLCの双方は生徒の学習改善に関わる学区、学校、チーム、各教員の目標の調整をサポートするものである。

・PDP と PLC は構造的な共通点や意図する目標を有している。
・専門職としての学びと共同的な時間を調整し、効率化を図ることは、それらを有意義で役立つものにするという点で重要である。
・MPS と MFT は労使委員会（Labor-Management Committee）を設置し、PDP と PLC プロセスを一体化させることを目指す。
　よって、以下のように決議する：学区と教員団体で構成される委員会が再度設置され、共有の決定プロセスを活用する。PDP-PLC プロセスを改善し、教員の労働負荷を解決するための初期の合意は：
①全ての学校の教員／他の関連する専門家は、学校改善プラン（SIP）に関連する自身の職能開発プランとチームを選択する自由を有する。
②指導グループ（ILTs）の役割は、職能開発プランをレビューし、学校改善プランとの調整を図り、チームをサポートする方法を決定する。
③タイトルⅠスクール[26]とプライオリティスクール[27]（Priority School）は法的義務により会議記録を提出しなければならないが、学区に命じられたミーティング記録は除外される。PDP-PLC チームは目的にあった記録方法を自由に活用することができる。法的規定を満たしている限り、チームはミーティングの記録方法を決定できる。
④年に4回のミーティングの実施（1回の計画ミーティングと3回の進捗度ミーティング）
⑤労使委員会は2015年度の残りの報告段階において、PDP-PLC 書式を簡素化・実施し、2016年度のはじめに PDP-PLC 計画書を作成する。

　PDPLC をめぐり、MPS が提案していた学校管理職のリーダーシップの問題については、自身の職能開発プランの作成と職能開発チームの選択の自由が認められている点から、教員の自律性が重要視されたと言える。また、PDPLC プロセスに関わって、MFT の提案が一部認められており、MPS が MFT の要望を受け入れる形で合意に達したと見ることができる。
　このように、教員評価制度をめぐり、「校長のリーダーシップを強化し、そのもとで教員の職能開発支援と評価を提供し、評価サイクルの最後に総括的評価として能力レベルを提示する。優秀な教員と指導力不足教員を明確にし、適切な対応を提供することで教員全体の資質向上につなげたい」[28]とす

る学区教育委員会の意図と、教員の自由と自律を確保しようとする教員団体の意図が拮抗する中で、その妥協点を探りながら教員評価制度改革が進められている。

第6節　セントポール学区の教員評価制度

　ここでは、ミネソタ州で実施される教員評価制度の運用の実際を明らかにするため、セントポール学区とブルミントン学区の二つを取り上げ分析する。既述のように、同州では、教員評価報酬プログラムとしてQ Compが提案され、各学区の裁量でその導入が進められており、各学区によって教員評価制度をめぐる状況が異なる。教員評価制度に関わる州法改正を受け、Q Compをベースにそれを発展させた新しい教員評価制度を創設する学区と、Q Compの要素を導入せずに新しい教員評価制度を創設した学区に大別される。セントポール学区は後者の事例として、ブルミントン学区は前者の事例として取り上げる。

(1)セントポール学区の概要

　ミネソタ州の州都であるセントポール市は、ミネアポリス市に匹敵する大規模都市であり、生徒数は36,869名、有資格教員はおよそ2,400名の大規模学区である。図6-3に示すように、生徒の人種別の内訳は、アジア系が最も多い32%、黒人が30%、白人が22%、ヒスパニックが14%であり、貧困学区の一つとされる。教員一人当たりの生徒数は15名である。HQTsを満たしている教員は全体の92.1%であり、修士号を取得する教員は63.1%、学士号のみの教員35.2%である。教員経験3年未満の教員は4.4%、教員経験3年～10年の教員が33.2%、10年以上の教員が62.4%であり、教員経験10年以上を有するベテラン教員が半数以上を占めている（2016年度）。

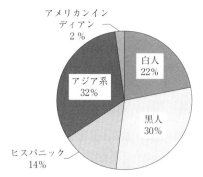

図 6-3　St. Paul 学区の生徒の内訳
出典：St. Paul 学区教育委員会 HP データより筆者作成

(2)セントポール学区の教員評価制度

①総括的評価機能

　3年間の評価サイクルの最終年度に、総括的評価が実施される。総括的評価が実施される年度は、学校管理職による授業観察が実施される。授業観察の実施に際して、教員は事前に通知を受ける。事前協議、授業観察、教員の自己評価、事後協議がセットで提供され、各教員に対しておよそ5時間程度の時間が費やされる。授業観察は、教員の専門職スタンダード（Standards of Effective Teaching）に基づいて実施され、最終的に4段階（基準以下（below standard）、成長途上（developing）、熟達（proficient）、顕著（distinguish））で評定される。表6-3は、授業観察後に教員に提示される教員評価シートである。「効果的な指導力の要素」「学習の環境」「専門職としての責任」の三つの観点から評価され、強み（重要領域）や課題（焦点領域）、次のステップなどについての詳細なコメントでのフィードバックが提供されている。

　総括的評価者は、生徒の向上度と職能成長プラン（Individualized Growth & Development Plan：IGDP）、生徒の関与（student engagement）、同僚との協同（peer collaboration）、教育実践力（educator practice）の5指標において総合的

表6-3 教員評価シート

効果的な指導力の要素		学習の環境	
レッスンプラン	熟達 (Proficient)	関係が支援的である	顕著 (Distinguish)
SPPSスタンダードを支援する真の学習	熟達 (Proficient)	生徒への行動期待	熟達 (Proficient)
多文化グループを配慮した教育内容の伝達	熟達 (Proficient)	行動の読み取りと対応	顕著 (Distinguish)
教育学と教科の知識	熟達 (Proficient)	活動の移行	熟達 (Proficient)
生徒の関心、能力、経験を考慮したレッスン	熟達 (Proficient)	教材と空間の配置	熟達 (Proficient)
レッスンの目的／ゴール	熟達 (Proficient)	家庭との連携	顕著 (Distinguish)
ルーブリックと基準のチャート	熟達 (Proficient)	ボランティアや準職員の利用	熟達 (Proficient)
共同的な指導 (Co teaching)	熟達 (Proficient)	全体：学習の環境	熟達 (Proficient)
事前学習へのアクセス	熟達 (Proficient)	専門職としての責任	
モデリング	熟達 (Proficient)	同僚との関係性	熟達 (Proficient)
指導技術	熟達 (Proficient)	自己省察	熟達 (Proficient)
差別化	発展途上 (Developing)	教員評価に対する省察	非該当
指導上のグループ	熟達 (Proficient)	フィードバック	熟達 (Proficient)
焦点化された話	熟達 (Proficient)	専門職としての成長	熟達 (Proficient)
質問と議論	熟達 (Proficient)	家庭とのコミュニケーション	熟達 (Proficient)
教育上機能的なテクノロジーの活用	発展途上 (Developing)	学校への貢献	熟達 (Proficient)
生徒の情報へのアクセスプロセスと提示	熟達 (Proficient)	記録	熟達 (Proficient)
生徒の学習評価	発展途上 (Developing)	デュープロセス	非該当
学術的なフィードバック	熟達 (Proficient)	教員評価の要素	熟達 (Proficient)
学習への生徒の関与	熟達 (Proficient)	全体：専門職としての責任	熟達 (Proficient)
レッスンのまとめ	発展途上 (Developing)		
生徒の作品とデータの活用	熟達 (Proficient)		
全体：効果的な指導力の要素	熟達 (Proficient)	総括的評価	
効果的な指導力の要素	45% 熟達 (Proficient)		熟達 (Proficient)
学習の環境	35% 熟達 (Proficient)		
専門職としての責任	20% 熟達 (Proficient)		

第6章　ミネソタ州における教員評価制度の改革と運用実態　257

重点領域 (Area of Strength)	効果的な指導力の要素
	1. A教員は、GANAG*に沿ったレッスンプラン、レベル別のプラン、学習の多様な選択肢が準備されている。観察した授業では、生徒は自身を紹介するスピーチを準備するための授業に積極的に参加していた。
	2. A教員は、書き言葉の期待値とスピーキングの一部の明確の双方のルーブリックを提示し、またティードバックのルーブリックも作成している。
	3. 教室中を移動し、理解度と進捗状況を確認している。
	4. 学習者が利用できる十分なリソースを準備していたため、生徒が好きなものを共有する際に選択肢を有することができていた。ドキュメントカメラや期限読書サービスなど。
	5. ドキュメントカメラを用いてライティングと文章の枠組みのモデルを提示している。
	6. 学習者が提示した学術的な目標とともに、導入の様式を持っている。
	7. ダンスによる小休止は優れた実践である。
	8. 授業の雰囲気は、課題とその達成に挑戦的で積極的なものである。生徒は積極的である。
	9. A教員とコーティーチングのパートナーは、学習者のニーズに合わせて多様なアプローチを用いている。
	学習の環境
	1. 生徒と教員間の関係性、行動の取り組みと対応、家庭とのコミュニケーションの要素において、鋭眼(Distinguished)スコアを示している。
	2. 全ての生徒に受け入れられていると感じさせるエネルギッシュで陽気な教員である。
	3. 授業を通して明確な行動期待に関して、教員は生徒のスタンダードを満たすために明確で効果的である。生徒は課題に取り組んでおり、指示は積極的であり、生徒の行動をしっかりと管理している。教員は、明確なタイミングで指示を出し、意図的な返答をする際にも、積極的な返答をしている。生徒の不真面目な態度に気づきを対応し、生徒もこれに対応する。
	4. 教室は整頓され、リソースへのアクセスが効果的で効率的な移動をサポートするものであり、グループ活動をするにも十分なスペースが確保されている。
成長領域 (Area of Growth)	1. プロセスだけでなく、プロダクトやピアアセスメントのための授業をどのように広げることができるか。
	2. 生徒のレディネスを理解度と学ぶための能力をどのように伸ばすことができるか、観察した授業をどのようにモデルとして示し、それらを書くための時間を生徒に提供し、次の文章をつなげていた。各センテンスのあるも、イメアからパートナーとのシェアやクラス全体のシェアがディスカスへの対象をどのようにサポートするのか。
	3. 教員は肯定的なフィードバックを提供しており(Good job! Nice Work!)、生徒は今日のレッスンの間中取り組んでいる。授業の中で、フィードバックで示すことができるルーブリックを伴うことでルーブリックの言葉がどのような方法で用いられるか、生徒も用いるルーブリックの言葉を活用できるか。
	4. 指導支援するテクノロジーの活用をどのように考えているか、この活動をサポートすることができるオンラインの辞書はあるか、開き直すことができるスピーチを記録し、レベル別の練習をどのようにサポートするか。
	5. 時間配分について、授業をまとめるための適切な時間をどのように残すことができるか。
次のステップ	プロセスだけでなく、プロダクトとピアアセスメントのレベル別の計画を考慮し、レベル別のスキルを引き続き身につける。 授業を通して、形成的な評価を提供し、強化する。 指導実践におけるテクノロジーの活用を追求する。

*Jane E. Pollockによって作成されたレッスンプランモデル
出典：Saint Paul Public Schools Standards of Effective Teaching より筆者作成

に評価する。各指標の重み付けは、生徒の向上度が35％と他の4指標については合わせて65％と示されているが、実際に算定式が決められている訳ではなく、目安として示されているようである[29]。

　総括的評価の評価者は、校長と副校長である。Harding High School の場合、生徒数1,983名、教員数110名（調査時）の大規模校であり、誰がいつ総括的評価を実施するかの計画表が作成されている。それを示したものが表6-4である。Harding High School には、校長の他に5名の副校長がおり、総括的評価はこの6名の管理職で分担して実施されている。また、各教員に対して総括的評価に5時間以上の時間が費やされるため、毎月3名を上限とし、担当する教員の総括的評価が実施されている。各教員に対して、十分な時間が確保されるよう、事前に計画を立て、丁寧な評価が提供されていることがわかる。また、試用期間教員に対する評価はテニュア教員と比べて、評価者の負担が大きいため、担当する試用期間教員とテニュア教員の割合も考慮されている。

②形成的評価機能

　3年間の評価サイクルの中で、形成的評価機能として、職能成長プラン（IGDP）と専門職学習コミュニティ（Professional Learning Community：PLCs）、同僚との協働が実施されている。

　IGDP は、年度当初に教員が専門職スタンダードを用いて立てる年間の計画書である。プランは学校管理職との相談のもと作成され、計画の妥当性を踏まえた上で、学校管理職が承認する。表6-5は、Harding High School のB教員のプランである。専門職スタンダードの中から、力をいれたい項目を選び、現在の能力レベルを踏まえた上で、到達したい能力レベルを決定する。B教員は、「生徒の学習に対するアセスメント」を重点化したい項目としてあげ、「熟達」レベルから「顕著」レベルへの向上を目指している。また、目標を達成するための具体的なアプローチや方法を示し、それらの達成度の

第6章 ミネソタ州における教員評価制度の改革と運用実態　259

表6-4　総括的評価カレンダー

10月	Doug*	Jeff**	Patrick**	Duane**	Chou**	Tony**
	N 3	0	N 2	N 3	N 3	N 1
	Non Tenured		Non Tenured	Non Tenured	Non Tenured	Non Tenured
	Non Tenured		Non Tenured	Non Tenured	Non Tenured	
	Non Tenured			Non Tenured	Non Tenured	
11月	Doug	Jeff	Patrick	Duane	Chou	Tony
	T 3	T 3	T 2	N 2	T 1	T 2
	Tenured	Tenured	Tenured	Non Tenured	Tenured	Tenured
	Tenured	Tenured	Tenured	Non Tenured		Tenured
	Tenured	Tenured				
12月	Doug	Jeff	Patrick	Duane	Chou	Tony
	T 3	T 2	T 2	0	T 1	T 2
	Tenured	Tenured	Tenured		Tenured	Tenured
	Tenured	Tenured	Tenured			Tenured
	Tenured					
1月	Doug	Jeff	Patrick	Duane	Chou	Tony
	N 3	T 2	T 2	N 3	N 3	N 1
	Non Tenured	Tenured	Tenured	Non Tenured	Non Tenured	Non Tenured
	Non Tenured	Tenured	Tenured	Non Tenured	Non Tenured	
	Non Tenured			Non Tenured	Non Tenured	
2月	Doug	Jeff	Patrick	Duane	Chou	Tony
	T 3	T 3	T 2	N 2	T 1	T 1
	Tenured	Tenured	Tenured	Non Tenured	Tenured	Tenured
	Tenured	Tenured	Tenured	Non Tenured		
	Tenured	Tenured				
3月	Doug	Jeff	Patrick	Duane	Chou	Tony
	N 3	T 3	N 2	N 3	N 3	N 1
	Non Tenured	Tenured	Non Tenured	Non Tenured	Non Tenured	Non Tenured
	Non Tenured	Tenured	Non Tenured	Non Tenured	Non Tenured	
	Non Tenured	Tenured		Non Tenured	Non Tenured	
4月	Doug	Jeff	Patrick	Duane	Chou	Tony
	T 3	T 3	T 2	N 2	T 1	T 1
	Tenured	Tenured	Tenured	Non Tenured	Tenured	Tenured
	Tenured	Tenured	Tenured	Non Tenured		

	Doug	Jeff	Patrick	Duane	Chou	Tony
	Tenured	Tenured				
5月	Doug	Jeff	Patrick	Duane	Chou	Tony
	T 3	T 3	T 1	0	T 1	T 1
	Tenured	Tenured	Tenured		Tenured	Tenured
	Tenured	Tenured				
	Tenured	Tenured				
Non Tenured	9	0	6	15	9	3
Tenured	15	19	9	0	5	7
Total	24	19	15	15	14	10

出典：Harding High School の Summative Evaluation Calendar より（一部修正）
*校長　　**副校長

表6-5　職能開発プランの一例

職能開発プラン Individual Growth and Development Plan (IGDP)	
焦点化する領域	生徒の学習に対するアセスメント
現在の能力レベル	3（熟達）
目標とする能力レベル	4（顕著）
焦点化する領域に関する具体的達成目標	生徒が、自分の活動を振り返り、互いにフィードバックを提供するために、ルーブリックやアセスメントを使う機会をつくる。
目標を達成するための行動のステップ、アプローチ、方法	1．年間を通して、コースの目標と具体的なスキルを振り返るためのルーブリックを作成し調整する。2．ルーブリックを生徒に馴染みのある言葉になおす。3．教員の指導のもと、事例をつかって実践する場面を提供する。4．教員に提出する前に、自己評価と友人評価をする機会を提供する。5．教員が活動を評価し、リフレクションの機会を提供する。
目標の達成状況を測定する方法	4半期に一度、生徒サーベイやリフレクションを実施する。
目標達成状況を評価するためのタイムライン	1学期の間、Short Story 単元の終わりに、生徒に初めのルーブリックを使って、明瞭性や効果性を振り返るように促す。そのあとに、教員が学期ごとに一度はルーブリックを使い、それぞれの時間のプロセスや建設的な効果に関与する。

その目標がどのように人種間の学力格差や全ての生徒の学力格差を縮めるか	ルーブリックの焦点は、継続的な改善のための空間を調整し改善するための多様な機会と、それにともなったスキルの改善である。全ての子供に多様なレベルのフィードバックと必要に応じて再度実施する機会を提供する。

出典：Plans and Reflections：St. Paul Public School より一部抜粋

表6-6　PLC の活動プロセス

step 1	データ収集とチャートの作成
step 2	データの分析とニーズの優先順位の決定
step 3	SMART ゴールの設定、省察、調整
step 4	共通の指導戦略の選択
step 5	結果指標の決定
step 6	結果のモニターと評価

出典：Saint Paul Public Schools PLC/Data Team Approach より筆者作成

測定方法も示しており、具体的で明確なプランが立てられている事がわかる。また、評価者である学校管理職は、授業観察を通してフィードバックを提供し、教員と IGDP の進捗状況のリフレクションを行う。制度上、2回の授業観察が示されているが、評価者は、非公式の授業観察を日常的に実施しているようである[30]。

　PLC とは、同学年や同科目の教員で構成される3～5名の学習コミュニティであり、生徒の学力データをベースに、生徒の学力向上に向け、共同で教育活動を行う。各コミュニティは、PLC リーダーを中心に、定期的にミ

ーティングを開き、表6-6に示すステップに沿ってコミュニティとしての活動を実施する。セントポール学区では、評価指標として示されている「生徒の向上度」や「生徒の関与」に関するデータは、PLCsの活動のための分析資料として活用される。生徒の向上度の分析には、州統一テストや学区のテスト、教員が作成するカリキュラムベースのテストなど多様なテストデータが用いられている。規定では、年に2回、生徒の学力データを用いた学力向上度の分析が要求されている。また、生徒の関与については、年に2回生徒へのアンケート調査を実施し、各教員の教育実践の振り返りのための資料として活用される。PLCsのミーティングは、毎週、あるいは各週で行うことが想定されているが、実際は週に複数回、実施されているようである（表6-7参照）。

　同僚との協働は、同僚教員間での授業観察活動を中心とする。総括的評価が実施されない年度に、各教員は、1名以上の同僚教員の授業観察を実施する。授業観察する教員は、教員自身で選ぶことができる。

　セントポール学区の教員評価制度は、形成的評価機能に重点が置かれた評価制度である。総括的評価は、3年間の評価サイクルのまとめとして実施されている。評価者である学校管理職は、3年間の評価活動を総合的に判断して評価を下す。インタビュー調査によると、新しい教員評価制度において、PLCs活動が最も重要視されており、「生徒の学力データを用いて効果的な教育実践を同僚教員と協働しながら提供する」点にその意義が認められている[31]。ただ、評価者である学校管理職の業務負荷が多大である点は、課題として指摘できるが、インタビューを行った校長は両者とも、学校管理職の役割として、教員の職能開発は最も重要な業務の一つであると認識しており、教員評価制度に対して好意的な意見を有していた。

第6章 ミネソタ州における教員評価制度の改革と運用実態

表6-7 HARDING PLC 週間スケジュール・2015-2016

時限	時間		月	火	水	木	金
1	7:30-8:18	48	AVID (1137A) ENGLISH 9 (1405) ENGLISH 10 (1345)	AVID (1137A) ENGLISH 9 (1405) ENGLISH 10 (1345)	AVID (1137A) ENGLISH 9 (1405) ENGLISH 10 (1345)	AVID (1137A) ENGLISH 9 (1405) ENGLISH 10 (1345)	ENGLISH 9 (1405) ENGLISH 10 (1345)
ADV	8:23-8:46	23	ADVISORY	ADVISORY	ADVISORY		ADVISORY
2	8:51-9:34	43	PHYS. SCIENCE (1328) PHYSICS (1301) WORLD LANG. (1404)	PHYS. SCIENCE (1328) PHYSICS (1301) WORLD LANG. (1405)	PHYS. SCIENCE (1328) PHYSICS (1301) WORLD LANG. (1406)	PHYS. SCIENCE (1328) PHYSICS (1301) WORLD LANG. (1407)	
3	9:39-10:22	43	ALGEBRA 2 (1341) HOTA (1434) 20th CENT. TOP. (1455) Art (1244)	ALGEBRA 2 (1341) HUMAN GEOG. (1455) Art (1244)	ALGEBRA 2 (1341) HOTA (1434) 20th CENT. TOP. (1455) Art (1244)	ALGEBRA 2 (1341) HUMAN GEOG. (1455) Art (1244)	
4	10:27-11:10	43	ALGEBRA (1412) READING (1402)	ALGEBRA (1412) READING (1403)	ALGEBRA (1412) READING (1404)	ALGEBRA (1412) READING (1405)	
4	10:53-11:36	43					
5	11:15-11:58	43					

5	11:42-12:24	42	CHEMISTRY (1331) U.S.HISTORY (1407) WORLD HISTORY-A (1424)	CHEMISTRY (1331) WORLD HISTORY (1407)	CHEMISTRY (1331) U.S.HISTORY (1407) WORLD HISTORY-A (1424)	CHEMISTRY (1331) WORLD HISTORY (1407)	
6	12:29-1:12	43	GEOMETRY (1454) ENGLISH 10A (1426) ENG. 11/12 IB (1433)	GEOMETRY (1454) ENGLISH 11 (1427) ENGLISH 12 (1427) ENG. 11/12 IB (1434)	GEOMETRY (1454) ENGLISH 10A (1426)	GEOMETRY (1454) ENGLISH 11 (1427) ENGLISH 12 (1427)	ENGLISH 10A ENG. 11/12 IB (1433)
7	1:17-2:00	43	BIOLOGY (1308)	BIOLOGY (1309)	BIOLOGY (1310)	BIOLOGY (1311) LTF MEETING (1429)	

＊各グループは教科・学年ごとに構成される

＊AVID (Advancement Via Individual Determination)：4-12学年の学力中間層の生徒に対し提供される大学準備プログラム　LTF (Language Testing Forum)

出典：Harding Weekly PLC Schedule 2015-16 より筆者作成

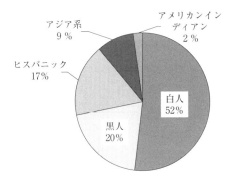

図 6-4　Bloomington 学区の生徒の内訳
出典：Bloomington 学区教育委員会 HP データより筆者作成

第 7 節　ブルミントン学区の教員評価制度

(1)ブルミントン学区の概要

　ブルミントン学区は、10,191名の生徒とおよそ640名の教員（調査時）が在籍し、教員一人当たりの生徒数は16名である。図6-4に示すように、在籍する生徒の内訳は、白人が52％、黒人が20％、ヒスパニックが17％、アジア系が9％であり、白人が半数を占めている。HQTsを満たしている教員は全体の99.6％であり、修士号を取得する教員は73.1％、学士号のみの教員26.3％を大きく上回っている。教員経験3年未満の教員は6.6％、教員経験3年～10年の教員が29.9％、10年以上の教員が63.6％であり、教員経験10年未満の教員が6割以上を占めている（2016年時点）。ミネアポリス学区やセントポール学区はダウンタウンに位置する貧困学区であったのに対し、ブルミントン学区は郊外に位置する白人が多数を占める裕福な学区の一つである。ダウンタウンの両学区と比べて、10年以上のベテラン教員が半数以上を占めるとい

う特徴を持つ。

(2)ブルミントン学区の教員評価制度

①総括的評価機能

　ブルミントン学区は、2012年度よりQ Compを実施している。新しい教員評価制度は、従来実施していたQ Compをベースとし、新しい法規定に則って、いくつか改変を行った制度である。Q Comp実施のための財源として、生徒ひとりあたり260ドルを受け取っており、この財源を利用して11名のQ Compコーチを採用し、これらのコーチが形成的評価を実施する際の評価者である。一方、3年間に一度実施される総括的評価は、学校管理職によって実施されており、形成的評価者とは異なる。学校管理職が総括的評価を実施する際に、形成的評価者であるQ Compコーチと情報交換をするなどの関わりは、ほとんどないようである。学校管理職は、ダニエルソンモデル[32]による評価ルーブリックを用いて、総括的な評価を実施し、最終的に4段階（Unsatisfactory, Basic, Proficient, Distinguished）で能力レベルを決定する。

②形成的評価機能

　形成的評価機能として実施されるQ Compは、目標設定と授業観察を大きな柱とし、学校戦略プラン目標（Building Strategic Plan Goal）、生徒の向上度目標（Student Achievement Goal）、専門職学習コミュニティ（Professional Learning Communities：PLCs）、同僚教員観察の四つの要素で構成される。

　学校戦略プラン目標は、学校管理職やリーダーシップチームによって作成される学校目標である。毎年9月12日までに作成され、その内容はリーディングや数学領域に関するものであり、標準化されたテスト（Minnesota Comprehensive Assessment：MCA）（Measures of Academic Progress：MAP）データに基づくものである。

　生徒の向上度目標は、各教員が作成する個人目標である。各教員は、9月

30日までに、生徒の学力データに基づいて、非テスト科目担当の教員はスタンダードに依拠する SMART ゴール[33]を設定する。目標は担当の Q Comp コーチから承認を受ける。試用期間教員は学校管理職の承認を必要とする。各教員の向上度目標は、Q Comp コーチや PLC メンバー、学校管理職と共有する。

専門職学習コミュニティ（PLC）は、以下のプロセスを実施する。各コミュニティはチーム目標を設定し、アクションプランと方略を決定する。PLC 目標の到達度の測定をサポートするエビデンスを集め、PLC ミーティングで研究に基づく一つの方略を共有する。PLC が設定するチーム目標は、生徒の学力データに基づいて、非テスト科目担当の教員はスタンダードに依拠する SMART ゴールであり、アクションプランや方略はこの SMART ゴールをサポートするものである。ゴールは生徒の学力向上度や成長度を基礎とする。表6-8は、Jefferson High School の音楽教科の PLC チームの2013年度のチーム目標である。教員が作成するテストの通過率をベースに目標が設定されている。PLC のチーム目標は、学校管理職から承認を受けるものとされており、学校戦略目標と関連する目標を設定することを求めている学校もある[34]。

PLC は 3〜12名のメンバーで構成され、毎週50分程度のミーティングを

表6-8　2013-2014　PLC 目標（音楽）

Students	Jefferson High School の音楽の生徒
Goal	生徒の音楽に関する知識をつけさせる―重要な90の語句を理解させる
Indicator	教員が作成する語句テスト―70％の正解率
Baseline	43％の到達度（秋）
Target	80％の到達度（春）
事前の確認テストでは70％以上の正答率の生徒は43％である。我々の目標は、3学期末の最終試験の音楽語句確認評価で、70％以上の正答率の生徒を80％にすることである。	

出典：インタビュー調査時に入手したデータにより筆者作成

開くことが規定されている。実際には、PLC は同じ学年や教科の 4 〜 5 名の教員で構成され、チームのメンバーは教員らの意思で決めることができる。また、各 PLC にはファシリテーターが指名され、ファシリテーターを中心に活動が進められる。アクションプランや指導方略の効果に関する省察のための資料として、テストなどの学力データに加えて、「生徒の関与」として生徒へのサーベイ調査結果などのデータも用いられる。生徒のサーベイ調査は、マルザーノモデル[35]が活用され、興味関心（授業への感想、おもしろさ）や学習活動への参加（重要度の理解、難易度）に関する項目が調査される。学校管理職は、年間に 2、3 回程度、PLC ミーティングに参加し、進捗状況を確認するが、日常的には、Q Comp コーチによる活動支援を受けている。

　同僚教員観察について、各教員は年に 3 回、ピアコーチとして Q Comp コーチによる授業観察を受ける。3 回の観察のうち 2 回は担当の Q Comp コーチが実施し、残りの 1 回は担当以外の Q Comp コーチが実施する。年度当初の 9 月、担当の Q Comp コーチと、15 分〜30 分程度のミーティングを開き、年間目標を設定する。教員は、ダニエルソンによる評価ルーブリックで示される 4 領域（計画と準備、教室環境、指導力、専門職性）の中の専門職性を除いた三つから、力を入れたい領域を一つ選択する。授業観察は、ダニエルソンによる評価ルーブリックに基づいて行われ、観察シートが作成される。授業観察は50分間実施されるが、観察ごとに30分の事前・事後協議が準備されており、授業観察シートを用いながら、観察者と被観察者の十分な共通理解が図られる。例えば、C 教員は焦点化する領域として領域 2「教室環境」をあげているため、観察者は、領域 2 の評価指標ごとの詳細な観察記録と能力レベルを示したものを教員にフィードバックしている。また、年度終わりの 5 月に、年間の授業観察を通した総括的な協議の時間が設定されている。

　同僚教員観察においても、総括的評価の際に用いられるものと同じダニエルソン評価ルーブリックが活用されている。ただ、同僚教員観察は、教員の

職能開発を目的として実施されるものであり、観察者であるQ Compコーチは、4段階（Unsatisfactory, Basic, Proficient, Distinguished）の能力レベルの中の、2段階（Basic, Proficient）のみを用いて評価を行っているようである。

③報酬

　ブルミントン学区では、Q Comp実施のための財源を利用して、報酬の提供が行われている。PLCファシリテーターの任務を担当する教員には、職務報酬として年間に500ドルが提供される。

　一方、教員は、目標達成度、授業観察結果に対する能力報酬を受け取ることができる。表6-9は報酬の一覧を示したものである。PLCについて、80%以上のミーティングへの参加や参加の態度などの要件を満たしている場合、年間で400ドル受け取ることができる。授業観察を通して、総合的な能力レベルが熟達（Proficient）レベルに達していると判断された場合、800ドルが支払われる。目標達成度については、PLC目標が達成された場合に400ドル、学校目標と教員の個人目標達成の場合に1ドルが提供されており、PLCでの活動が重要視されていることがわかる。教員の職能開発は、教員間の協働的なコミュニティでの学習活動が有効であると考え、PLCを通した協働性の構築を企図した制度設計がされているようである[36]。教員は、年間で最大1602ドルの報酬を受け取ることができる。

　学区責任者によると、新しい教員評価制度を創設し展開する上で、報酬は

表6-9　報酬（Compensation）一覧

PLCへの参加	400ドル
PLC目標達成	400ドル
授業観察	800ドル
学校目標	1ドル
個人の達成目標	1ドル

出典：インタビュー調査時に入手したデータより筆者作成

重要な役割を果たしたという。経済的報酬が教員の直接的なインセンティブにつながる訳ではないが、PLC活動を通した協働性の文化を教員間に根付かせようとするには、経済的インセンティブがネガティブな感情を抱かせないための方略であったとされる。一方で、教員への報酬は年々減額されているにも関わらず、新しい教員評価制度に対して、教員は比較的好意的な印象を持っているようである。つまり、スタートアップとして経済的支援は必要であったが、実践を通して、教員は他の教員との協働性の重要さを実感するようになってきたため、経済的インセンティブがなくともすでに協働性の文化が根付きつつあるようである。

　一方で、同学区の教員評価制度において、Q Compコーチは重要な役割を果たしている。ただ、Q Compの財源を活用して採用されるポジションであり、恒常的な財源が確保されている訳ではない。Q Comp実施における安定した財源の確保が課題のようである。

第8節　小括―ミネソタ州における教員評価制度の改革と運用実態―

(1)ミネソタ州における教員評価制度改革の特徴

　連邦政府による強力なイニシアティブのもと、連邦レベルで教員評価制度の法的枠組みが示される中で、ミネソタ州がどのような経緯で新しい教員評価制度を創設し実施しているのか、法案の審議過程、教員団体との団体交渉を分析してきた。連邦政府の推進する方針に忠実に従う内容のHF945法案では、生徒の学力成果で示される教育成果を重視し、その成果に基づき教員給与や雇用が決定される仕組みが提案されたが、同法案に対し、教員の力量形成を促す支援的な評価という点からは、評価者に過重な負担を強いるものであり実現不可能であることや、学力テストへの偏った評価指標であり評価の妥当性に課題があることなどを、批判する声が上がった。しかし、各学校

の成果を標準化された指標でその成果を測定することを企図した法案の大枠については賛同する声が大きく、最終的にHF934法案として、上院、下院の両院において通過した。その一方で、注目されるのが、教員の力量形成を促す評価プロセスに関してはHF1173法案として、別に提案された点である。先にも述べたように、ミネソタ州では、教員の力量形成を目指す評価報酬システムがQ Compとして実施され、その成果が一定程度認められてきた。HF934法案に反対する証言者の中には、Q Compでの成果を踏まえた教員の力量形成を企図した支援的な評価制度の必要性を主張する者もいた。これらを踏まえ、支援的な評価制度を別法案として提案した点は、注目される。最終的に、HF934法案は廃案になり、HF1173法案に一部HF934法案の内容を組み込む形で、教員評価に関する法案が成立されたが、論争の種であった評価指標としての学力テストの活用についてはその比重を下げ、他の評価指標を含めて教員の効果性を多面的側面から測定する仕組みが提案された。教員の力量形成を促すためには、多面的に教員の能力を把握する必要があるとの姿勢が窺える。

　法案の通過を受け、教員評価制度に関する州法規定が改正された。新しい教員評価制度は、教員職能開発・評価制度（Teacher Development, Evaluation System）として提案された。「職能開発（development）」という言葉が加えられている点からも、職能開発のための教員評価制度であることがわかる。実際、インタビュー調査の中でも、学区関係者や校長からはその点を強調する発言がみられた。具体的な内容は、テニュア教員に対して3年サイクルの教員評価を実施すること、生徒の学力向上度を評価指標の35％として活用することに加え、同僚教員評価を実施すること、専門職学習コミュニティ（PLC）を構築すること、生徒へのサーベイ調査を含む多様な評価指標を用いることなどを規定するものであった。ミネソタ州では、Q Comp実施により、教員間の協働性の構築が教員の力量形成にとってどれほど有効であるかを学校や教員自身が実感する機会を有していたため、連邦政策を一部取り

入れながらも、アカウンタビリティとしての教員評価制度の構築ではなく、職能開発を主眼とする教員評価制度が設計されたと言える。

　また、教員契約に関する事項は団体交渉の事項とされるミネソタ州では、教員の雇用や報酬などの関連する事項に関し、各学区が教員団体との交渉のもと、新しい教員評価制度が創設されることになる。取り上げたミネアポリス学区では、教員評価制度創設に際し、教員団体との交渉が影響を与えている様相が見受けられた。教員評価制度の具体的プロセスについては団体交渉の項目ではなく、学区教育委員会が独自に作成することができるが、教員評価結果を報酬や人事決定に活用する場合、団体交渉の対象となる。実際、ミネアポリス学区では、総括的評価としての教員のランク付けや報酬決定への活用は認められていない。教員評価制度のもつ総括的評価機能を強めたい学区教育委員会の意図と、教員の自律性を確保しようとする教員団体の思惑が対立する中で、団体交渉における双方向のやりとりを通して教員評価制度改革が進められている点は注目される。その一方で、議論の焦点が真に教育効果の改善を目指すものであるかどうかには疑問が残る。例えば、2015年度の団体交渉を通し、MFTは、教員の資質向上における授業観察の有益さを認識しながらも、校長のリーダーシップ強化に反対する立場として、校長による授業観察の回数の軽減を要求している。学区教育委員会と教員団体が対立することにより、教員の専門性の観点からではなく、政治的対立から教員評価制度改革が進められる可能性は否定できない。ただ、より効果的な教員評価制度の実施に向け、教員団体と学区による共同ワーキンググループが立ち上げられており、教員団体と学区がどのような共同体制のもと、制度改革が進められていくのか、注目する必要がある。

(2) ミネソタ州の教員評価制度の運用実態

　セントポール学区、ブルミントン学区の事例から、ミネソタ州で具体的に展開される教員評価制度は、形成的機能を重視した専門職的協働性を中心と

する教員評価制度であると言える。その特徴を整理すると以下の点が挙げられる。

第一に、PLCや同僚教員観察を中心とした、形成的評価機能が充実している。3年サイクルの最終年度に実施される総括的評価機能よりも、毎年実施される形成的評価が重要であるとのインタビュー対象者[37]の言葉が示すように、教員の職能開発に重点が置かれている。例えば、PLCでは、教員の教育実践を省察するデータとして、生徒の学力データや生徒のサーベイ調査が用いられている。中でも、生徒の学力データは、専門家によりデータベースが構築され、教員らはデータベースにアクセスし、多様なデータを入手することができる。教員らはそれらを利用して、実践した教育方略の直接的な効果を容易に測ることができる。また、教員の授業観察には、レベル別に行動指標が示された詳細な専門職スタンダードが用いられ、客観的な授業観察が試みられている。教員の現段階の能力レベルを評価者と確認した上で到達目標が立てられ、その達成状況が図られるため、自身の課題が明示的である。

第二に、教員評価制度は、職能開発プランの作成とPLCの構築の二つの方法で形成的機能が重視されている。各教員は年度当初に個人目標を示した職能開発プランを作成し、日常的な授業観察を通して、その達成が目指されている。また、PLCを通して、グループ目標を示したプランが作成され目標達成が目指されている。つまり、個人レベル、グループレベルの各段階において、目標が明確にされ、職能開発が進められている。ただ、二つの学区において、教員のサポート体制は異なる。例えば、ブルミントン学区によるQ Comp型の教員評価制度では、日常的に職能開発活動を支援するのはQ Compコーチであり、同僚性をベースにした形成的評価が実施されている。一方、セントポール学区による教員評価制度では、形成的評価も学校管理職が担っており、学校組織全体による形成的評価体制が構築されている。

第三に、総括的評価への納得性が高い。いずれの学区においても、最終的評価として、4段階による能力レベルが決定されている。最低レベル（Unsatisfied)の評価が続くと、テニュア教員であっても、デュー・プロセスを経て、解雇される可能性もある。先に述べたように、形成的評価において妥当性や客観性の高いデータが用いられているため、最終年度に総括として評価が決定される場合も、評価結果に対する不満は少ないようである。

このように、連邦による教員の教育効果の測定を用いたアカウンタビリティ志向の教員評価政策が進められる中で、教育効果の測定結果を職能開発のためのツールに転換し、職能開発型の教員評価制度として展開されている点がミネソタ州の教員評価制度の大きな特徴であると言えよう。

---

1) State of Minnesota 28th meeting, Minnesota House of Representative 87 session, Committee on Education Reform Minutes, March 14, 2011.
2) House Research Bill Summary, HF945.
3) SF636法案が付託された教育改革委員会では、HF945法案の教育改革委員会での審議結果を踏まえることが確認されたため、委員会の審議に関する詳細は省略する。
4) State of Minnesota 30th meeting, Minnesota House of Representative 87 session, Committee on Education Finance Minutes, March 16, 2011.
5) DQCとは、教育に関わる人々(特に家族と教育者)が質の高い生徒データにアクセスし、子どもの学力向上のために利用することを保証することをねらいとする目指す連邦の機関
6) ミネソタ教員団体は、NEAとAFTの双方と連携している州レベルの教員団体である。本部はセントポール市にあり、70000名以上の教員(2010年度)が加盟している。
7) State of Minnesota 28th meeting, Minnesota House of Representative 87 session, Committee on Education Finance Minutes, March 16, 2011.
8) State of Minnesota 28th meeting, Minnesota House of Representative 87 session, Committee on Education Finance Minutes, March 16, 2011.
9) House Research Bill Summary, HF934, 2011 May 6th.
10) State of Minnesota 30th meeting, Minnesota House of Representative 87 session, Committee on Education Finance Minutes, March 16, 2011.
11) Roper, Eric, House approves K-12 Budget; veto likely, *Sartribune*, 2011, May 18.

12) Helgeson, Baird, and Roper, Eric, Dayton signs budget, shutdown ends, *Sartribune*, 2011 July 20.
13) 全米州知事協会と全米教育長協議会は「コモンコア・スタンダード」を開発し、州間に共通のスタンダードの導入を進めている。
14) Helgeson, *op. cit.*
15) Minnesota House of Representatives, HF1173, the 87th legislature.
16) House Research Bill Summary, HF1173.
17) Minnesota House of Representatives, HF1173, the 87th legislature.
18) Minnesota House of Representatives, HF26, the 87th legislature, 2011 1st Special Session.
19) ミネソタ州では9－12学年、読解（reading）、数学（math）領域のみに州統一テストが実施されている。
20) 州教員評価モデル創設のワーキンググループのメンバー（Mistinila Sato）へのインタビュー調査（2016年10月13日実施）による。
21) ミネソタ州では、各教員に職能開発プラン（Professional Development Plan：PDP）を作成し実践することが求められている。また、州法において教員間で学習を進めるための共同体（Professional Learning Community：PLC）の構築が義務付けられている。ミネアポリス学区では、PDPを実施するプロセスにおいて、PLCでの活動を組み込んだPDPLCの創設が提案されている。
22) 学校内の管理職で構成されるリーダーシップチームである。
23) ミネアポリス学区教育委員会のメンバーである。
24) ミネアポリス学区教育行政機関の組織のひとつである。
25) ミネアポリス学区教育委員会の教員評価制度責任者のMichael Kurhajetz氏へのインタビュー調査（実施日：2016年10月13日）
26) Title 1とは数学と読解領域において能力レベルの低い生徒に支援を提供するためのESEA法による財政支援プログラムであり、Title 1スクールとはその連邦による財政支援を受けている学校である。貧困層の生徒の割合の高い学校が支援を受けることができる。
27) Priority Schoolとは、熟達レベル、成長度、学力間格差の軽減度、卒業率（高校の場合）など学校のパフォーマンスを測定する the Multiple Measurements Rating（MMR）において、下位5％にランキングされる学校のことである。
28) インタビュー時のコメントによる。
29) インタビュー調査（実施日：2016年10月11日実施、実施対象：Harding High

School 校長：Doug Revsbeck、Murray Middle School 校長：Stacy Theien-Collins）結果より。
30）Murray Middle School 校長とのインタビュー調査による。
31）Murray Middle School と Harding High School の両校長から同様のコメントを得ることができた。
32）ダニエルソンモデルとは、シャーロット・ダニエルソンが提案した教員評価の枠組みである。詳細は、第4章で詳述している。
33）SMART ゴールとは、Specific, Strategic, Measurable, Attainable, Results-based, and Time-bound なものとされる。
34）Q Comp 責任者（Kelley Spies）へのインタビュー調査（2016年10月20日に実施）による。
35）マルザーノモデルとは、マルザーノ（Marzano, Robert J.）が開発した教員評価の枠組みである。詳細は、第4章で詳述している。
36）Q Comp 責任者へのインタビュー調査による。
37）インタビューしたいずれの校長、Q Comp 責任者より同様の回答が得られた。

結章　米国公立学校教員評価制度の特質と課題、意義

第1節　教員評価制度の展開

教員査定から教員評定へ

「教員の能力を測る」行為にはその目的に合わせ多様な役割が課されてきたが、各時代の社会的要請に応じて、以下のように変遷してきた。

植民地時代から19世紀末までは、スーパーヴィジョン機能の一つとして、不適格教員のあぶり出しを目的とした教員査定が実施されていた。学校監督を目的として、社会が教員に期待している役割や成果を達成しているかどうか住民に対する「証明手段」であり、「社会に対する教員の責任を明らかにするもの」として、一般市民や聖職者などの素人による主観的で不確かな印象によって適格かどうかが判断された。学校監督の目的から、非効率の原因となる不適格教員の排除のために実施されていたが、その判断は十分な根拠に基づくものではなかった。

19世紀末から20世紀にかけて、科学的管理論の影響を受け教育へスタンダードが導入されたことにより、生徒やクラスが適切な成果をあげているか、タスクが達成されたかどうか確認することが可能になった。つまり、科学的手法に基づいた客観的な教育効果の測定が実施され、これまでの不確かな印象によって教員の適格性を判断する教員査定から、専門家による科学的根拠に基づく教員管理機能を担うものとする教員評定への転換が図られた。教員評定では、全ての教員を同一内容の基準で測ることや誰が評定しても同一の結果が得られること、客観的証拠に基づくこと、教員の能力を定量化することによって優劣が識別できるようにすることが目指され、また学習者の行動

変化に基づき教員の能力を測定しようとするものであった。

教員評定から教員評価へ

　科学的根拠に基づく教員評定はタスクの達成度に対する教員の改善点の把握には有効であったとされるが、いかに改善を図るかについての議論まではなされず、具体的な教授改善としては活用されていなかった。このような状況を受け、教員の教授活動の改善を主眼とする新しいスーパーヴィジョンが開発され、教室内での継続的なサポートを基礎とする共同的な支援体制の構築が図られた。学習成果のみに注目するのではなく、その過程である生徒の学習に関わる教員と生徒のやりとりをベースとし、スーパーヴァイザーと教員の相互的で支援的な関係構築を試みる「協議」を組み込んだ構造的なプロセスが提案された。このスーパーヴィジョンの提案により、教員の能力を動態的に捉える測定指標の活用が広がった。

　さらに、教員の能力測定は、評定者からの評定指標に基づく客観的な測定を主眼とする一方向による教員評定から、個人や組織の成長を目的とし、被評価者である教員も評価に参加し、自身の職能成長活動のプロセスの一部として実施される双方向的な教員評価へと変化した。このような変化の背景には、教職を専門職と捉える認識の広まりがあり、教育学的な真の成長は教員自身の自己省察から起こるものであり、教員評価はそれをサポートする機能を有するものであると捉えられたことが影響していると考えられる。

教員評価制度から教員評価報酬制度へ

　NCLB法以降、連邦政府のイニシアティブのもと展開された教育政策は、教員評価制度にも影響を与えた。教職の専門職性を高めることにより質の高い教員の確保を企図する政策が各種団体から提案されると、教育の核となる要素として教員の質保証が重要視され優秀教員の育成と確保が強調された。連邦政府は、優れた教員に適切な報酬を提供することで教員集団に競争的イ

ンセンティブを導入し全体の質向上を図る戦略を提案し、教員報酬制度改革を各州に要求した。教職の専門職構想をチラつかせながら、優秀な人材の確保という点で他の専門職と競合するために、単一給与表の改革の必要性が求められ、教員の勤務成績を測定し、その成果を報酬へ反映させ、能力に見合った報酬を提供する報酬システムの改革が進められた。同時に、指導困難校や理数系科目などの人材不足の深刻な学校や領域にボーナスを提供し、経済的インセンティブを投じることで教職の魅力を高めようとする政策も提案された。NCLB法において提案された教員評価政策は、教職の専門職構想を掲げながら、報酬という外的動機づけを利用して、教職全体の専門性の向上を図ろうとするものであった。

さらに、オバマ政権によるRTTT政策のもと提案された教員評価政策は、NCLB法における教員政策方針を引き継ぐものであったが、とりわけ教育成果の測定に重点が置かれた。各州に教育スタンダードの創設とアセスメントシステムの整備を要求した上で、生徒の学力向上度に基づき教員の教育成果を測定する仕組みづくりが求められた。これまで不透明であった教員の教育成果をテストスコアに基づく数的な指標で測定し、その科学性を追求することで教員の成果が「正確に」示され、それが教員全体の資質向上に寄与することが期待された。その一方で、NCLB法以降の教員政策に対し、教員の教育成果を学力という限定された指標で測定することが強調され、教員の資質能力の矮小化が懸念された。オバマ政権下での教員政策は、「教職の専門職構想」などは踏まえられておらず、アカウンタビリティ政策の一環であったと言える。

第2節　教員評価制度の特質と課題

上述したように、米国の教員評価制度改革が進められる中で、教員評価制度の特質として以下の諸点を指摘することができる。

第一に、各州の教員評価制度の発展に、連邦政府による教員政策が大きな影響を与えており、「連邦政策の基軸性」が存在している点である。特に、近年、教育全体へのアカウンタビリティの追求とともに、それを果たすための制度基盤の構築が、連邦主導で進められてきた。コモンコアなどの教育スタンダードの作成や統一の標準化テストの実施、教員の教育成果の証明は、各州の自発的な取り組みとして展開されたわけではなく、連邦の教育政策を受け、半ば「強制的」に進められてきたと言える。つまり、教員評価制度のアカウンタビリティとしての機能は、連邦政府の関与で強化されてきた。その一方で、これらの連邦による教員評価政策は、教職の専門職性の向上にも影響を与えている。分析対象としたミネソタ州の事例では、連邦政府によって示された教員評価政策を枠組みとし、教員に求める能力を示した専門職スタンダードの創設やそれに依拠した建設的なフィードバックの提供、教育実践を省察するための資料としての学力スコアの活用、教員へ指導助言を与える指導者ポストの創設などが行われていた。つまり、連邦政府によって義務づけられた教員評価政策を基軸とし、各学区の一定の自由裁量のもと、教員の資質能力施策としての効果的な教員評価制度の創設が目指されていた。

　第二に、連邦政府による政策を受け、それらを各州が展開するプロセスの中で「多様なアクターの関与」が看取された点である。NCLB法やRTTTプログラムなどの連邦政府による教員評価政策を受け、専門職団体や研究者、非営利団体などの第三者団体が、連邦政策の意を汲み取り、時には意に反して、教員評価モデルを提示し、各州や各学区では、それらの教員評価モデルを参照しながら、教員評価制度が展開されていた。連邦政府のイニシアティブで実施された教員政策が必ずしもトップダウンで進められているのではなく、連邦政策に関して第三者組織がモデルの提示や財政的支援という形態で「方向付け」を行い、各自治体が自発的に選択し導入するという展開が見受けられた。

　第三に、「州の制度枠組みと学区の運用実態に乖離」が看られる点である。

ミネソタ州では、RTTT プログラムへの申請を機に、評価指標としての生徒の学力データの活用を義務付けるための州法規定の改正を行った。そこでは、評価指標の35％を学力データに基づくことが義務付けられ、各学区は教員の教育成果の数値に基づく証明を求められた。しかし、事例調査をした結果、生徒の学力データは教員の職能開発のためのデータ資料として活用されており、いずれの学区においても評価指標の35％としては活用していなかった。35％は目安であり具体的に重み付けされているわけではないとのインタビュー調査で得られた発言を踏まえると、各学区では、州の制度枠組みの中で州政府が意図する以上に弾力的な運用が行われていたと言える。

　第四に、各学区で展開された教員評価制度改革において、教員評価制度の有する「総括的評価機能の限界性」が看取された点である。連邦政策によって、テストデータを用いた教員の教育成果の正確な測定と評価結果の報酬や人事雇用への活用が進められたが、各学区での実施状況をみると、連邦政策の意図する通り改革が進められたわけではない。特に、教員個人の成果に対する報酬には様々な課題が指摘され、その導入は進んでいない。また、テストデータの活用をめぐり全米で訴訟が起こされる中で、先に触れたようにミネソタ州では、テストデータを用いた教員の教育成果の正確な測定が教員の報酬や人事雇用に直接的に活用されていたわけではなく、職能開発のための資料として活用されていた。教員評価制度を通した教員へのアカウンタビリティの追求は教育現場に馴染まず、結果として、形成的機能が重要視されている点は注目される。

　第五に、教員評価制度改革を通して、「学校組織の再編化」が図られている点である。教員の能力改善には学校管理職よりも同僚教員などのリーダー教員による組織的な支援が必要であると認識され、そのための組織構造の再編が図られている。TIF プログラムを中心に教員報酬制度の改革が図られたが、経済的インセンティブは、能力成果に基づく報酬よりも、リーダー教員としての職責に対する報酬の有効性が認識された。教育成果が追求される

教員評価制度の構築に合わせ、その成果を活用して職能開発を支えるリーダー教員ポストに対するニーズが広がっており、学校組織における総括的評価者である学校管理職と被評価者である教員の対立的構図から、リーダー教員を加えた複合的体制へと再編が図られた点は注目される。

　第六に、「教員間の協働性」が進められようとしている点である。ミネソタ州では、教員間の専門職学習コミュニティの構築が新しい教員評価制度のベースとされた。Q Comp 実施を通して、教員間の協働性の重要さが浸透しつつあった同州では、新しい教員評価制度の構築を、全学区へ教員間の協働性の構築を促す好機と捉え、職能開発型の教員評価制度が展開された。また、それに対し、多くの教育関係者が好意的な評価を示しており、新しい教員評価制度をツールとして、教員間に協働性の文化が根付きつつある。第三者組織である NIET が提案した TAP でも、同様に「教員間の協働性」の構築が企図されていた。

　第七に、「学区当局と教員団体の共同性」が効果的な教員評価制度の構築の鍵となっている点である。フロリダ州やミネソタ州の教員評価制度改革には、教員団体との団体交渉が影響を与えていた。特に、職能開発型の教員評価制度が展開されているセントポール学区やブルミントン学区では、教育行政当局と教員団体との間に対立的関係は見られず、教員評価制度は対話を通した共同的関係の中で創設されたようである。これらの学区の事例は、学区と教員団体の政治的対立は各主体の利益を中心とする議論を生じさせる恐れがあり、効果的な教員評価制度の構築を目指し建設的な議論を展開させるには、学区と教員団体との共同性が重要となることの証左であろう。

　米国の教員評価制度改革を通して、以下のような課題も指摘される。第一に、教員の能力に関する概念がアウトカムを含めた多義的で多面的なものへとその捉え直しが広がっていった一方で、今日展開される教育政策において、米国全体としては、アウトカムの側面のみが過大注目され、教員の能力が教室内での指導や英語や数学などのテスト科目の教育に矮小化されている点で

ある。各州や自治体がこのような教員評価政策を実際に展開していく中で、教員の効果性の概念とその測定方法の妥当性をめぐり、訴訟が展開されている。本論で取り上げた Cook v. Stewart 訴訟は、その代表的な事例であった。フロリダ州では制度上、学力テストスコアの反映を全教員の評価に求めており、標準化テストに該当する科目や学年に関わらず、全教員にテスト結果の適用が強いられている。キャンベルが、教員の効果性は役割活動の範囲、教科の差異などを踏まえ差別化を測るべきであると主張しているように、多様な差異を踏まえて効果性の測定を実施する必要がある。州当局も、各学区に非テスト科目や非該当学年の教員に対する学力テストの作成を許可しており、評価方法に関してはその権限を各学区に委任している。しかし、財政的側面などを理由に各学区が独自に学力テストを開発することは難しく、全教員の評価に州統一テスト結果を強引に活用しているのが実態であり、教員の能力測定の妥当性は十分に保証されていない。

　第二に、連邦政府による各州の教育政策への影響力が拡大している点である。RTTT 政策では、時間的制約のもと、教員団体との対話による教員評価改革ではなく、教育行政当局による一方的な改革が進められた。ストロングは、効果的な教員評価制度の実施には、教員に必要な能力や適切な評価ツールも重要であるが、同様に、政策の実施段階での教員との共同性を重要視している。このような主張を踏まえると、RTTT 政策において、多くの州で、十分な議論がなされず教育改革プランが作成された現状に鑑みると、連邦による教育政策の影響力の強さが懸念される。教育は生徒と教員の相互作用を通じて提供されるものであり、各個人の有する個性や気質、組織の持つ風土や文化など多様な要素からの影響を受け一進一退しながら進められる。教育に直接携わる関係者の実感や手応えをひろいながら、丁寧に教育政策を進めるプロセスが重要であり、このような政策展開が保障されている点が、各州が教育に関わる権限を有する米国の教育ガバナンスの特徴であった。連邦政府が一定介入することにより米国全体の教育レベルの底上げを図ろうと

する意図は理解できるが、各州による独自の教育政策展開が制限されないよう、連邦による介入の内容とその程度には慎重な議論が要されるであろう。

　第三に、教員の身分保障の正当性が問い直されている点である。Vergara v. California 訴訟では、生徒の権利保障という新たな視点から教員の身分保障制度の正当性が問われた。そこで下された判決では、教員の身分保障制度は生徒の教育の平等保障を侵害するものであり、教育の平等保障を質的な側面から担保する必要性が認められた。また、教員評価の公表をめぐる訴訟では、情報公開法に基づき、学力テストスコアの公表を認める判決が下されている。公共は、教員の能力に対する直接の利害を有していると考えられ、標準化テストの価値や客観的な教員の能力評価などを含む教育課題は政策決定者や公共の利害とみなすことができるため、教員の能力評価に関する情報は公開されるべきであるとの見解が示された。これらの司法判断に鑑みると、これまで以上に教員は社会的応答性という視点での責任が求められており、それらを踏まえた身分保障の在り方が問い直されていると言える。

　第四に、教員の効果性概念に対する捉え直しが求められている点である。Vergara v. California 訴訟では、教育を受ける立場である生徒や保護者が州当局を訴えるという構図が浮き彫りにされた。一連の教員法制改革は連邦政府主導によるトップダウンで進められてきたが、教育を受ける立場の生徒から教員テニュア法の改正を求められた点からは、草の根運動に教員法制改革が突き動かされるという新たな展開が見て取れる。またその背景には、利益団体の存在がある。Vergara v. California 訴訟においても、利益団体からの全面的なサポートが背景にあり、原告側の勝利は利益団体の存在無くしては達成できなかったであろう。利益団体に加えて、メディアの存在も大きい。Morris Publishing Group, LLC, v Florida Department of Education 訴訟や Mulgrew v. Board of the city school dist. of the City of New York 訴訟では、メディアが教員評価に関する情報開示を求め教育当局を訴えている。訴訟をめぐる動きの中で新しいアクターの存在が確認され、従来の教育ガバナンス

結章　米国公立学校教員評価制度の特質と課題、意義　285

体制では説明されえない新たなガバナンス体制が生まれつつあると言える。教育をめぐるアクターの捉え直しとともに、多様化する公共のニーズを踏まえたアカウンタビリティが必要であろう。

第3節　教員評価制度改革の意義

　教員評価制度は、時代に応じて、その目的や手法に変化が見られる一方で、連邦政策や州政策に基づいて、各学区主導で実施され、連邦法、州法、学区規則など輻輳的な枠組みの中で展開されている。この教員評価制度改革の変遷を分析すると、3つの流れを見出すことができる[1]。1990年代までは、「プログラム（program）」改革が進められた時代として特徴づけられる。各学区で実施されていた教員評価制度は、どのようなプログラムで教員評価を実施するのか、多様な取り組みや提案が行われていた。形成的評価と総括的評価、メリットペイ、キャリアラダー、同僚教員評価など、教職の資質向上プロセスとして、「教員評価制度をどのようにデザインしていくか」という点が注視されていた。また、研究者などの教育専門家を中心に、どのような教員評価プログラムにするのか、何を目的とするのか、アカウンタビリティとしてあるいは職能開発としてプログラムをどのようにデザインしていくのか、教員評価制度の「テクニカルな側面」に関する検討が進められた。

　1990年代以降は、「政策（policy）」の時代として、教員評価制度改革を定義づけることができる。連邦政府によって、教育政策の一環として積極的な教員政策が提供されるようになり、専門職スタンダードの作成、専門職としての報酬の改善など、連邦政策によって教員評価制度の改革が先導された。1990年代までは、学区や専門家を中心に、教員評価制度について議論され改革が進められてきたが、1990年代以降、連邦政府主導で教員評価政策が提案され、それに応じて、専門職団体や関係機関が教員評価制度を展開するという構図が生まれた。また、連邦政策を受け、各州が制度改革のための法的整

備を進めるなど、政策主導で教員評価制度改革が進められた。しかし、その政策は、教育の効果性概念を矮小化し、一つの要素に依拠した尺度で教員の効果性を測定し、教員への管理機能を強化するものであった。米国の教育に関するガバナンスの仕組みは、多様なアクターが関わっており複雑である。教育に関する専権は連邦ではなく州に所在しているが、その多くが学区主導で実施されている。このような従来のガバナンス体制のもと、連邦政府によるトップダウンの政策展開は、多様なアクター間での合意形成という点で、様々な課題が指摘された。

そして現在、教員評価制度改革は「本質(learning)」の時代として捉えられる。連邦政策の影響を受け、各州において教員評価制度に関する法的枠組みが整備される中で、教職の資質向上につなげるためには「テクニカルな側面」の整備ではなく、「本質的な側面」を踏まえた改革が求められる。教育の質向上のための教員政策として展開されてきた教員評価制度は、「明確な指標で評価を受け、結果を踏まえて教員に賞罰を与えることで教職の質をコントロールする」という単純な仕組みではなく、「教職の本質的な改善を促すことで教職の質向上を目指す仕組み」として展開されつつある。前者の仕組みで強引に教員評価制度改革が進められた結果、米国全体で教員評価制度をめぐる訴訟が起こり、混乱が広がっている。その一方で、教員評価制度を有効に活用しようとする自治体では、教員の資質改善のための機会や情報の提供や教員の協働体制を導入し、教員の意識改革を促す仕組みとして改革が進められている。学校組織のリーダーである校長は、教員の専門性の向上を促進させる責務を実感しており、そのための方策を模索し、また教員は、自身の職能向上のための機会を要していた。そのような状況下で、評価の持つ形成的機能は校長や教員のニーズに応えるものであり、形成的機能を効果的に利用し、本質的な教職の資質改善を促し、学校や教員の受容を重視しながら改革が進んでいる。

このように、連邦制国家である米国では、各州によって、多様な教育改革

が展開されているが、連邦政府によるイニシアティブが強まる中で、専門職性を促進させ、本質的な教職の資質改善を促す「支援的な教員評価制度」が展開されている点は注目される。教職を「個業的な営みとしてではなく、教師集団の共同的／協働的営み」として捉える同僚性は専門職性論に定位するという指摘を踏まえる[2]と、米国の教員評価制度の構築をめぐる現在の改革は、専門職化を促進させる動きとして捉えることができよう。このような動きが、教職の専門性の向上を促進し、教員組織に専門職としての自覚を生み出し、その高度化につながることが期待される。

　教育成果に対する社会的期待が高まり、教員の効果性を学力成果という客観的で限定的な指標で可視化しようとする動きは米国に限ったことではない。わが国でも近年、全国学力テストの実施やその公表をめぐり多様な議論が展開されている。教育において新たなアクターが登場する中で、今一度、専門職としての教職のあり方が問われている。その中で、米国の教員評価制度をめぐる一連の改革は、わが国の教員評価制度に対して、一つの示唆を提供してくれているのではないだろうか。

---

1) コクランスミス（Cochran-Smith）は、教師教育の変遷を、training problem、learning problem、policy problem の３つの視点で概念整理し特徴づけている（Marilyn Cochran-Smith, Policy, Practice, and Politics in Teacher Education 2006, Editorials From the Journal of Teacher Education）。この分析視点を参照に、教員評価制度改革の変遷を分析している。

2) 櫻井直樹他「カリキュラム形成に関わる教職の専門性・専門職性の研究」東京大学大学院教育学研究科附属学校教育高度化センター『年報2012』2013年，167-195頁．市川昭午，『専門職としての教師』明治図書出版，1969年．

主要資料及び主要参考文献

【一次資料】
1．連邦議会資料・法令集

A Carnegie Foundation, *A Nation Prepared: Teachers for the 21st Century, the Report of the Task Force on Teaching as a Profession*, 1986.

Holmes Group, *Tomorrow's Teachers: A Report of the Holmes Group*, 1986.

National Board for Professional Teaching Standards, *Toward High and Rigorous Standards for the Teaching Profession: Initial Politics and Perspectives of the National Standards for Professional Teaching Standards*, 1989.

Hearings, before a Subcommittee of the Committee on Appropriations United States Senate, 109 Congress, First Session, on H.R.3010.

National Commission on Excellence in Education, A Nation at Risk: The Imperative for Education Reform, Washington, D. C.: U. S. Government Printing Office, 1983.

National Governors' Association, Time For Results: the Governors' 1991 Report on Education, Washington, D. C. 1986.

Nomination of Margaret Spellings, *Hearing of the Committee on Health, Education, Labor, and Pensions United States Senate*, 109 Congress, first session, 2005, Jan. 6th.

U. S. Department of Education, *Teacher Incentive Fund: First Implementation Report*, 2006 *and* 2007 *Grantees*, SRI international.

U. S. Department of Education, Race to the Top Executive Summary（November 2009）

U. S. Department of Education, *ELEMENTARY & SECONDARY EDUCATION, ESEA Flexibility*: http://www2.ed.gov/policy/elsec/guid/esea-flexibility/index.html

U. S. Department of Education, *16 Finalists Announced in Phase 1 of Race to the Top Competition Finalists to Present in Mid-March; Winners Announced in Early April*, MARCH 4, 2010.（Announcements）

U. S. Department of Education, *State and Local Implementation of the No Child Left Behind Act: Volume VIII, Teacher Quality under NCLB（Final Report）*

Washington D. C.

2．コロラド州の公的資料・関連資料

The Community Training and Assistance Center, *Catalyst for Change: Pay for Performance in Denver Final Report*, 2004 Jan.

The National Commission on Teaching & America's Future, *What Matters Most*, 1996 Sep.

EdNews Colorado, *CEA won't sign on for round 2 of R2T*, Apr 14th 2010.

DCTA, *Memorandum of understanding between the Denver public schools and the Denver classroom teachers association regarding the peer assistance and review pilot*.

3．フロリダ州の公的資料・関連資料

Florida State Statutes, Title XVI, §231.29, 1997.

Florida State Statutes, Title XVI, §230.23, 1998.

Florida Board of Education, *Minutes*, October 24, 2002.

Florida Board of Education, *Minutes*, October 24, 2002.

Florida Board of Education, *Minutes*, May 17, 2005.

Florida Board of Education, *Minutes*, March 21, 2006.

Florida Board of Education, *Minutes*, May 16, 2006

Florida House of Representatives, *Merit Award Program*, Education Fact Sheet 2010-2011.

Florida State Statutes, §1012.225.

Jeffrey, Max, *The Evolution of Performance Pay in Florida*, Center for Educator Compensation Reform, 2007.

The Florida Senate, *Professional Staff Analysis and Economic Impact Statement*, March 15, 2007.

4．ミネソタ州の公的資料・関連資料

Minnesota Department of Education, *NCLB Waiver Language for Principal and Teacher Evaluation*.

Minnesota Department of Education, *The Teacher Development, Evaluation, and Peer Support Model: Implementation Handbook*.

Minnesota Statute. 122A.40. Educator Evaluation.
U. S. Department of Education (2009) *Race to the Top Executive Summary*.
・HF934法案関連資料
Minnesota House of Representatives, HF934, the 87th legislature
House Research Bill Summary, HF934, 2011 May 6th.
State of Minnesota 30th meeting, Minnesota House of Representative 87 session, Committee on Education Finance Minutes, March 16, 2011.
・HF945法案関連資料
Minnesota House of Representatives, HF945, the 87th legislature
House Research Bill Summary, HF945
State of Minnesota 28th meeting, Minnesota House of Representative 87 session, Committee on Education Reform Minutes, March 14, 2011
State of Minnesota 28th meeting, Minnesota House of Representative 87 session, Committee on Education Finance Minutes, March 16, 2011
・SF636法案関連資料
Minnesota Senate, SF636, the 87th legislature
State of Minnesota 28th meeting, Minnesota Senate 87 session, Committee on Education Minutes, March 14, 2011
・HF1173法案関連資料
Minnesota House of Representatives, HF1173, the 87th legislature
House Research Bill Summary, HF1173
・HF26法案関連資料
Minnesota House of Representatives, HF26, the 87th legislature, 2011 1st Special Session.

5．教員団体関連資料
AFT, Statement by Randi Weingarten, President, American Federation of Teachers, On the 'Race to the Top' Grant Competition, *Press Release*, 2010 Jan. 19.
AFT Resolutions: Teacher Development and Evaluation, 2010.
AFT, Statement by President Weingarten On Study on Benefits of Performance Pay Without Other Reforms, *Press Release*, 2010 Sep. 21.
AFT, Weingarten Proposes Aligning Evaluation and Due Process, *News and Publication*, 2011 Feb. 24.

NEA, NEA President Dennis Van Rocekel on Race to the Top final application, *2009 News Release*, Nov. 12.

Jehlem, Alain, NEA Urges Couse Correction Before "Race to the Top" Extension, *NEA Today News Articles*, 2010 Feb. 11.

Educators Approve Teacher Evaluation and Accountability Policy Statement, *2011 News Release*, July 4.

NEA, *Policy Statement on Teacher Evaluation and Accountability*, 2011.

6．判決事例

Alba v. Los Angeles Unified School District, 189 Cal. Rptr. 897 (Ct. App. 1983)

Allen v. Alabama Board of Education, 816 F.2d 575 (11th Cir. 1987)

Aulwurn v. Board of Education, 367 N.E.2d 1337 (Ill. 1977)

Baker v. Columbus Municipal Separate School District, 462 F.2d 1112 (5th Cir. 1972)

Beauchamp v. Davis, 550 F.2d 959, (4th Cir. 1977)

Blake v. Commn. on Prof. l Competence, 260 Cal. Rptr. 690 (Cal. App. 1990)

Broadbent v. Board of Education, 910 P.2d 1274 (Utah App. 1996)

Brown v. Seattle Public School, 860 P.2d 1059 (Wash. Ct. App. 1993)

Briggs v. Board of Directors, 282 N.W.2d 740 (Iowa 1979)

Cook v. Stewart, 28 F. Supp. 3d 1207 (2014 U. S. Dist.)

Cox v. School District No. 083, 560 N.W.2d 138 (Neb. 1997)

Davids v. State, No. 101105/2014, N. Y. Sup. Ct. July 24, 2014.

Dudley v. Board of Education, 632 N.E.2d 94 (Ill. App. Ct. 1994)

Elentuck v. Green, 608 N.Y.S.2d 701 (App. Div. 1994)

Farmer v. Board of Education, 594 N.E.2d 204 (Ohio Com. Pl. 1992)

Gunter v. Board of Trustees, 854 P.2d 253, (Idaho 1993)

Hall v. Board of Trustees, 499 S.E.2d 216 (S. C. App. 1998)

Hanlon v. Board of Education, 695 S.W.2d 930 (Mo. App. 1985)

Johnson v. Francis Howell R-3 Board of Education, 868 S.W.2d 191 (Mo. Ct. App. 1990)

Johnson v. Francis Howell R-3 Board of Education, 868 S.W.2d 191 (Mo. Ct. App. 1994)

Kroll v. Independent School District. No. 593, 304 N.W.2d 338 (Minn. 1981)

Kruse v. Board of Directors, 231 N.W.2d 626 (Iowa 1973)

Marais Des Cygnes Valley Teachers Association v. Board of Education, 954 P.2d 1096 (Kan. 1998)

Mattter of Elentuck v. Green, 202 AD 2d 425 (2d Dept 1994)

Matter of Faulkner v. Del Giacco, 139 Misc 2d 790, 529 NYS 2d 255 (Sup Ct, Albany County 1988)

Matter of Gould v. New York City Police Dept., 89 NY 2d 267, 276-277 (1996)

Matter of Hearst Corp v. State of New York, 24 Misc 3d 611, 627-628, 882 NYS 2d 862 (Sup Ct, Albany County 1988)

Matter of New York Times Co. v. City of New York Fire Deot., 4 NY 3d 477, 485, 829 NE 2d 266, 796 NYS 2d 302 (2005)

McKenzie v. School Board, 653 So. 2d 215 (La. App. 1995)

Morris Publishing Group, LLC, v. Florida Department of Education, 157 So.3d 1046 (Fla. 2014)

Mullins v. Kiser, 331 S.E.2d 494 (W. Va. 1985)

Mulgrew v. Board of the city school dist. of the City of New York, 906 N.Y.S.2d 9 (N. Y. A. D. 1 Dept. 2010)

Ollie v. Highland School District, 749 P.2d 757 (Wash. Ct. App. 1993)

Orth v. Phoenix Union High School System, 613 P.2d 311 (Ariz. Ct. App. 1980),

Ottochian v. Freedom of Information Commission, 604 A.2d 351 (Conn. 1992)

Paprocki v. Board of Education, 334 N.E.2d 841 (Ill. App. 1975)

Roberts v. Unified School District, 778 P.2d 1294 (Ariz. App. 1989)

Roberts v. Houston Independent School District, 788 S.W.2d 107 (Tex. Ct. App. 1990)

Rowely v. Board of Education, 500 A.2d 37 (N.J.Super. App. Div.1985)

Sallee v. State Board of Education, 828 S.W.2d 742 (Tenn. Ct. App. 1992)

Sanders v. Board of Education, 263 N.W.2d 461 (Neb. 1978)

Scheelhaase v. Woodbury Central School District, 488 F.2d 237 (8th Cir. 1973)

Scoggins v. Board of Education, 853 F.2d 1472, (8th Cir.1988)

Spry v. Winston-Salem/Forsyth County Board of Education, 483 N.W.2d 687 (N. C. 1992)

Spurger v. School Board, 628 So. 2d 1317 (La. App. 1993)

State ex rel. Maritnes v. Cleveland City School District Board of Education, 502 N.E.2d 80 (Ohio 1994)

Thomas v. Board of Education, 643 N.E.2d 131 (Ohio 1994)
United States v. LULAC, 793 F.2d 636 (5th Cir. 1986)
VanGessel v. Lakewood Public School, 558 N.W.2d 248 (Mich. App. 1996)
Vergara v. California - Judgment (Superior Court of the State of California, County of Los Angeles August 27, 2014)
Vergara v. California - Tentative Decision (Superior Court of the State of California, County of Los Angeles June 10, 2014)
West Coast Hotel Co. v. Parris, 300 U. S. 379, 57 S. Ct. 578, 81 L. Ed. 703 (1937)
Wigenstein v. School Board, 347 So. 2d 1069 (Fla. Dist. Ct. App. 1977)
Wojt v. Chimacum School District 49 P.2d 1099 (Wash. App. 1973)
Wright v. State, No. A00641/2014, N. Y. Sup. Ct. July 28, 2014.
York v. Alabama State Board of Education, 581 F. Supp. 779 (M. D. Ala. 1983)

7．新聞
Michele McNeil, Race to Top Buy-In Level Examined, *Education Week*, 2010 Jun. 14.
Sawchuk, Stephen, NEA, AFT Choose Divergent Paths on Obama Goals, *Education Week*, v30 n1 p1, 18-19 Aug 2010.
Valerie Strauss (June 12, 2014) "*AFT's Weingarten smacks Arne Duncan about his praise for Vergara decision*" the Washington Post
Valerie Strauss (June 11, 2014) "*Is this beginning of the end of teacher tenure?*" the Washington Post
Roper, Eric, House approves K-12 Budget; veto likely, *Sartribune*, 2011 May 18.
Helgeson, Baird, and Roper, Eric, Dayton signs budget, shutdown ends, *Sartribune*, 2011 July 20.

【二次資料】
1．欧文文献
Baratz-Snowden, Joan, *The Future of Teacher Compensation, Center for American Progress*, Nov. 2007.
Bolton, D. L., *Selection and evaluation of teachers*. Berkley: McCutchen, 1972.
Boyce, C. *The Fourteenth Yearbook of the National Society for the Study of Education, Part II Methods for Measuring Teachers' Efficiency*, The University of

Chicago Press, 1915.

Campbell, Jim, Kyriakides, Leonidas, Muijs, Daniel, and Robinson, Wendy, *Assessing Teacher Effectiveness: Developing a Differentiated Model*, RoutledgeFalmer, 2004.

Charlotte Danielson & Thomas L. McGreal, *Teacher Evaluation to Enhance Professional Development*, ASCD, 2000.

Charlotte Danielson, *the Framework for Teaching: Evaluation Instrument 2013 edition*.

Crabbs, Lelah M., *Measuring Efficiency in Supervision and Teaching*, Teachers College, Columbia University, 1925.

Cubberley, Ellwood P., *Public School Administration*, 1916.

Darling-Hammond, Linda, Ruth Chung Wei, Alethea Andree, Nikole Richardson, and Stelios Orphanos, *Professional Learning in the Learning Profession: A Status Report on Teacher Development in the United States and Abroad*, NSDC, 2009.

Diane Ravitch, *The Death and Life of the Great American School System: How Testing and Choice Are Undermining Education*, Basic Books, 2011 Nov.

Duke, Daniel L., and et, *Teacher Evaluation Policy: From Accountability to Professional Development*, State University of New York Press, 1995.

Earley, P., Schneider, E. Federal Policy and Teacher Education, 1996, In Sikula J., Buttery T. J., Guyton E. (Eds.), *Handbook of research on teacher education* (2nd ed., pp. 306-319). New York, NY.

Eastmond, Jefferson N. *The Teacher and School Administration*, Houghton Mifflin Company, 1959.

Elmore, R & Burney, D, *Investing in Teacher Learning: Staff Development and Instructional Improvement in Community School District#2*, prepared by New York: National Commission on Teaching & America's Future & the Consortium for Policy Research in Education, 1997.

Gage, N. L. *Mandated Evaluation of Educators: A Conference on California's Stull Act*. Washington, DC: Educational Resources Division Capital Publications, Inc, 1973.

Glass, G.V. Teacher Effectiveness, *Evaluating Educational Performance*, Bercley: McCutchen, 1974.

Gonring, Teske, Jupp, *Pay for Performance Teacher Compensation*, Harvard Education Press, p. 39.

Hayes, William, *No Child Left Behind: Past, Present, and Future*, P & L Education, 2008.

Ingils, C. *Let's do away with teacher evaluation*. The Clearing House, 1970.

Kennedy, Mary, and et, *Teacher Assessment and the Quest for Teacher Quality*, Jossey-Bass, 2010.

Lieberman, M. *The Future of Public Education*, Phenix Books, 1960.

Lieberman, M., *Teachers Evaluating Teachers: Peer Review and the New Unionism*, Transaction Publishers, 1998.

Linda Darling-Hammond, *Getting Teacher Evaluation Right: What really matters for effectiveness and improvement*, Teacher College Press, 2013.

Lucio, William H. *Supervision: Perspectives and propositions*, Washington: Association for Supervision and Curriculum Development, 1967. Print.

Madaus, G. *Teacher Evaluation: Guide to Effective Practice*, Kluwer, 1995.

Mary Kennedy, *Teacher assessment and the quest for teacher quality: A handbook*, San Francisco, CA: Jossey-Bass, 2010.

Millman, Jason, Darling-Hammond, Linda, and et, *The New Handbook of Teacher Evaluation: Assessing Elementary and Secondary School Teachers*, Corwin Press, Inc., 1990.

Morris L. Cogan, *Clinical Supervision*, Houghton Mifflin Company, 1973.

Odden, A. & Kelley, C. *Paying teachers for what they know and do: New and smarter compensation strategies to improve schools*. Thousand Oaks, CA: Corwin Press,1996.

Robert J. Marzano, *Effective Supervision: Supporting the art and science of teaching*, ASCD, 2011

The Commission on Teacher Evaluation of the Association for Supervision and Curriculum Development, NEA, *better than rating: New Approaches to Appraisal of Teaching Services*, 1950.

William H. Lucio and John D. McNeil, *Supervision: Perspectives and Propositions*, McGraw-Hill Book Company, 1962.

2．欧文論文

Allan R. Odden, Rethinking School Finance - *an agenda for the 1990*, San Francisco: Jossey-Bass, pp. 41-96.

Ballou, Dale and Springer, Mattew G., Using Student Test Scores to Measure Teacher Performance: Some Problems in the Design and Implementation of Evaluation Systems, *Educational Researcher*, Vol. 44, No. 2, 2015 Mar. pp. 77-86.

Barber, Larry W. and Karen Klein, Merit Pay and Teacher Evaluation, *Phi Delta Kappn*, Vol. 65, No. 4, 1983 Dec. p. 247-251.

Darling-Hammond, Linda and Arthur E. Wise, Teaching Standards, or Standardized Teaching? *Educational Leadership*, Vol. 41, No. 2, 1983 Oct. pp. 66-69.

Darling-Hammond, Linda and Wise, Arthur E., *Teacher Evaluation and Teacher Professionalism, Educational Leadership*, Vol. 42, No. 4, 1984 Dec. pp. 28-33.

Darling-Hammond, Linda, A Proposal for Evaluation in the Teaching Profession, *the Elementary School Journal*, Vol. 86, No. 4, 1986 Mar. pp. 530-551.

Earley, P., Schneider, E. *Federal Policy and Teacher Education*, p. 309, J. Sikula, T. J. Buttery, & E. Guyton (Eds.), *Hand book of research on teacher education* (2nded.) New York, NY: Macmilan.

Elsie Coleman, Supervisory Visit, *Educational Leadership*, Vol. 2, No. 4, 1945 Jan. pp. 164-167.

Farnsworth, Briant, Designing and Implementing a Successful Merit Pay Program for Teachers, *Phi Delta Kappan*, Vol. 73, No. 4, 1991 Dec. pp. 320-325.

Goldhaber, Dan, Exploring the Potential of Value-Added Performance Measures to Affect the Quality of the Teacher Workforce, *Educational Researcher*, Vol. 44, 2015 Mar. pp. 87-95.

Goldring, E., Grissom, J. A., Rubin, M., Neumerski, C. M., Cannata, M., Drake, T., Schuermann, P., Make Room Value Added: Principals' Human Capital Decisions and the Emergence of Teacher Observation Data, *Educational Researcher*, Vol. 44, 2015 Mar. pp. 96-104.

Harris, D.N., Herrington, C.D., Editors' Introduction: The Use of Teacher Value Added Measures in Schools: New Evidence, Unanswered Questions, and Future Prospects, *Educational Researcher*, Vol. 44, 2015 Mar. pp. 71-76.

Halverson, Richard R. and Clifford, Matthew A. Evaluation in Wild: A Distributed Cognition Perspective on Teacher Assessment, *Educational Administration*

Quarterly, Vol. 42, No. 4, 2006, pp. 578-619.

Jiang, J.Y., Sporte, S.E., Luppescu, S., Teacher Perspectives on Evaluation Reform, *Educational Researcher*, Vol. 44, 2015 Mar. pp. 105-116.

Karam, Irvin Albert, Merit-Rating Salary Plans in Public School Systems of the United States, 1955-56, *the Journal of Educational Research*, vol.53. No. 4, 1959 Dec. pp. 144-148.

Lieberman, M. A Foundation Approach to Merit Pay, *The Phi Delta Kappan*, vol.41, no.3, 1959 Dec. pp. 118-122.

McNeil, J. and Popham, W. The assessment of teacher competence. R. M. Travers, *Second Handbook of Research on Teaching*. Chicago: Rand McNaly, 1973, pp. 131-147.

Perry A. Zirkel, The Law of Teacher Evaluation: the case law updates, *Journal of Personnel Evaluation in Education*, 11, 1998, pp. 367-380.

Reese, J. The National Board for Professional Teaching Standards: An Investment for the Future? pp. 283-296, in M. M. Kennedy (Ed.), *Teacher assessment and the quest for teacher quality: A handbook* San Francisco, CA: Jossey-Bass, 2010.

Rosenshine, B. & Furst, N. Research on teacher performance criteria, *Research in teacher education: A symposium*. Englewood Cliffs, NJ: Printice-Hall, 1971.

Shaw, Frank W. A Summary of Legal Implications of Teacher Evaluation for Merit Pay and a Model Plan, *Educational Administration Quarterly*, Vol. 21, No. 1, 1985, pp. 51-69.

Stronge, James H., and Tucker, Pamela D. The Politics of Teacher Evaluation: A Case Study of New System Design and Implementation, *Journal of Personnel Evaluation in Education*, No. 13, Vol. 4, 1999, pp. 339-359.

Tucker, Pamela D. and Stronge, James H., Gareis, Christopher R., Beers, Carol S. The Efficacy of Portfolios for Teacher Evaluation and Professional Development: Do They Make a Difference? *Educational Administration Quarterly*, Vol. 39, No. 5, 2003, pp. 572-602.

Wetzel, William A., Scientific Supervision and Curriculum-Building, *The School Review*, Vol. 37, No. 2, 1929 Feb. pp. 117-123.

Whitehead, Matthew J., Teachers Look at Supervision, *Educational Leadership*, vol.10. No. 2, 1952 Nov. pp. 101-106.

3．学位論文

Collins, Linda Housch," The Origins of Public Secondary Education in Atlanta,Georgia, 1917-1927," M.A. thesis, Atlanta University, 1979.

Mathesz, Janie M. *An Historical Perspective to Examine How Federal Policy Influenced the Definition and Evaluation of Teacher Effectiveness Since 1950*, Dissertation Committee, 2014.

4．和文文献

赤星晋作『アメリカ教師教育の展開―教師の資質向上をめぐる諸改革―』東信堂，1993年。

市川昭午『専門職としての教師』明治図書出版，1969年。

今村令子『教育は「国家」を救えるか』東信堂，1987年。

入江彰『教員の処分と手続制度―アメリカ合衆国の教員解雇における手続保障の法制度に関する研究―』多賀出版，2005年。

上原貞雄『アメリカ合衆国州憲法の教育規定』風間書房，1981年。

大桃敏行・吉良直・北野秋男編著『アメリカ教育改革の最前線』学術出版会，2012年。

河野和清『現代アメリカ教育行政学の研究―行動科学的教育行政学の特質と課題』多賀出版，1995年。

古賀一博『米国カリフォルニア州初等教科書行政の研究―州集権型教科書行政の成立・展開過程』風間書房，1999年。

佐藤学『教師というアポリア』世織書房，1997年。

下村哲夫『アメリカ合衆国における教員給与制度の研究』学陽書房，1980年。

髙橋哲『現代米国の教員団体と教育労働法制改革―公立学校教員の労働基本権と専門職性をめぐる相克―』風間書房，2011年。

樋口範雄『はじめてのアメリカ法補訂版』有斐閣，2013年。

5．和文論文

伊藤敏雄「20世紀初頭における米国の「教員評定」」木村力雄編『日米教育指導職の比較史的研究』（文部省科学研究費補助金研究成果報告書）1987年，53-71頁。

河原尚武「教育実践評価論の構想―アメリカにおける教育改革と教員評価研究の検討を通して―」『鹿児島大学教育学部研究紀要　教育科学編』42，1990年，269-291頁。

古賀一博「米国公立学校における同僚教員評価制度の意義と課題」『教育制度学研究』

7，2000年，128-145頁。

古賀一博「米国カリフォルニア州における同僚教員支援・評価システムの特質と意義：ポーウェイ統合学区の事例分析を通して」『上越教育大学研究紀要』23(2)，2004年，455-472頁。

榊達雄他「アメリカ教職理論に関する一考察」『名古屋大學教育學部紀要教育学科』35，1988年，387-403頁。

榊達雄他「アメリカにおける教員能力試験・給与問題と教職の専門職性」『名古屋大學教育學部紀要教育学科』37，1990年，405-424頁。

榊達雄他「アメリカにおける教職の専門化・教職員の団体交渉等と教職の専門職性」『名古屋大學教育學部紀要教育学科』38，1991年，445-473頁。

榊達雄他「アメリカにおける教員評価・教員資質向上等と教職の専門職性」『名古屋大學教育學部紀要教育学科』39(2)，1993年，171-197頁。

榊達雄他「アメリカにおける教員評価問題・教員資格付与等と教職の専門職性」『名古屋大學教育學部紀要教育学科』40(2)，1994年，265-289頁。

榊達雄他「アメリカにおける教員資質向上・教員権限付与等と教職の専門職制」『名古屋大學教育學部紀要教育学科』41(2)，1995年，347-360頁。

榊達雄他「教員評価・教員資格・SBM等と教職の専門職性：アメリカの場合を中心に」『名古屋大学教育学部紀要教育学科』42(2)，1996年，301-335頁。

榊達雄他「アメリカにおける教員評価・SBMの事例等と教職の専門職性」『名古屋大學教育學部紀要教育学科』43(2)，1997年，273-288頁。

榊達雄他「アメリカにおける教員評価・教員資質改善と教職の専門職制」『名古屋大學教育學部紀要教育学』44(2)，1998年，143-160頁。

榊達雄他「アメリカにおける教員評価・SBM下の団体交渉と教職の専門性」『名古屋大學教育學部紀要教育学科』45(2)，1999年，241-265頁。

浜田博文「アメリカ教育行政における"スーパーヴィジョン"機能の再編志向」『教育行政学研究』19号，1993年，235-249頁。

松浦良充「アメリカ合衆国国家防衛教育法（1958年）の教育史的意義」『国際基督教大学学報01 A』30，1988年，25-47頁。

あ と が き

　本書は、2016年に広島大学大学院教育学研究科に提出した博士学位請求論文『米国公立学校教員評価制度に関する研究－ミネソタ州における「形成的」教員評価制度を中心に－』に、加筆・修正を加えたものである。
　「教員は何のために評価されるのか？」「何を評価されるべきなのか？」そんな素朴な疑問をもとに、教員評価制度に関する研究を始めた。私が、教員評価制度の研究を始めた当初、日本では、従来の勤務評定の形骸化を反省し、「新しい教員評価制度」として自己申告制度を導入したばかりであった。これまでの、どのような基準でどのような評価を受けているか、教員自身が知らない教員評価制度ではなく、「頑張った」教員が自身の成長につながる評価を目指したものだった。このような状況の日本に対して、米国の教員評価制度の歴史ははるかに長く、その長い年月の中で、多様な取り組みと失敗を繰り返していた。たとえ、失敗しても、新たな取り組みを創造し、絶えず改革を進める米国は、とても魅力的な国であった。ただ「参照すべきモデル」として米国を対象に事例分析したわけではなく、教員評価制度をめぐる改革の中で、米国がどのようなビジョンを描き、どのような失敗をし、何を得ることができたのか、俯瞰的な立場から読み取ることがねらいであった。
　「教員にとって評価は必要なのだろうか？」という教員評価制度の必要性を検討することを念頭において研究を進めていくうちに、教育学的視点の中だけで教育を捉えるのではなく、社会的状況や世界的潮流などの俯瞰的な視野で教育を位置付ける必要性を実感した。そこで、教育に対してアカウンタビリティが強く求められるようになった今日において、教員評価制度の必要性そのものを問うのではなく、教員評価制度の意義を明らかにするという積極的関心のもと、研究を進めた。評価には、形成的評価と総括的評価の二つ

の機能が備わっている。どこまで達成できたのか、どの程度の能力を有しているのか、客観的な基準で判断するための総括的評価ではなく、次につなげるための「役に立つ」形成的評価に魅力を感じ、注目してきた。

　人の成長は、個人的なものであるが、そこにたどり着くまでには人のつながりが必要である。そのような人間の本質を踏まえた丁寧な制度理念が、教員の成長につながる評価制度には必要である。これが、本研究を通してたどり着いた結論である。今日の日本の教員評価制度をめぐる議論は、人間の成長を促すシステムであるという大事な視点を見失っているのではないだろうか。本書が、日本の教員評価制度をめぐる議論に、少しでも役に立てば幸いである。教員評価制度の先進する米国を調査対象としたが、多様な教育制度体制という米国の特徴や外国人研究者としての調査研究の限界から、本研究で明らかにしえたものは僅かであり、提供できた知見も限られている。本研究を研究者人生の第一歩と位置づけ、今後のより良い研究へとつなげていければと思う。

　本書の完成にあたっては、多くの方々にお世話になった。本書の基盤となっている博士論文の執筆には、広島大学大学院在学時の指導教官である古賀一博先生に、ご指導いただいた。広島大学大学院には修士課程から在籍したが、研究に必要な基礎的な知識さえも十分に身につけていなかった私に、根気強く丁寧に指導していただき、先生への感謝の思いはここだけでは論じ尽くせない。先生のご指導は、厳しくも時に優しく、その優しさに救われながら研究を進めることができた。常に研究と真摯に向き合う先生の姿からは、研究者として必要な心構え、姿勢など、重要なことを学ぶことができた。また、先生は、忙しい中でも折に触れて院生室に顔を出され、院生とコミュニケーションをとる時間を作ってくださった。先生との会話から、教育者として、大学人として、先生が大切にしているものを感じることができ、私にとっては大変貴重な時間であった。滋賀大学に着任し教育者としての立場になり、改めて先生の偉大さを実感する日々である。ご指導ご鞭撻に感謝申し上

げたい。

　また、博士論文の執筆に至るまでの修士課程、博士課程在籍中、副指導教官であった河野和清先生にもご指導いただいた。河野先生には、本研究を俯瞰する立場から、折に触れて貴重なご指導をいただいた。また、先生の温かい指導は、研究に行き詰まり思い悩んでいる時に、大変心強く大きな支えであった。心から感謝申し上げたい。先生が在任中に博士論文を完成させることができなかったのが、悔いの残る点である。

　博士論文の審査に関しては、山﨑博敏先生、小川佳万先生、滝沢潤先生に副査を引き受けていただいた。自身の論文に足りない点を的確に指摘していただき、より良い研究論文の完成に向け、建設的なご指導をいただいた。感謝申し上げたい。

　京都教育大学在籍中に指導教官であった堀内孜先生からもご指導いただいた。研究者としての現在の私が存在するのは、先生との出会いがあったからである。先生の講義を受け、その豊富な知識と発想に魅了され、教育学を学ぶ楽しさに触れたことが、研究者としての進路を考えるきっかけであった。広島大学大学院に進学してからも、折に触れ気にかけていただき、先生からのサポートは心強いものであった。先生のご指導に深くお礼申し上げたい。

　また、米国の教師教育研究者であるMistilina Sato先生には、本研究を進めるあたり、多大なご支援をいただいた。米国の教師教育をめぐる政策動向を折に触れてご教示いただき、また、多くの学校に連れていっていただき、米国の学校文化に触れることができた。米国での調査は、Sato先生のご支援なしでは、実現できなかった。先生との出会いに、心から感謝する。

　なお、本書は独立行政法人日本学術振興会平成30年度科学研究費助成事業（科学研究費補助金）（研究成果公開促進費　課題番号18HP5221）の助成をいただき刊行するものである。出版に際しては、株式会社風間書房の編集部の方々に大変お世話になった。記して、お礼を申し上げたい。

　本論文をまとめることができたのは、たくさんの方々からのご指導とご協

力があったからである。これを出発点として、今後も日々精進し、研究の道を歩んでいきたいと思う。最後に、これまでの私を支えてくれた偉大な教育者である両親と、家族、仲間に心から感謝の意を表したい。

2018年12月

藤村祐子

略歴

藤村　祐子（ふじむら　ゆうこ）

2005年　京都教育大学教育学部卒業
2009年　日本学術振興会特別研究員・ミネソタ大学客員研究員
2012年　広島大学大学院教育学研究科博士課程単位取得満期退学
2016年　滋賀大学准教授
2017年　博士（教育学）
　　　　現在に至る

米国公立学校教員評価制度に関する研究
―教員評価制度の変遷と運用実態を中心に―

2019年2月5日　初版第1刷発行

著　者　　藤　村　祐　子

発行者　　風　間　敬　子

発行所　　株式会社　風　間　書　房
〒101-0051　東京都千代田区神田神保町 1-34
電話 03(3291)5729　FAX 03(3291)5757
振替 00110-5-1853

印刷　太平印刷社　　製本　井上製本所

©2019　Yuko Fujimura　　　　　　　NDC 分類：370
ISBN978-4-7599-2270-7　Printed in Japan
JCOPY〈(社)出版者著作権管理機構 委託出版物〉
本書の無断複製は、著作権法上での例外を除き禁じられています。複製される場合はそのつど事前に(社)出版者著作権管理機構（電話 03-5244-5088, FAX 03-5244-5089, e-mail: info@jcopy.or.jp）の許諾を得てください。